5
비트겐슈타인 선집

쪽지

비트겐슈타인 선집 **5**

쪽지

Zettel

루트비히 비트겐슈타인　　이영철 옮김

책세상

일러두기

1. 이 책은 루트비히 비트겐슈타인(Ludwig Wittgenstein)의 *Zettel*(Oxford : Blackwell, 1981) (Frankfurt am Main: Suhrkamp, 1984)을 번역한 것이다.
2. 주는 모두 각주로 처리했으며, 옮긴이주는 (옮긴이주), 편집자주는 (편집자주)로 표시했다.
3. 원서에서 강조된 것은 고딕체로 표시했다.
4. 맞춤법과 외래어 표기는 1989년 3월 1일부터 시행된 〈한글 맞춤법 규정〉과 《문교부 편수 자료》, 《표준국어사전》(국립국어연구원, 1999)에 따랐다.

차례 | 쪽지

옮긴이의 말 · 7
편집자 서문 · 13
수정판 서문 · 16

쪽지 · 17

《쪽지》와 《심리학의 철학에 관한 소견들 1, 2》 상관표 · 208
비트겐슈타인 연보 · 216
찾아보기 · 226

옮긴이의 말

 "쪽지"라는 제목의 이 책은 제목 그대로 비트겐슈타인이 남겨 놓은 일단의 쪽지 모음이다. 편집자 서문에도 언급되어 있듯이, 이것들은 1929년에서 1948년 사이에, 그러나 가장 많은 수는 1945년에서 1948년 사이에 작성된 여러 원고들에서 잘라 낸 쪽지들로 이루어져 있다. 비트겐슈타인은 아마도 이 쪽지들을 다른 어떤 용도를 위해 모아두었을 것이다. (이것은 그의 전형적인 작업 방식이었다.) 그러나 비트겐슈타인 사후 이 쪽지 모음은 그 자체만으로도 충분히 중요하다고 판단되었기 때문에, 비트겐슈타인의 유고 출판 순서로는 비교적 이른 1967년에, 쪽지 배열 문제와 관련된 약간의 편집을 거쳐 따로 출판되었다.

 이 쪽지 모음은 폰 브리크트가 분류한 비트겐슈타인의 원고 번호 MS 233에 해당하는데, 이것은 다시 MS 228~230과 MS 232로부터 취한 쪽지들로 이루어져 있다. 이 중 MS 229와 MS 232는 1980년에 각각 《심리철학에 관한 소견들》 1권과 2권으로 독립적으로 출판되었다. 《쪽지》의 반이 넘는 소견들(369개의 단편)이 이 두 원고로부터 유래하고 있는 것으로 파악되고 있거니와, 그만큼 《쪽지》는 심리철학적인 고찰들을 많이 포함하고 있다고 할 수 있다. 물론 심리철학적인 소견들뿐 아니라 언어철학적이거나 인식론적인 소견들, 또 심지어 (특히 끝 부분에) 수리철학적인 소견들 등도 포함되어 있지만, 이것은 비트겐슈타인의 철학적 고찰들이 서로 연결되고 상호 침투되는 특성을 지니고 있다는 점을 생각하면 오히려 자연스러운 일이라 할 수 있을 것이다.

비트겐슈타인은 초기에는 특별히 심리철학적인(그리고 인식론적인—왜냐하면 《논고》에 따르면 "인식론은 심리학의 철학"이므로) 고찰이라고 할 만한 고찰을 하고 있지 않다. 그는 '믿다', '생각하다'와 같은 심리학적 용어들을 '말하다'와 같은 형식으로 보았고(《논고》 5.542), 따라서 말에 대한 분석을 통해 나타나는 것 외에 따로 심리철학적인 고찰들을 잡다하게 할 필요를 느끼지 못했다고 할 수 있다. 이 단계에서 그의 입장은, 사고는 '사실들의 논리적 그림'으로서 말과 같은 형식을 지니고 있으며, 사실상 일종의 말, 내적인 말이라는 것이다. 더 나아가, 말은 사고를 통해 세계와 연결되어 생명(의미)을 지니며, 말에 사고가 표현되어 있지 않다면 말은 의미 없는 죽은 것이 된다는 것, 그러나 사고 자체는 말로 표현되지 않더라도 그 자체로 의미가 있다는 것이다.

이러한 생각은 내면과 외면의 관계라는, 비트겐슈타인의 후기 심리철학뿐 아니라 그의 후기 철학 전체에서 중요한 논의를 위한 하나의 비판적 단초가 된다. (스탠리 카벨(Stanley Cavell)에 의하면, 《철학적 탐구》의 전체 논의도 내면과 외면, 영혼과 사회의 올바른 관계라는 주제를 중심으로 이루어지는 것으로 볼 수 있다고 한다.) 비트겐슈타인의 논의는 《탐구》에서는 심리철학과 언어철학의 밀접한 연관 속에서 이루어진다. 그러나 《탐구》(제1부)의 완성 이후 그는 심리철학적인 문제들을 독립적인 맥락에서 본격적으로 탐구하여 방대한 양의 유고를 남겼다. 《쪽지》에서의 고찰들은 《탐구》와 그 이후의 고찰에서 보이는 특징들을 함께 담고 있다고 할 수 있다.

후기 비트겐슈타인이 심리철학에서 취하는 기본 입장은, 정신 현상의 본질은 다른 본질들의 경우와 마찬가지로 문법에서 드러나며, 따라서 우리는 심리 용어들의 올바른 사용을 위한 규칙들을 일목요연하게 기술해야 한다는 것이다. 그리고 이것은 근본적으로, 말과 개념은 그것들이 사용되는 삶의 흐름 한가운데 있다는 말이다. 이른바 내면적인 것도 오직 삶의 흐름 속에서만 의미를 지닌다. 그리하여 결국, 비트겐슈타인에 의하면, 내면적인 것과 외면적인 것은 분리 불가능하게 연결되어 있다. 그 둘은 단지 경험적으로가 아니라 논리적으로 결합되어 있다. 내면적인 것은 외적 표현을 본질적으로 요구하며, 외면적인 것은 내면적인 것의 기준이다.

이러한 점은 특히 말과 사유의 관계에도 성립한다. 이제 비트겐슈타인은 사유를 말에 동반되는 일종의 내적인 말로 본 자신의 초기 입장을 거부한다. 우선, 사유는 우리가 말할 때 동반될 수 있는 어떤 정신적이거나 신경생리학적인 활동, 과정 또는 상태가 아니다. 사유에 본질적인 것은 우리에게 숨겨질 수도 있는 이런 것들이 아니라 공개된 말과 행동, 그리고 관련 상황이다. 이런 차원에서 말과 사유는 개념적으로 연관이 있지만, 한편으로 사유 개념은 말을 한다는 개념과 범주적으로 상이하다. 따라서 말이 없이, 오직 비언어적인 행동을 통해 표현되는 사유도 가능하다. 그러나 사유는 본질적으로 외적 표현의 가능성을 요구하며, 특히 인간의 사유와 같이 복잡 내지 고등한 사유는 그에 알맞은 정도로 분절된 언어나 행위 능력을 보이지 않는 존재에게는 부여될 수 없다.

비트겐슈타인의 이런 관점은 심리철학의 많은 입장들에 대해 비판적으로 나타난다. 데카르트 식의 정신-물질 이원주의는 물론, 명제적 사유가 언표와는 독립적으로, 언표 이전에도 완성되어 있으며 그 본성은 내성을 통해 기술될 수 있다는 윌리엄 제임스 식의 정신주의, 행동이 곧 정신이며 정신 현상이란 따로 존재하지 않거나 어쨌든 심리학적 설명에서는 필요하지 않다고 보는 행태주의 입장, 심리학을 궁극적으로 물리학이 되어야 하나 아직 그렇게 성숙하지 못한 '젊은 학문'으로 보는 쾰러 식의 (일종의 제거적 유물론과 통하는) 입장, 그리고 심리학적 현상들은 생리학적으로 매개되어 있어야 하고 이 매개(예컨대 두뇌 과정)로부터 심적 과정을 읽어 낼 수 있어야 한다는 입장이—그렇지 않으면 심물 병행론이 성립한다는 생각과 함께—모두 거부된다. 특히 마지막 입장은 《쪽지》 608절 이후 몇 단락에서 흥미롭게 다루어지고 있는데, 맥도너프(R. McDonough) 같은 이는 여기서 나타나는 비트겐슈타인의 생각을 비트겐슈타인의 전체 저작에서 두 번째로 중요한 소견이라고까지 평하고 있기도 하다.

《쪽지》에서 비트겐슈타인은 생각, 의도, 믿음, 기대, 상상, 이해, 앎, 의심과 같은 지향적 태도들, 즐거움, 두려움, 분노, 슬픔, 후회와 같은 감정들, 시각, 청각, 맛, 고통 같은 감각들, 그리고 그 외에도 꿈, 의식, 영혼, 수의적/불수의적 행동과 같은 많은 심리학적 개념들을 다루고 있다. 그것들은 개별적으로 문법이 탐구되기도 하지만, 한데 묶여 탐구되기도 한다. 가령 472절과 488절에는 심리학적 개념들의 분류가 시도되는데, '심리학적 동사들'(보다, 믿다, 생각하다, 소망하다와 같은 동사들)과 감각들과 감정들의 공통점과 차이점들이 언급된다. 이에 따르면, 심리학적 동사들의 경우 3인칭 현재는 관찰을 통해 검증될 수 있으나 1인칭은 그렇지 않으며, 또 1인칭 현재는 표명(Äußerung)과 근친적이다. 감각의 경우는 모두 '진정한 지속성'이 있다고 하며, 감정들은 진정한 지속, 경과를 지니나, 감각들과는 달리 국지화되어 있지 않다고 한다. 이러한 분류가 얼마나 정확하고 완전한지는 물론 의문이다. 그러나 비트겐슈타인이 시도한 것은 이론적 완전무결성이 아니라, 철학적으로 의미 있는 일목요연성이라고 할 수 있을 것이다.

비트겐슈타인의 심리철학은 그가 이 분야에 들인 공에 비하면 상대적으로 연구가 덜 되었다. 이것은 《쪽지》 외에 이 분야와 관련된 그의 말기 유고들이 비교적 최근에야 출판되었다는 점, 또 그의 고찰들이 그 동안의 (특히 분석철학적) 연구 경향들과는 일정한 거리가 있다는 점과도 관계가 있을 것이다. 그러나 그가 후기에 이 분야와 관련하여 남긴 유고와 강의 기록은 그가 다른 분야에서 보인 통찰들과 마찬가지로 주목받아야 마땅할, 철학적으로 귀중한 보고(寶庫)라 할 것이다.

이 책은 원래 영국 블랙웰(Blackwell) 출판사에서 1967년에 독영 대역으로 초판이 출판되었고, 1981년에 같은 출판사에서 수정판이 출판되었다. 그리고 1984년에는 독일 주어캄프(Suhrkamp) 사의 루트비히 비트겐슈타인 작품집(*Werkausgabe*) 8권에 독어 원문만이 수록되어 출판되었다. 이 번역은 주어캄프 판을 대본으로 삼았으나, 본문 번역에서 영어 번역을 참고하였고, 또 찾아보기 역시 영어 번역에 있는 것을 참고로 하여 작성되었다. 본문 교정에 애써 준 책세상 편집부와, 찾아보기를 작성하는 작업에 도움을 준 하상필, 하영미 두 선생에게 감사드린다.

개정판을 펴내며

초판의 마지막 쇄에서 이미 상당한 수정을 했으나, 일부 만족스럽지 못한 번역이 여전히 남아 있었다. 이번에 이것들을 최종적으로 고치고 다듬었으며, 옮긴이 주도 조금 보충했다. 그리고 이 책의 상당수 소견이 비트겐슈타인의 《심리학의 철학에 관한 소견들》에서 유래하는바, 해당 소견들의 상관표를 부록으로 실었다. (《철학적 탐구》 등과의 상관성은 본문에서 해당 소견의 각주를 통해 표시되어 있다.)

편집자 서문

여기에 수집되어 출판되는 것은 비트겐슈타인 자신에게로 거슬러 올라간다. 그는 비교적 긴 타자 원고들로부터 상이한 조각들을 잘라내어 "쪽지(Zettel)"라는 꼬리표가 붙은 한 상자 속에 보관했었다. 원래의 방대한 논의 대부분은 아직도 사본들로 남아 있다. 그렇지만 이 오려낸 것들 중 몇몇의 출처가 된 타자 원고들은, 아마도 비트겐슈타인이 그 보존된 "쪽지들"을 제외하고는 없애 버렸기 때문에, 더는 확인할 수 없다. 상자 속에는 손으로 쓴 단편들도 몇몇 보이는데, 그것들은 분명 다른 쪽지들에서 다루어진 특정한 주제들에 대한 보충물들이다.

우리가 판단할 수 있는 한, 이 단편들 중 가장 이른 것들은 1929년으로 거슬러 올라간다. 가장 늦게 일자를 매길 수 있는 단편은 1948년 8월에 씌어졌다. 압도적으로 많은 수의 쪽지들은 1945~1948년도에 구술하여 받아 쓰게 한 타자 원고들로부터 유래한다.

동일한 주제에 관한 단편들은 종종 함께 철해져 있었으나, 쪽지들의 다수는 상자 속에 흐트러져 놓여 있었다. 이 자료들을 몇 해 전에 피터 기이치(Peter Geach)가 정리했다. 그는 함께 철해져 있는 것은 함께 놔두었고, 그 밖의 단편들은 그가 할 수 있는 한 그것들의 주제에 따라서 무리 지었다. 우리는 몇몇 사소한 변경 사항들을 제외하고는 이러한 배열을 유지했다. 이 자리를 빌려 우리는 그의 수고스럽고 어려운 작업에 대해 감사드리는 바이다. 비록 단편들의 배열이 그 성격상 비트겐슈타인 자신이 그의 '소견들'에서 적용한 것과는 매우 다르지만, 우리는 매우 읽을 만하고 유익한 편찬이 이루어졌음을 발견하였다.

처음에 우리는 물론 이 상자가 무엇과 관계가 있는지 설명할 수 없었다. 그것은 다른 작업들로부터 남은 자료들을 포함하고 있는 것인가? 그것은 그때그때 적어놓은 착상들을 저장해 놓은 것인가? 우리는 그것의 출처들로 판명된 방대한 작업들을 출판하고, 그 '쪽지들'은 무시해 버려야 할 것인가? 그 작업들 가운데 하나는 《철학적 탐구》(*Philosophische Untersuchungen*)의 개정본 중 하나(다른 자료들이 첨부되어 있는)였다. 또 다른 하나는 내용적 반복 때문에 우리에게 편집상의 커다란 문제들을 제기한 대단히 긴 초기 논문이었다. 제3의 것—그렇지만 그로부터 오려낸 것들은 단지 조금밖에 안 된다—은 이미 《철학적 소견들》(*Philosophische Bemerkungen*)이란 제목으로 출판되었다.

타자로 씌어진 대부분의 단편들의 출처들이 발견된 후 이 원판들과 비교한 결과는, 아울러 그것들의 어떤 외적 특징들은, 비트겐슈타인이 그 쪽지들을 단지 보관했을 뿐 아니라 그 단편들을 놓고 작업했다는 것, 그가 그것들을 고치고 다듬었다는 것을 뚜렷하게 보여 주었다. 이것으로 추측하건대, 그 개별 단편들은 특정한 수집 의도를 가지고 보태졌던 것 같다. 그 전체는 그의 유고집 속에도 있는 다소 '흐트러진' 원고들의 여러 가지 묶음들과는 전혀 다른 성격을 가졌다.

그 때문에 우리는 이 상자가 비트겐슈타인이 특히 쓸모 있다고 여긴, 그리고 완결된 저작물들 속의 알맞은 장소에 엮어 넣으려는 의도에서 보관한 소견들을 포함하고 있다는 확신에 도달하였다. 그러나 이제 우리는 그의 작업 방식이 부분적으로는 자기가 쓴 다량의 것들로부터 짧고 독립적인 단편들을 비교적 만족스러운 것으로서 선택하여 그것들을 그룹별로 정돈하는 것으로 이루어져 있었다는 것을 안다.

여기 출판된 소견들이 모두 그런 종류는 아니다; 단편들 중 몇몇은 그것들 속에 포함된 착상이나 표현을 위해 보관되어 있는 것처럼 보일 정도로 문법적으로 불완전했다. 이런 경우에 우리는, 우리가 할 수 있는 곳에서는, 빠진 낱말들을 원본으로부터 덧붙였다. 한 번은 우리 자신이 마지막 낱말들을 보충해야 했다. 아주 드문 경우지만, 설명을 위해 선행하는 어떤 것에 대한 언급이 요구되는 대명사 또는 그와 같은 것이 있었다. 우리는 한 곳에서는 적합한 낱말을 원본으로부터 덧붙였고, 몇몇 소수의 경우에는 우리가 알맞게 보충하였다. 대괄호('〔 〕')들은 편집자들에 의해 사용되었다; 비트겐슈타인 자신이 텍스트의 난외(欄外)에 붙인 주석들은 대괄호 속에 "방주(傍註)"라는 낱말 뒤에 인쇄되었다. 그 밖에 대괄호 속에 인쇄된 모든 낱말들은 우리가 덧붙인 것이다.

G. E. M. 앤스콤
G. H. 폰 브리크트

수정판 서문

　인쇄된 텍스트와 원래의 쪽지들과의 정확한 비교 결과, 초판에는 많은 부정확한 점들과 원 텍스트에 대한 몇 가지 오해가 들어 있음이 밝혀졌다(예컨대 671절 참조). 우리 편집자들은 원 자료에 충실한 텍스트가 인쇄되어 나오도록 해 준 하이키 니만(Heikki Nyman) 씨의 수고스럽고 성실한 작업에 대해 감사드리는 바이다.

1979년
G. E. M. 앤스콤
G. H. 폰 브리크트

1. 윌리엄 제임스[1]: 사고(思考)는 문장의 시작에서 이미 완성되어 있다. 어떻게 그것을 알 수 있는가?―그러나 사고를 언표하려는 의도는 첫 낱말이 말해지기 전에 이미 있을 수 있다. 왜냐하면 어떤 사람에게 "당신은 당신이 무엇을 말하려고 하는지 아는가?"라고 묻는다면, 그는 종종 그렇다고 대답할 것이기 때문이다.

2. 내가 어떤 사람에게, "나는 이제 당신에게 ……곡을 휘파람 불어 주겠다"라고 말한다; 나는 그 곡을 휘파람 불 의도를 지니고 있으며, 나는 내가 무엇을 휘파람 불지 이미 알고 있다.

---

1 (옮긴이주) 윌리엄 제임스(William James, 1842~1910): 미국의 심리학자이자 철학자. 《심리학 원리》, 《종교적 경험의 다양성》, 《프래그머티즘》, 《진리의 의미》 등의 작품이 있다. 여기서 언급된 제임스의 이야기는 《심리학 원리》 1권 9장에 나온다.

나는 이 곡을 휘파람 불 의도를 지니고 있다: 그것으로 나는 어떤 뜻에서, 가령 사고 속에서, 그 곡을 이미 휘파람 불었는가?

3. "나는 그것을 단지 말하기만 하는 것이 아니라, 그것으로 무엇인가를 뜻하고 있다."—거기에 대해 우리들이 "무엇을?" 하고 묻는다면——그러면 다시 어떤 문장이 대답으로 주어진다.—또는 우리들은 그렇게 물을 수 없다. 왜냐하면 그 문장이 말하는 바는 가령, "나는 그것을 단지 말하기만 하는 것이 아니라, 내 마음도 또한 움직이고 있다"라는 것일 수 있기 때문이다.

4. (우리를 대단히 오도하는 말투 중의 하나는 "그것으로 나는 무엇을 뜻하는가?"라는 물음이다.—대부분의 경우 우리들은 거기에 대해, "전혀 아무것도—나는 ……라고 말하고 있다"라고 대답할 수 있을 것이다.)

5. 도대체 나는 내가 원하는 것을 말로 뜻할 수 없는가?—당신 방의 문을 바라보고, 일련의 임의의 소리들을 말하고, 그것으로 이 문의 기술(記述)을 뜻해 보라!

6. "'a b c d'라 말하고, 그것으로 '날씨가 좋다'를 뜻해 보라."—그러니까 나는 우리에게 친숙한 언어의 문장을 발화하는 것은 우리에게 문장으로서 친숙하지 않은 소리들을 발화하는 것과는 전혀 다른 체험이라고 말해야 할까? 그러니까 만일 내가 "abcd"가 그런 뜻을 지니는 언어를 배운다면,—이 문자들을 발음할 때 나는 점점 우리에게 친숙한 체험을 얻게 될까? 그렇기도 하고 아니기도 하다.—그 두 경우의 주요 상이점은, 첫 번째 경우에는 나는 움직일 수가 없다는 것이다. 그것은 마치 나의 관절 하나에 부목(副木)을 댔는데 내가 아직 거기에 익숙하지 못하고 가능한 움직임들에 아직 통달하지 못해

서 움직일 때마다 계속해서 부딪쳐 넘어지는 것과 같다.

7. 나에게 이름이 같은 두 친구가 있고, 내가 그 중 한 명에게 편지를 쓴다면; 내가 다른 친구가 아니라 그에게 편지를 쓴다는 점은 무엇에 있는가? 내용에? 그러나 그것은 두 친구 모두에게 걸맞을 수 있을 것이다. (나는 아직 주소를 쓰지 않았다.) 자, 그 결합은 선행 사건에 있을 수 있다. 그러나 그렇다면 그 결합은 또한 그 편지 쓰기에 뒤이어 일어나는 것에도 있을 수 있다. 그런데 누군가가 나에게 "당신은 그 둘 중 어느 쪽에 편지를 쓰고 있는가?"라고 묻고, 내가 그에게 대답한다면, 나는 선행 사건으로부터 그 대답을 추론하는가? 나는 거의, "나는 치통이 있다"라고 말할 때처럼 대답하지 않을까?—내가 그 둘 중 어느 쪽에 편지를 쓰고 있는지에 관해 나는 의심할 수 있을까? 그리고 그렇게 의심할 경우, 그것은 어떻게 보일까?—실로, 내가 한 사람에게 편지 쓴다고 믿으면서 다른 사람에게 편지를 쓰는 착각의 경우도 가능하지 않을까? 그리고 그렇게 착각할 경우, 그것은 어떻게 보일까?

8. (우리들은 때때로 말한다: "대체 내가 이 서랍에서 뭘 찾으려 했더라?—아 그래, 사진!" 그리고 이런 생각이 떠오르면 우리는 다시 우리의 행위와 선행 사건과의 관련을 기억해 낸다. 그러나 다음과 같은 경우도 있을 수 있다: 나는 서랍을 열고 그 속을 뒤적거린다; 마침내 나는 어느 정도 제정신이 들고, "내가 왜 이 서랍 속을 찾아 헤매고 있지?" 하고 자문한다. 그리고 그렇게 되면 "나는 ……의 사진을 보기 원한다"라는 대답이 나온다. "나는 원했다"가 아니라, "나는 원한다". 말하자면 서랍을 여는 일 등은 자동적으로 일어났고, 나중에 하나의 해석을 받았다.)

9. "나는 이 말로 그를 한방 먹이려 했다." 내가 이 말을 듣는다면, 나는 그

와 동시에 어떤 하나의 상황과 그 역사를 상상해 낼 수 있다. 나는 그것을 연극으로 나타내어, '그를 한방 먹이려' 하는 심리 상태로 나 자신을 옮겨 놓을 수 있을 것이다.—그러나 이러한 심리 상태는 어떻게 기술될 수 있는가? 그러니까, 어떻게 확인될 수 있는가?—나는 그 상황을 곰곰이 생각하고 어떤 표정과 소리 등등을 낸다. 무엇이 나의 말을 그와 결합하는가? 그 상황과 나의 생각들. 그리고 나의 생각들은 내가 발설하는 말들과 다르지 않다.

10. 내가 나의 언어의 모든 낱말들을 한꺼번에 다른 낱말들로 대체하고자 했다고 가정하자; 그 새로운 낱말들 중의 한 낱말이 어느 자리에 있는지 나는 어떻게 알 수 있을까? 낱말들의 지위를 유지하는 것은 표상(表象)들인가?

11. 나는 이렇게 말하는 경향이 있다: 나는 이 물체, 그것의 형태, 그것의 색깔 등을 상이한 뜻에서 '가리킨다'.—이것은 무슨 뜻인가?

피아노, 그것의 소리, 음악 작품, 피아노 연주가, 그의 능란함을 나는 다른 뜻에서 '듣는다'—이것은 무슨 뜻인가? 나는 어떤 뜻에서는 여자와, 다른 뜻에서는 그 여자의 돈과 '결혼한다'.

12. 뜻한다는 것은 여기서 일종의 정신적 가리킴. 지시(指示)로서 표상된다.

13. 특정한 인물을 생각한다는 것은 상당수의 심령술적 행위에서 본질적이다. 그리고 우리는 여기서, '그를 생각한다'는 것은 그러니까 말하자면 그를 나의 생각들로 찔러서 잡는 거라는 인상을 받는다. 또는 그것은 마치 내가 계속해서 나의 생각들로 그를 겨누어 찌르는 것과 같다. 왜냐하면 나의 생각들은 이를테면 계속해서 그에게서 조금 빗나가기 때문이다.

14. "나는 갑자기 그를 생각하지 않을 수 없었다." 가령 그의 모습이 갑자기 내 머릿속에 어른거렸다. 나는 그것이 그 사람, N의 모습이었음을 알았는가? 나는 나에게 그렇게 말하지 않았다. 그럼 그것이 그의 모습이었다는 것은 무엇에 있었는가? 아마도 내가 나중에 말하거나 행한 것 속에.

15. 막스(Max)가 "공작(公爵)은 군대를 아버지처럼 염려한다"라고 말할 때, 그는 발렌슈타인(Wallenstein)을 생각한다.[2]—누군가가 이렇게 말한다고 가정해 보자: "우리는 그가 발렌슈타인을 뜻하는지 알지 못한다; 이 문장에서 그는 또한 다른 공작을 뜻할 수 있을 것이다."

16. "당신이 피아노 연주를 뜻했다는 것은 당신이 피아노 연주를 생각했다는 데 있다."
"당신이 이 편지에서 '당신'이란 말로 이 사람을 뜻했다는 것은 당신이 그에게 편지를 썼다는 데 있다."
오류는, 뜻한다는 것이 어떤 것에 있다고 말하는 것이다.

17. "내가 그 말을 했을 때, 나는 단지 그에게 어떤 암시를 주고자 했을 뿐이다."—내가 단지 그에게 암시를 주기 위해서 그 말을 했다는 것을 나는 어떻게 알 수 있는가? 자, "내가 그 말을 했을 때 ……"라는 그 말은 우리에게 이해 가능한 어떤 특정한 상황을 기술한다. 그 상황은 어떤 모습을 하고 있는가? 그 상황을 기술하려면 나는 하나의 맥락을 기술해야 한다.

---

[2] (편집자주) 실러, 《발렌슈타인》 제2부 〈피콜로미니 부자(父子)〉, l막. 그렇지만 인용된 말은 막스(Max)가 아니라 일로(Illo)가 한 말이다.

18. 다음 사건들 속에 그는 어떻게 해서 들어오는가?
　　나는 그를 겨누어 쐈다.
　　나는 그에게 말했다.
　　나는 그를 불렀다.
　　나는 그에 관해서 말했다.
　　나는 그를 상상했다.
　　나는 그를 존경한다.

19. "나는 그를 바라봄으로써 그를 뜻했다"라고 말하는 것은 잘못이다. "뜻한다"는 뜻함의 '외적 표출들'[3]에 전적으로 또는 부분적으로 있는 어떤 활동을 지칭하지 않는다.

20. 그러므로 뜻한다는 것을 '정신적 활동'이라 부르는 것은 어리석을 것이다. 왜냐하면 그렇게 함으로써 그 낱말의 기능에 관해 잘못된 표상이 조장되기 때문이다.

21. 내가 "이리 오너라!"라고 말하고 A 쪽을 가리킨다. 그의 곁에 서 있는 B가 내 쪽으로 한 걸음 내딛는다. 나는 말한다: "아니, A가 와야 해." 자, 이것은 나의 정신적 과정들에 관한 하나의 보고로서 파악될 것인가? 분명 아니다.—그럼에도 불구하고 그로부터, "이리 오너라"라고 하는 명령을 발화할 때 내 속에서 일어난 과정들을 추론하는 것은 가능하지 않을까?
　　그러나 어떤 종류의 과정들을? 내가 명령할 적에 내가 A를 바라보았다는 것, 나의 사고 과정이 나를 그에게로 이끌었다는 것이 추정될 수 있지 않

---

[3] (옮긴이주) 원말 'Äußerung'. 이 말에 대해서는 §53의 옮긴이주 참조.

을까? 그러나 아마 나는 B를 전혀 모른다; 나는 단지 A하고만 관계가 있다. 그 경우 그러니까 나의 정신적 과정들을 추정한 사람은 전혀 잘못짚었을 수 있는데, 그럼에도 불구하고 내가 B가 아니라 A를 뜻했다는 것은 이해했을 것이다.

22. 나는 손으로 가리키면서 "이리 오너라!" 하고 말한다. A는 "나 말입니까?" 하고 묻는다. 나는 말한다: "아니, 나는 B를 뜻했어."―내가 B를 뜻했을 때 무엇이 일어났는가? (어쨌든 나의 가리킴은 내가 어느 쪽을 뜻했는지를 의심스럽게 남겨 놓았다.)―나는 이러한 말을 했으며, 이러한 손놀림을 하였다. 언어놀이가 일어날 수 있으려면 훨씬 더 많은 일이 일어나야 했을까? 그러나 내가 가리키는 동안에 나는 내가 누구를 뜻했는지 이미 알고 있지 않았는가? 알았다? 물론 알았다―앎의 통상적 기준들에 따르자면 말이다.

23. "나의 설명에서 나는 ……을 향해 나아가고자 했다." 이러한 목표가 내 머릿속에 어른거렸다. 나는 내가 겨냥하고 있던 책의 장구(章句)를 마음속으로 보았다.

　의도를 기술한다는 것은 일어난 일을 특정한 관점 하에서, 특정한 목적을 위해서 기술한다는 것을 말한다. 나는 일어난 일들에 관해 특정한 초상을 그린다.

24. "나는 그를 뜻했다" 대신 우리들은 또한 "나는 그에 관해서 말했다"라고 말할 수 있다. 그런데 우리들은 어떻게 '이 말로 그에 관해서 말한다'는 그 일을 하는가? "나는 내가 이 말을 할 적에 그를 가리킴으로써 그에 관해 말했다"라고 말하는 것은 왜 잘못으로 보일까?

"그를 뜻한다"는 가령 "그에 관해 이야기한다"라는 말이다. "그를 가리킨다"가 아니다. 그리고 내가 그에 관해 이야기한다면, 나의 이야기와 그 사이에는 물론 어떤 결합이 존재한다. 그러나 이 결합은 그 이야기의 적용에 있지, 가리키는 행위에 있지 않다. 가리킴 자체는 단지 하나의 기호일 뿐이다. 그리고 그것은 언어놀이에서 문장들의 적용을 규제할 수 있고, 따라서 뜻해진 것을 지적할 수 있다.

25. 만일 내가 "나는 이 방에서 의자를 보았다"라고 말한다면, 나는 그 특수한 시각 상(像)을 대부분 단지 매우 대략적으로 기억해 낼 수 있을 뿐이며, 그 시각 상은 대부분의 경우 전혀 의미조차 지니지 않는다. 그 문장이 사용될 때, 이러한 특수성은 무시된다. 그런데 그것은 내가 "나는 N을 뜻했다"라고 말할 때도 역시 그러한가? 이 문장은 과정의 특수성들을 같은 방식으로 무시하는가?

26. 만일 내가 어떤 말로 N을 넌지시 암시한다면, 이는—어떤 특정한 상황들이 주어져 있을 때—나의 시선, 얼굴 표정 등에서 알아볼 수 있을 것이다.
당신은 당신이 "N을 넌지시 암시한다"라는 표현을 이해한다는 것을, 넌지시 암시함의 예들을 기술함으로써 보일 수 있다. 그런데 당신은 무엇을 기술할 것인가? 무엇보다도, 상황들이다. 그다음은, 어떤 사람이 무엇을 말하는가이다. 또한 가령 그의 시선 등이다. 그다음은, 넌지시 암시하는 자가 무엇을 하고자 하는가이다.
그리고 내가 이 말을 하면서 누군가에게 나의 느낌들과 상상들 따위를 덧붙여 전달한다면, 이것들은 넌지시 암시함의 전형적인 상(像)을 (또는 그러한 하나의 상을) 완성할 것이다. 그러나 이로부터, "N을 넌지시 암시하다"란 표현은 이러이러하게 행동하다, 이렇게 느끼다, 이렇게 상상하다 등을 의미한다는 결론이 나오지는 않는다. 그리고 여기서 상당수의 사람들은 이렇게 말할 것이다: "물론 나오지 않는다! 우리는 그것을 이미 알고 있었다. 그런데 이 모든 현상들을 관통하여 하나의 붉은 실이 시종일관 뻗쳐 있기는 해야 한다. 그 실은 말하자면 그것들과 얽혀 있으며, 따라서 발견하기가 어렵다."—그런데 이 말도 역시 참이 아니다.

그러나 "넌지시 암시하다"가 정신적 과정들 및 다른 과정들의 한 가족을 지칭한다고 말하는 것도 역시 잘못일 것이다.—왜냐하면 우리들은 "어느 것이 당신이 N을 넌지시 암시하는 것이었는가?", "당신은 당신이 N을 뜻했다는 것을 어떻게 남들에게 넌지시 비쳤는가?"라고는 물을 수 있지만, "어떻게 당신은 이 발언을 N을 넌지시 암시하는 것으로서 뜻했는가?"라고는 물을 수 없기 때문이다.

"나는 내 이야기 속에서 그를 넌지시 암시했다."—"어떤 말로?"—"내가 ……한 사람에 관해 이야기했을 때, 나는 그를 넌지시 암시하고 있었다."

"나는 그를 넌지시 암시했다"는 대략, "나는 누군가가 이 말에서 그를 생각하기를 원했다"라는 뜻이다. 그러나 "나는 원했다"는 심리 상태를 기술한 것이 아니다. 그리고 "N이 뜻해졌다는 것을 이해하다"도 역시 그런 기술이 아니다. 〔방주(傍註): 그러나 우리들은 묻는다: "당신은 어떤 말로 그를 넌지시 암시했는가?", "당신은 어떤 말로 그를 뜻했는가?"〕

27. 상황이 중의적(重義的)이면, 내가 그를 뜻하는지는 의심스러운가? 내가 그를 뜻했다거나 또는 그를 뜻하지 않았다고 진술할 때, 나는 상황에 따라 판단하지 않는다. 그런데 내가 상황에 따라 판단하지 않는다면, 나는 무엇에 따라 판단하는가? 외견상, 전혀 아무것에도 따르지 않는다. 왜냐하면 나는 물론 상황을 기억해 내지만, 그러나 그것을 해석하기 때문이다. 예컨대 나는 그를 향한 곁눈질을 지금 흉내 낼 수 있지만, 뜻함은 말함과 행위함의 전혀 파

악 불가능한 미묘한 분위기로 보인다. (미심쩍은 그림!)

28. 대화 도중에 내가 어떤 것을 가리키고자 한다; 나는 이미 가리키는 동작을 시작했다; 그러나 그 동작을 수행하지는 않는다. 나중에 나는 말한다: "나는 그때 그것을 가리키려고 했다. 나는 내가 이미 손가락을 들어 올렸던 것을 지금도 똑똑히 기억하고 있다." 이러한 과정들과 사고들과 감각들의 흐름 속에서 이것은 가리키는 몸짓의 시작이었다.

그렇다, 내가 그 모든 몸짓을 행하고서 "그는 저쪽에 있다"라고 말했다고 할 때, 만일 이 말이 하나의 언어에 속하지 않는다면, 그것은 가리킴이 아닐 것이다.

29. "당신은 손을 움직였다; 당신은 그로써 무엇인가를 뜻했는가?—나는 당신이, 내가 당신 쪽으로 올 것을 뜻했다고 생각했다."

그러므로 그는 무엇인가를 뜻하거나 아니면 아무것도 뜻하지 않을 수도 있었다. 그리고 만일 전자라면: 그 경우 그것은 바로 그의 손동작,—또는 다른 어떤 것이었는가? 그는 자신의 표현으로써 이 표현과는 다른 어떤 것을 뜻했는가? 아니면 그는 단지 자신의 표현을 뜻했는가?

30. "이 동작으로 나는 내가 오직 이러한 동작으로만 표현할 수 있는 어떤 것을 뜻했다", 이렇게 대답할 수도 있을까? (음악, 음악적 사고.)

31. "물론 나는 그를 생각했다: 그의 모습이 내 눈앞에 떠올랐다!"—그러나 그의 모습에 의거하여 인식한 것은 아니다.

32. 당신이 아는 사람들 가운데 한 사람을 상상해 보라!—자, 그게 누구였

는지 말해 보라!—때때로 그 모습이 먼저 떠오르고, 이름은 그다음에 떠오른다. 그러나 나는 그 이름을 그 모습의 유사성에 의거하여 추측하는가?—그리고 이제 그 이름이 그 모습 바로 뒤이어 떠오른다면,—저 사람의 표상은 이미 그 모습과 함께 거기 있었는가, 아니면 그 표상은 그 이름과 더불어 비로소 완전해졌는가? 나는 물론 그 이름을 그 모습으로부터 추론해 내지 않았다; 그리고 바로 그렇기 때문에 나는 그의 표상은 이미 그 모습과 함께 떠올랐다고 말할 수 있다.

33. 그것은 마치 어떤 경향, 어떤 준비 상태를 체험했을 때와 같다(제임스[4]). 그리고 왜 나는 그것을 그렇게 불러서는 안 되는가? (그리고 상당수의 사람들은 여기서 일어나는 일도 근육의 신경 자극들, 동작들에의 성향들, 또는 심지어 동작들의 표상들을 통해 설명할 것이다.) 다만 당신은 경향에 대한 체험을 완전히 끝나지 않은 체험이라는 그림하에서 보아서는 안 된다.

우리에겐 종종, 의미를 이해할 적에 정신은 마치 어느 길을 가야 할지 모르는 우유부단한 사람처럼, 작은 초보적 동작들을 하는 듯이—즉 가능한 적용들의 영역을 보측(步測)하는 듯이 보인다.

34. 어린아이 때부터 말을 하는 동안 매우 빠르게 휘갈겨 쓰는 사람들, 말하자면 자기가 말하는 것을 예시(豫示)하는 사람들을 생각해 보라.

표상이나 기억으로부터 어떤 것을 그리거나 기술하거나 모방하는 사람은 자기의 표현을 그 어떤 것으로부터 읽어 낸다고 나는 가정해야 하는가?!—무엇이 그 가정을 옹호해 주는가?

---

4 (옮긴이주) 제임스, 《심리학 원리》 1권 9장 3절 중 "경향의 느낌들" 부분 참조.

35. 생각들을 추측하기. 놀이 카드들이 책상 위에 놓여 있다. 나는 다른 사람이 그것들 중 하나에 손대기를 바란다. 나는 눈을 감고 이 카드들 중의 하나를 생각한다; 다른 사람은 내가 어느 것을 뜻하는지 추측해야 한다. —그는 가령 카드 하나가 머릿속에 떠오르게 하고, 그와 동시에 내가 뜻한 것을 알아맞히기를 원한다. 그가 그 카드를 만진다; 그리고 나는 "그래, 그거였어!", 또는 "그게 아니었어" 하고 말한다. 이 놀이의 한 변형은, 남이 나의 시선의 방향을 보지 못하도록 하면서, 내가 특정한 카드를 바라보고, 이제 그는 내가 바라보는 카드를 추측해야 하는 것일 것이다. 이것이 첫 번째 놀이의 한 변형이라는 점은 중요하다. 여기서, 내가 어떻게 그 카드를 생각하느냐는 중요할 수 있다; 왜냐하면 추측의 신뢰성이 거기에 달려 있음이 드러날 수 있을 것이기 때문이다. 그러나 만일 내가 일상생활에서 "나는 N을 생각했다"라고 말한다면, 사람들은 나에게 "당신은 어떻게 그를 생각했느냐?"라고 묻지 않는다.

36. 우리들은 이렇게 물었으면 한다: "당신의 내부를 볼 수 있는 사람은 당신이 그것을 말하고자 했다는 것을 볼 수 있을까?"
　내가 나의 결의를 종이쪽지에 기입했다고 가정하자. 그러면 다른 사람은 거기에서 나의 결의를 읽을 수 있을 것이다. 그리고 나는 그가 그보다 더 확실하게 그 어떤 방식으로 나의 결의를 경험할 수 있을 것이라고 생각할 수 있을까? 분명코 못한다.

37. (어떤 음악 작품 위에 ♩ = 88이라고 작곡가에 의해 적혀 있다. 그러나 오늘날 그 작품을 올바로 연주하려면, 그것은 ♩ = 94로 연주되어야 한다: 어느 것이 작곡가가 뜻한 템포인가?)

38. 전혀 준비 없이 즉석에서 유창하게 이야기하고 있는 사람을 중간에서 가로막으라. 그러고 나서 그가 무엇을 말하려고 했는지 물어보라. 그는 많은 경우, 시작된 문장을 계속해 나갈 수 있을 것이다.—"그러기 위해서는 그가 말하려고 한 것이 그의 머릿속에 이미 어른거렸음이 틀림없다."—아마 그러한 현상이, 우리가 그의 머릿속에 그 계속되는 것이 어른거렸을 거라고 말하는 근거가 아닐까?

39. 그러나 그러한 반응, 그러한 의향(意向)의 고백이 존재한다는 것은 묘하지 않은가? 그것은 매우 주목할 만한 언어 도구가 아닌가? 거기에서 정말 무엇이 주목할 만한가? 자,—그 사람이 이러한 낱말의 쓰임을 어떻게 배우는지를 상상하기는 어렵다. 그것은 너무나도 미묘하다.

40. 그러나 그것은 예컨대 "나는 그를 상상했다"란 말의 쓰임보다 실제로 더 미묘한가? 그렇다, 물리적 대상들의 기술(記述)들에 대한 고찰만을 겨냥하고 있다면, 그러한 언어 사용은 제각기 주목할 만하고 묘하다.

41. 만일 내가 "나는 그때 이러이러한 것을 하려고 했다"라고 말한다면, 그리고 이 진술이 내가 기억하는 생각들, 표상들 등에 의거한다면, 나에게 단지 이러한 생각들과 표상들 등을 전달받은 다른 사람은 그것들로부터, 내가 그때 이러이러한 것을 하려고 했다는 것을 똑같은 확신을 가지고 추론할 수 있어야 할 것이다.—그러나 그는 종종 그렇게 할 수 없을 것이다. 그렇다, 이제 나 자신이 이러한 증거로부터 나의 의도를 추론한다면, 다른 사람은 당연히 이 추론이 매우 불확실하다고 말하게 될 것이다.

42. 그리고 [어린아이는] "나는 그때 막 던지려고 했다"라는 표현을 사용하

는 법을 어떻게 배우는가? 그리고 아이가 그때 실제로 내가 "막……하려고 했다"라고 부르는 그 심리 상태에 있었다는 것을 우리들은 어떻게 아는가?

43. 그런데 어떤 사람이 "나는 그때 막 ……하려고 했다"란 표현이나 "나는 그때 ……하고자 했다"란 표현을 결코 사용하지 않으며, 또 그 쓰임을 배워 익힐 수 없다면 어떻게 될까? 그 사람은 그것을 생각하지 않고도 어쨌든 많은 것을 생각할 수 있다. 그는 이 언어놀이를 숙달하지 않고도 언어놀이의 커다란 영역을 숙달할 수 있다.

그러나 그렇다면 우리가 온갖 다양한 사람들 가운데에서 이런 식으로 결함 있는 사람과 마주치지 않는다는 것은 묘하지 않은가? 또는 정신박약자들 중에는 바로 이런 사람들이 발견되는데, 다만 이들이 어떤 언어 사용을 할 수 있고 어떤 언어 사용을 할 수 없는지가 충분히 관찰되지 않는 것뿐인가?

44. "나는 ……하려는 의도를 지니고 있었다"는 체험에 대한 기억을 표현하고 있지 않다. (이 점은 "나는 막 ……하려고 했다"와 마찬가지이다.)

45. 의도(의향)는 감정, 기분이 아니며, 감각이나 표상도 아니다. 그것은 의식 상태가 아니다. 그것은 진정한 지속이 없다.

46. "나는 내일 여행을 떠날 생각이다."―당신은 언제 그 의도를 지니고 있는가? 그 동안 내내? 또는 간헐적으로?

47. 의도를 발견할 수 있다고 당신이 믿는 서랍 속을 들여다보라. 서랍은 비어 있다.―내가 믿기로는, 당신은 감각들 가운데에서 의도를 찾아 왔다.

"의도를 간헐적으로 지닌다"는 것이 실제로 무엇을 뜻할지를 생각해 보

라. 그것은 가령, 의도를 지님, 의도를 버림, 다시 의도를 지님 따위를 뜻할 것이다.

48. "이 장치는 브레이크이지만, 기능하지 않는다"라는 말은 어떤 상황에서 말해지는가? 그 말이 뜻하는 것은 어쨌든, 그 장치가 그 목적을 성취하지 못한다는 것이다. 그것이 이러한 목적을 지닌다는 것은 무엇에 있는가? "그것은 이것이 브레이크로 작용해야 한다는 의도였다"라고 말하는 사람도 있을 수 있을 것이다. 누구의 의도? 여기서 심리 상태로서의 의도는 우리에게서 완전히 사라진다.

우리들은 또한 여러 사람이 어떤 의도를 지니는데, 수행하는데, 그들 중 어느 한 사람도 그 의도를 지니지 않는다고 생각할 수 있지 않을까? 그렇게 해서 정부(政府)는 어떤 사람도 지니지 않은 의도를 지닐 수 있다.

49. "의도를 말이나 다른 기호로 소리 내어 또는 마음속으로 진술하다"를 의미하는 하나의 동사가 존재할 수 있을 것이다. 이 동사는 "의도하다"라는 우리의 낱말과 같은 의미가 아닐 것이다.

"의도에 맞게 행위하다"를 의미하는 하나의 동사가 존재할 수 있을 것이다; 그리고 이것도 역시 "의도하다"라는 우리의 낱말과 같은 의미가 아닐 것이다.

또 다른 한 동사는 "의도를 곰곰이 생각하다", 또는 "의도를 머릿속에서 이리저리 검토하다"를 의미할 수 있을 것이다.

50. 우리들은 어떤 사람이 생각 중일 때 방해할 수 있다.―그러나 의도 중일 때는?―계획 중일 때는 물론 방해할 수 있다. 또한 어떤 의도를 고수하고 있을 때, 즉 생각이나 행위 중일 때도.

51. 명령법의 적용.

팔을 들어라!
……을 상상하라!
……을 머릿속에서 계산하라!
……을 숙고하라!
……에 주의를 집중하라!
이 도형을 입방체로 보라!

위의 명령들을 다음과 비교하라.

……을 의도하라!
이 말로써 ……을 뜻하라!
사정이 이렇게 되어 있다고 추측하라!
그건 그렇다고 믿으라!
…… 굳은 확신을 지니라!
이것이 일어났다는 것을 기억해 내라!
그것이 일어났는지 의심하라!
그의 귀환을 희망하라!

첫 번째 것들은 수의적(隨意的) 정신 운동이고, 둘째 것들은 불수의적(不隨意的) 정신 운동이라는 것, 이것이 그 차이인가? 나는 오히려, 두 번째 그룹의 동사들은 어떠한 행위들도 지칭하지 않는다고 말할 수 있다. (이것과 다음의 명령을 비교하라: "이 농담에 대해 마음껏 웃어라!")

52. 누군가에게 문장을 이해하라고 명령할 수 있는가? 왜 우리들은 어떤 사람에게 "그것을 이해하라!"라고 명령할 수 없는가? 나는 "이 희랍어 문장을 이해하라!"라는 명령을 희랍어를 배움으로써 따를 수 없을까? —— 비슷하게: 우리들은 "당신에게 고통을 야기하라!"라고는 말할 수 있지만, "고통을 가져라!"라고는 말할 수 없다. 우리들은 "당신 위치를 이 상태로 바꿔라!"라고는 말하지만, "이 상태에 있으라!"라고는 말하지 않는다.

53. 나는 매 순간 폭발을 기대하고 있다. 나는 다른 일에 나의 주의를 완전히 기울일 수 없다; 책을 들여다보고 있지만, 읽고 있는 것은 아니다. 왜 내가 산만해 보이는지, 또는 신경과민으로 보이는지 하는 물음에 대해, 나는 매 순간 폭발을 기대하고 있다고 말한다. —그런데 어땠는가, 이 문장은 바로 저 행동을 기술했는가? 그러나 그렇다면 폭발의 기대 과정은 전혀 다른 사건의—예컨대 특정한 신호의—기대 과정과 어떻게 구별되는가? 그리고 어떤 한 신호의 기대는 거의 차이가 없는 신호의 기대와는 어떻게 구별되는가? 또는 나의 행위 방식은 진정한 기대의 부수 현상일 뿐이었고, 이 진정한 기대는 특수한 정신적 과정이었는가? 그리고 이 과정은 동질적이었는가, 아니면 (내부적인 시작과 끝을 지니고) 명제처럼 분절되어 있었는가—그러나 속에서 그 과정이 진행되고 있는 사람은 그 과정이 어느 사건에 대한 기대인지를 어떻게 아는가? 왜냐하면 그는 그것에 대해 불확실해 하지 않는 것으로 보이기 때문이다. 그가 어떤 심적 상태나 다른 상태를 확인하고, 그것의 원인에 관해 추측을 하는 것 같지는 않다. 그는 말할지 모른다, "나는 오늘 나를 이렇게 불안하게 만드는 것이 단지 이 기대인지 모르겠다"라고. 그러나 그는 다음과 같이 말하지는 않을 것이다: "나는 나의 지금 이 심리 상태가 폭발에 대한 기대인지 또는 다른 어떤 것에 대한 기대인지 모르겠다."

"나는 매 순간 폭발 소리를 기대하고 있다"란 진술은 기대의 표명[5]이다. 이러한 언어적 반응은 기대의 대상을 지시하는 표시기의 움직임이다.

54. 기대와 그 기대를 만족시키는 사실은 어떻든 서로 걸맞아 보인다. 이러한 일치가 무엇에 있는지를 보기 위해, 이제 우리들이 서로 걸맞은 어떤 기대와 어떤 사실을 기술한다고 하자. 여기서 우리들은 곧 하나의 볼록 형태가 그에 대응하는 오목 형태에 걸맞음을 생각한다. 그러나 이 두 형태를 기술하고자 할 때, 우리들은 그 양자에 대해—그것들이 걸맞은 한—어떤 하나의 기술이 적용됨을 본다. (그와 반대로, "이 바지는 이 상의에 걸맞지 않다"가 무슨 뜻인지 비교해 보라.)

55. 모든 형이상학적인 것과 마찬가지로 사고와 현실 사이의 조화는 언어의 문법에서 발견될 수 있다.

56. 여기서 나의 생각은 이런 것이다: 만일 어떤 사람이 기대 자체를 볼 수 있다면—그는 무엇이 기대되는지를 보아야 할 것이다. (그러나 그가 보는 것에서 기대되는 사실에 이르기 위한 투사 방법, 비교 방법은 더 필요하지 않을 방식으로 말이다.)

그러나 실로 이럴 수도 있다. 즉: 기대의 표현을 보는 사람은 '무엇이 기대되는지를' 본다.

---

[5] (옮긴이주) 원말은 'Äußerung'. 이 말은 보통 내면적인 것으로 간주되는 감각, 감정, 믿음 등의 것을 그 (심리학적) 주체가 자연본성적으로 외적으로 표출함, 또는 그런 것이 그 주체에 의해 언어적, 비언어적 행동으로 표출된 것을 의미한다. 언어적 표출의 경우에 이 말은 보통 '발언'이라고 번역되는데, 비트겐슈타인은 특별히 이 말을 관찰에 기초한 기술(記述)이나 보고와 구별되는 의미로 사용하기도 하며, 이 경우 본 번역에서 이 말은 '표명'으로 옮긴다.

57. 우리가 무엇을 찾아 왔는가는 발견이 비로소 우리에게 보여 주고, 우리가 무엇을 소망해 왔는가는 소망의 충족이 비로소 우리에게 보여 준다는 생각은, 그 과정을 다른 사람에게서 보이는 기대나 탐색의 징후들처럼 판단한다는 것을 뜻한다. 나는 그가 자기 방에서 불안하게 왔다 갔다 하는 것을 본다; 그때 어떤 사람이 문으로 들어온다, 그리고 그는 진정되고 만족을 표시한다. 그리고 이제 나는 "그는 명백히 이 사람을 기대했다"라고 말한다.

58. 우리는 기대의 표현이 기대된 사실을 '기술한다'고 말한다. 그리고 기대된 사실을 기대의 충족으로서 나타나는 대상이나 복합체처럼 생각한다.—그러나 충족은 기대된 사람이 아니라, 그가 온다는 것이다.

잘못은 우리의 언어 속에 깊이 닻을 내리고 있다: 우리는 "나는 그를 기대한다", "나는 그의 도착을 기대한다", 그리고 "나는 그가 오기를 기대한다"라고 말한다.

59. 우리가 이러한 비교에서 벗어나는 것은 어렵다: 사람이 등장한다—사건이 등장한다. 마치 사건이 현실의 문 앞에서 미리 형성되어 있다가 이제 현실 속으로 (마치 방 안으로 들어오듯) 들어올 것처럼 말이다.

60. 실재는 기대된 것에 아직 결여되어 있는, 그리고 그 기대가 출현할 때 덧붙여 나타나는 어떤 성질이 아니다.—실재는 또한 사물들이 어둠 속에서 말하자면 색깔 없이 이미 존재하고 있을 때 그것들에 비로소 색깔을 주는 햇빛과 같은 것도 아니다.

61. 우리들은 이름의 보유자에 대해, 그는 존재하지 않는다고 말할 수 있다. 그리고 그것[6]은 물론 활동이 아니다. 비록 우리들이 그것을 활동과 비교할

수 있고, 그가 존재하지 않을 때도 그는 있어야 한다고 말할 수 있을지라도 말이다. (그리고 언젠가 이미 한 철학자가 단호히 그렇게 쓴 바가 있다.)

62. 사실의 어렴풋한 예감이란, 막 일어나게 될 것이 일어나게 될 것이라고 지금 우리가 생각할 수 있다는 데 있다. 또는, 오도하기 쉬운 방식으로 말하자면, 막 일어나게 될 것을 (또는 그것에 대해) 지금 우리가 생각할 수 있다는 데 있다.

63. 상당수의 사람들은 아마도 "기대는 하나의 사고이다"라고 말하고자 할 것이다. 그것은 명백히 "기대하다"란 낱말의 한 가지 쓰임에 해당한다. 다만 우리는 사고의 과정이 매우 다종다양할 수 있다는 점을 상기하고자 한다.

64. 내가 휘파람을 분다. 그리고 어떤 사람이 나에게 왜 기분이 좋으냐고 묻는다. 나는 대답한다, "나는 오늘 N이 오기를 희망한다"라고. ─그러나 내가 휘파람을 부는 동안, 나는 그를 생각하지 않았다. 그럼에도 불구하고, 내가 휘파람을 불기 시작했을 때 나는 희망하기를 중지했다고 말하는 것은 잘못일 것이다.

65. "나는 ……을 기대한다"라고 내가 말한다면, ─그것은 그 상황, 나의 행위, 사고 등이 이 사건에 대한 기대의 상황, 행위, 사고 등이라는 확인인가? 또는 "나는 ……을 기대한다"란 말은 기대의 과정에 속하는가?
    어떤 상황에서는 이 말은 "나는 이러이러한 것이 일어날 것이라고 믿는

---

6 (옮긴이주) 존재한다, 존재하지 않는다 하는 것.
7 (옮긴이주) 오스트리아의 철학자 마이농(Alexius Meinong, 1853~1920)을 가리킴.

다"를 뜻할(그것으로 대체될 수 있을) 것이다. 또한 어떤 때는, "이러이러한 일이 일어날 것에 대해 각오하라"를 뜻할 것이다.

66. 기대, 연상 등등에 관한 심리학적인—사소한—논의들은 정말로 주목할 만한 것을 늘 빠뜨린다. 그리고 우리들은 그것들이 요점을 건드리지 않고 말을 빙빙 돌린다는 것을 깨닫는다.[8]

67. 기대는 그것이 유래하는 상황 속에 깊이 파묻혀 있다. 예컨대 폭발의 기대는 폭발이 기대될 수 있는 상황에서 유래할 수 있다. 폭발을 기대하는 사람이, 두 사람이 다음과 같이 속삭이는 것을 들었다고 하자: "내일 10시에 도화선이 불붙을 것이다." 그 경우 그는 아마 누군가가 여기서 어떤 집을 폭파하려 한다고 생각한다. 10시가 다가오면서 그는 불안해진다, 소음이 날 때마다 움찔한다, 그리고 마침내, 왜 자신의 신경이 곤두 서 있는지 하는 물음에 대해 대답한다: "나는 ……을 기대하고 있다." 이 대답은 예컨대 그의 행동을 이해할 수 있게 만들 것이다. 그것은 또한 우리가 그의 사고와 느낌들을 마음속에 그려낼 수 있게 해 줄 것이다.[9]

68. 기대의 충족은 바로 "이 기대의 충족"으로 기술하는 것 외에도 달리 기술할 수 있을, 그러니까 예컨대 만족의 느낌이나 기쁨의 느낌 등등으로 기술할 수 있을 제3의 것이 발생한다는 데 있지 않다. 어떤 것이 일어날 것이라는 기대는 그 기대의 충족에 대한 기대와 같은 것이다. 〔방주: 존재하지 않는 것에 대한 기대.〕[10]

---

8 (편집자주) 비트겐슈타인, 《철학적 소견들》 §31 참조.
9 (편집자주) 비트겐슈타인, 《철학적 탐구》 §581 참조.
10 (편집자주) 비트겐슈타인, 《철학적 소견들》 §25 참조.

69. 소크라테스가 테아이테토스에게: "그리고 상상하는 사람은 어떤 것인가를 상상해야 하지 않겠는가?"―테아이테토스: "필연적이지요."―소크라테스: "그리고 어떤 것인가를 상상하는 사람은 실재하는 것을 상상해야 하지 않겠는가?"―테아이테토스: "그렇게 보이네요."[11]

이 논의에서 우리가 "상상하다"란 낱말 대신 가령 "죽이다"란 낱말을 놓는다면, 이 낱말의 쓰임을 위한 하나의 규칙이 존재한다; "나는 존재하지 않는 어떤 것을 죽인다"라고 말하는 것은 아무런 뜻도 없다. 나는 이 초원 위에서 이 초원에 존재하지 않는 수사슴을 상상할 수 있으나, 존재하지 않는 수사슴을 죽일 수는 없다. 그리고 "이 초원 위에서 수사슴을 상상한다"는 수사슴이 있다고 상상한다는 것을 뜻한다. 수사슴을 죽인다는 것은 그러나 수사슴이 있다는 것을 죽인다는 뜻이 아니다. 그러나 만일 누군가가, "내가 수사슴을 상상할 수 있기 위해서 그것은 어떤 뜻에서는 존재해야 한다"라고 말한다면―그 대답은 이렇다: 아니다, 그러기 위해 그것은 어떤 뜻에서도 존재할 필요가 없다. 그리고 만일 이에 대해, "그러나 예컨대 갈색은 내가 그것을 상상할 수 있기 위해서는 존재해야 한다"라고 대답한다면―이렇게 말할 수 있다: "갈색이 존재한다"는 도대체 아무것도 뜻하는 바가 없다, 가령 갈색이 대상의 색채로서 여기 또는 저기에 현존한다는 것 외에는 말이다; 그리고 이것은 내가 갈색 수사슴을 상상할 수 있기 위해서 필요하지 않다.[12]

70. 어떤 것을 행할 수 있음은 현실적 행위의 그림자처럼 보인다. 마치 문장의 뜻이 사실의 그림자처럼, 또는 명령의 이해가 명령 수행의 그림자처럼 보이는 것과 꼭 마찬가지로 말이다. 명령에서 사실은 말하자면 "그것의 그림

---

11 (옮긴이주) 플라톤, 《테아이테토스》 189a. 또한 《철학적 탐구》 §518을 참조하라.
12 (옮긴이주) 비트겐슈타인, 《철학적 탐구》 §§57~58 참조.

자를 이미 앞에" 던진다. 그러나 이 그림자는, 그것이 무엇이든, 사건이 아니다.

71. 다음 문장들의 적용을 비교하라:
   "나는 어제부터 고통스럽다."
   "나는 어제부터 그를 기대하고 있었다."
   "나는 어제부터 알았다."
   "나는 어제부터 적분(積分)을 할 수 있다."

72. 모든 의식 상태들이 성향들에 대해 공통적으로 지니는 차이는, 그것들이 여전히 지속되는지가 무작위 시험들을 통해 확인될 수 없다는 점이라고 나에게는 보인다.

73. 상당수의 문장은, 문장으로서 이해되려면, 되풀이해서 읽혀야 한다.

74. 한 문장이 나에게 암호로 주어져 있고, 또 그 열쇠도 주어져 있다고 해보자. 그러면 어떤 점에서 나에게는 당연히 그 문장의 이해를 위한 모든 것이 주어져 있다. 그럼에도 불구하고, "당신은 이 문장을 이해하는가?"라는 물음에 대해 나는 이렇게 대답하게 될 것이다: "아니, 아직 아니다; 나는 우선 그것을 해독해야 한다." 그리고 나는 내가 그것을 예컨대 한국어로 번역했을 때 비로소, "이제 나는 그것을 이해한다"라고 말하게 될 것이다.
   이제 우리들이, "그런데 나는 그 번역의 어느 순간에 그 문장을 이해하는가?"라고 물음을 제기한다면, 우리들은 우리가 "이해한다"라고 부르는 것의 본질에 대한 하나의 통찰을 얻게 될 것이다.

75. 나는 나의 고통의 경과에 주의할 수 있다. 그러나 나의 믿음의 경과, 나의 번역의 경과, 또는 나의 앎의 경과에 대해서 똑같이 할 수는 없다.

76. 현상의 지속은 중단 없는 관찰을 통해, 또는 시험들을 통해 확인될 수 있다. 지속의 관찰은 중단되지 않거나 중단될 수 있다.

77. 어떻게 나는 나의 앎을, 나의 의견들을 관찰하는가? 그리고 다른 한편으로, 어떻게 잔상(殘像)을, 고통을 관찰하는가? 곱셈 ……을 수행하는 나의 능력에 대한 중단 없는 관찰이 존재하는가?

78. "나는 ……을 희망한다"는 심리 상태의 기술인가? 심리 상태에는 지속이 있다. "나는 온종일 ……을 희망했다"는 말하자면 그런 기술이다. 그러나 내가 어떤 사람에게 "나는 당신이 오기를 희망한다"라고 말한다 하자, —만일 그가 나에게 "당신은 그걸 얼마 동안 희망하는가?"라고 묻는다면 어떻게 될까? 그 대답은 "나는 내가 그 말을 하는 동안 희망한다"인가? 이 물음에 대해 나에게 그 어떤 대답이 있다고 가정할 때, 그것은 "나는 당신이 올 것을 희망한다"란 말의 목적과 전혀 무관하지 않을까?

79. 우리들은 "나는 당신이 올 것을 희망한다"라고는 말하지만, "나는 내가 당신이 올 것을 희망한다고 믿는다"라고는 말하지 않는다. 그러나 아마 다음과 같이 말하는 것은 가능할 것이다: "나는 내가 그가 올 것을 여전히 희망하고 있다고 믿는다."

80. "그렇지, 당신은 온다!"의 과거형은 무엇인가?

81. 진짜 지속이 존재하는 곳에서는, 우리들은 어떤 사람에게 이렇게 말할 수 있다: "주의하라, 그리고 체험된 것(이미지, 소음 등)이 변하면 나에게 신호를 보내라."

여기에는 일반적으로, 주의함이라는 것이 존재한다. 반면에, 알았던 것의 망각과 같은 것들은 주의해서 추적될 수 없다. (맞지 않다, 왜냐하면 우리들은 자신의 표상들도 역시 주의해서 추적할 수 없기 때문이다.)

82. 인상이 얼마 동안 지속되는지를 스톱워치로 결정하는 언어놀이를 생각하라. 앎, 능력, 이해의 지속은 그렇게 결정될 수 없을 것이다.

83. "그러나 앎과 들음의 상이점은 단순히 그것들의 지속 방식과 같은 그런 표지에 있지 않다. 아무튼 그것들은 근본적으로 완전히 다르다!" 물론이다. 그러나 우리들이 다음과 같이는 말할 수 없다: "알아라 그리고 들어라, 그러면 당신은 그 차이를 알아차릴 것이다!"

84. "고통은 의식 상태이지만, 이해는 그렇지 않다."—"그야, 나는 이해를 느끼지 못하니까."—그러나 이 설명은 적합하지 않다. 그 어떤 뜻에서 느껴지는 것이 의식 상태라고 말하는 것도 설명이 아닐 것이다. 그것은 실로 의식 상태=느낌이라는 말에 불과할 것이다. (하나의 낱말이 다른 한 낱말로 대체된 것에 불과할 것이다.)

85. 우리들은 어떤 것을 어제부터 "중단 없이" 믿었다, 이해했다, 의도했다고는 결코 말하지 않는다. 믿음의 중단은 믿지 않음의 시간이지, 예컨대 믿음의 대상으로부터 주의를 돌림—예를 들면 잠—이 아닐 것이다.

('앎'과 '알아차림'의 차이.)

86. 여기서 가장 중요한 것은 차이가 존재한다는 것이다; 우리들은 '범주적 차이인' 그 차이를 그것이 무엇에 있는지 말할 수 없으면서도 알아차린다. 이것이 그 차이가 바로 내성(內省)을 통해 인식된다고 통상 말해지는 경우이다.

87. 이것이 아마, 우리들은 **다른** 사람에게 단지 형식은 겨우 전달할 수 있지만 내용은 전달할 수 없다고 말해지는 지점이다. —우리들은 그러니까 자기 자신에게는 내용에 관해서 이야기한다!—(그러나 나의 말은 나에게 의식된 내용과 어떻게 '관계'되는가? 그리고 어떤 목적으로?)

88. 생각할 적에 그 과정들은 결코 우리의 관심사가 아닌 것과 진배없다는 점은 매우 주목할 만하다. 그것은 주목할 만하지만, 이상하지는 않다.

89. ((생각들, 말하자면 단지 암시들.))[13]
    여기서 그것은 계산 전문가의 경우와 같지 않은가?—올바른 답이 나왔다면, 그는 올바로 계산했다. 그의 속에서 무엇이 일어났는지를 그 자신은 아마 말할 수 없을 것이다. 그리고 만일 우리가 그걸 듣는다면, 그것은 아마도 계산의 이상한 희화(戲畵)처럼 보일 것이다.

90. 문장을 주의 깊게 읽는 사람의 내적 과정들에 관해 나는 무엇을 아는가? 그리고 그렇게 읽은 후에 그는 나에게 그것들을 기술할 수 있는가? 그리고 그가 때마침 기술하는 것이 바로 주의의 특징적 과정인가?

---

13 (편집자주) 원본에 이 문장은 대괄호 속에 있었다. 이것들은 여기서 다른 곳에서와 마찬가지로 이중 괄호로 대체되었다.

91. 물음: 내가 어떤 사람에게 "주의하여 읽어라!" 하고 말한다면, 나는 어떤 효과를 달성하고자 하는가? 가령, 이러저러한 것이 그의 눈에 띄고, 그가 그것에 관해 보고할 수 있게 하는 것.—다시, 내가 믿기에는, 우리들은 이렇게 말할 수 있을 것이다. 즉 문장을 주의하여 읽는 사람은 종종 그의 정신 속 과정들에 관해서, 가령 표상들에 관해서, 보고할 수 있게 될 것이라고. 그러나 이는 이 과정들이 "주의"라고 불리리라는 것을 뜻하지는 않는다.

92. "당신은 그 문장을 생각하면서 읽었는가?"—"그렇다, 나는 그것을 생각하면서 읽었다; 모든 낱말이 나에게 중요했다."

그것은 통상적인 체험이 아니다.[14] 우리들은 통상 자신이 어떤 것을 말하는 것을 거의 놀라지 않고 듣는다; 자신의 말을 주의하여 따르지 않는다; 왜냐하면 우리들은 통상 불수의적으로가 아니라 수의적으로 말하기 때문이다.

93. 평소 정상적인 사람이 정상적인 상황 속에서 정상적인 대화를 할 때, 그런 경우에 생각하는 사람과 생각하지 않는 사람은 어떻게 구별되느냐고 내가 질문을 받는다면,—나는 대답할 바를 모를 것이다. 그리고 나는 그 차이가, 말하는 동안 일어나거나 일어나지 않는 어떤 것에 있다고 말할 수는 확실히 없을 것이다.

94. 여기서 '생각한다'와 '생각하지 않는다' 사이에 그어질 경계선은, 표상들의 놀이와 그저 비슷하기라도 한 어떤 것으로도 구별되지 않는 두 상태 사이를 지나갈 것이다. (왜냐하면 표상들의 놀이는 실로 그에 따라 사유란 것이 생각되었으면 하는 본보기이기 때문이다.)

---

14 (편집자주) 타자 원고에서 "체험"은 선 그어 지워져 있다.

95. 오직 완전히 특별한 상황들 속에서만, 생각하면서 이야기했는지 또는 그렇지 않은지 하는 물음이 등장한다.

96. 그렇다, 사유의 경험에 관해 말한다면, 이야기함의 경험은 다른 모든 경험과 마찬가지이다. 그러나 '생각하다'란 개념은 경험 개념이 아니다. 왜냐하면 사고들은 경험들을 비교하듯 비교되지 않기 때문이다.

97. 우리들이 모방하는 것은 가령 이야기의 어조, 얼굴 표정 등이며, 우리에게는 그것으로 충분하다. 이것은 이야기의 중요한 동반 현상들이 여기에 있음을 증명한다.

98. 우리는 의미 있게 말을 하는 사람은 누구나 생각한다고 말하는가? 예를 들어, 언어놀이 2번[15]에서의 건축가가? 우리는 낱말들의 조립과 외침 등을, 우리가 그것을 사유와는 조금도 관련짓지 않을 환경에서는 생각할 수 없을까?

99. (언어놀이 2번[16]에 대해.) "당신은 암암리에 이미, 이 사람들이 생각한다고, 이러한 점에서 그들이 우리가 알고 있는 사람들과 비슷하다고, 그들이 저 언어놀이를 순전히 기계적으로 하지는 않는다고 가정하고 있다. 왜냐하면 만일 당신이 그들이 그렇게 하고 있다고 가정한다면, 당신 자신은 그것을 초보적 언어의 사용이라고 부르지 않을 터이기 때문이다."
    이에 대해 이제 나는 뭐라고 대답해야 하는가? 저 사람들의 삶이 우리의

---

15 (편집자주) 비트겐슈타인, 《철학적 탐구》 §2.
16 (편집자주) 비트겐슈타인, 《철학적 탐구》 §2.

삶과 많은 점에서 비슷해야 한다는 것은 당연히 참이다. 그리고 나는 이 유사성들에 관해서는 아무것도 말하지 않았다. 그러나 중요한 것은, 그들의 언어가 그들의 사유와 마찬가지로 초보적일 수 있다는 것, 원초적 행동을 통해 기술될 수 있는 '원초적 사유'가 존재한다는 것이다. 환경은 말하기의 '사유 동반물'이 아니다.

100. 어떤 사람이 비교하고, 시도하고, 선택하는 일이 들어 있는 노동을 한다고 생각해 보자. 가령 그는 주어진 도구를 가지고 어떤 재료 조각들로부터 일용품을 제작한다. "나는 그걸 위해 이 조각을 골라야 하는가?" 하는 문제가 잇달아 일어난다.—그 조각은 포기되고, 다른 조각이 시도된다. 조각들이 시험적으로 조립되고 분해된다; 걸맞은 조각이 탐색된다, 등등, 등등. 이제 나는 이 전 과정이 촬영되었다고 생각한다. 그 노동자는 또한 가령 "흠", 또는 "하!"와 같은 소리들을 발한다. 말하자면 망설임, 갑작스런 발견, 결단, 만족, 불만족의 소리들을. 그러나 그는 말은 말하지 않는다. 저 소리들은 영화에서 녹화될 수 있을 것이다. 그 영화가 내 앞에서 상영되고, 이제 나는 그 노동자의 혼잣말을 발명한다. 그것은 그 노동자의 노동 방식, 그의 노동의 리듬, 그의 표정의 움직임, 그의 몸짓과 자연적 소리에 걸맞고, 그 모두에 상응한다. 나는 그러니까 그로 하여금 때때로 다음과 같이 말하게 한다. "아니, 그 조각은 너무 길다, 아마도 다른 조각이 더 잘 맞을 거야."—또는 "이제 나는 무얼 해야지?"—"이제 알았다!"—또는 "그건 아주 좋은데", 등등.

그 노동자가 말할 수 있다면,—만일 그가 실제 과정을 정확히 기술하고, 가령 "그때 나는 '아니, 그건 안 돼; 나는 그걸 달리 시도해야 해'라고 생각했다"라는 등등의 말을—비록 그가 노동하는 동안에 말을 하지 않았고 또 이런 말을 상상하지도 않았지만—한다면, 그것은 실제 과정의 왜곡일까?

나는 이렇게 말하고자 한다: 그는 자신의 말없는 사고들을 나중에 말로 재현할 수 없는가? 게다가 그 노동 과정을 본 우리가 이 재현에 동의할 수 있게끔—우리가 그 사람이 노동하는 것을 단지 한 번이 아니라 종종 바라보았다면 더욱 그럴 수 있게끔—그렇게 말로 재현할 수 없는가?

101. 물론 우리는 그의 '사유'를 활동으로부터 분리할 수 없을 것이다. 사유는 노동의 동반물이 아니다; 생각하며 하는 말의 동반물이 아닌 것과 마찬가지로 말이다.

102. 말을 하지 않는다는 것만 제외하고는 그 노동의 리듬, 표정의 움직임 등이 우리와 비슷한 노동하는 존재들을 우리가 본다면, 아마 우리는 그들이 생각하고, 숙고하고, 결단들을 하리라고 말하게 될 것이다. 보통 사람의 행위에 대응하는 것이 바로 거기에 많이 있을 것이다. 그리고 우리가 '생각한다'라는 개념을 그들의 경우에도 적용할 권리를 갖기 위해서 그 대응이 얼마나 정확해야 하는지는 결정될 수 없다.

103. 그리고 무엇 때문에 우리가 심지어 이런 결정을 내려야 한단 말인가?
우리는 노동을—복잡한 노동조차도—'기계적으로' 수행하는 법을 배울 수 있는 존재들과 노동할 적에 시험하고 비교하는 존재들 사이에 중요한 구별을 할 것이다.—그러나 무엇이 "시험하다"와 "비교하다"로 불려야 하느냐는 나는 다시 예들로 설명할 수 있을 뿐이며, 이 예들은 우리의 삶이나 우리의 삶과 비슷한 삶에서 꺼내어질 것이다.

104. 그가 어떤 조합을 가령 놀면서, 또는 우연히 만들었고, 이제 그것을 이것저것을 하는 방법으로 사용한다면, 우리는 그가 생각한다고 말할 것이

다.―숙고할 적에 그는 수단과 방법들을 그의 정신적 눈앞에 차례로 떠올려 볼 것이다. 그러나 그러기 위해서는 그는 이미 얼마큼 비축해 갖고 있어야 한다. 사유는 그에게 그의 방법들을 완성할 가능성을 준다. 또는 오히려: 그가 특정한 방식으로 그의 방법들을 완성한다면, 그는 '생각한다'. [방주: 그 탐색은 대체 어떻게 보일까?]

105. 이렇게도 말할 수 있을 것이다: 어떤 사람이 특정한 방식으로 배운다면, 그는 생각한다.

106. 그리고 이렇게도 (말할 수 있을 것이다): 노동할 적에 **생각하는** 사람은 종종 노동에 **보조 활동들**을 끼워 넣을 것이다. 그런데 실로 사유가 말이 아닌 것처럼, "생각하다"라는 낱말은 이러한 보조 활동들을 지칭하지도 않는다. 비록 '생각하다'라는 개념이 상상적 보조 활동의 방식에 따라 형성되어 있을지라도 말이다. (미분 계수란 개념이 이상적 계수의 방식에 따라 형성되어 있다고 말할 수 있듯이 그렇게.)

107. 이 보조 활동들은 사유가 아니다; 그러나 이러한 보조 수단들이 어쨌든 단지 기계적 행위들이어서는 안 된다면, 사유는 이 보조 수단들의 표면 아래에서 흐르고 있어야 하는 흐름으로서 표상된다.

108. 우리가 노예로 이용하고 사고파는 존재들(사람 비슷한 동물들)이 문제가 되어 있다고 가정해 보자. 그들은 말하기를 배울 수 없다. 그렇지만 그들 중 더 재능 있는 자들은 노동―종종 아주 복잡한 노동들―을 하도록 교육받을 수 있다. 그리고 이들 중 몇몇은 '생각하면서' 노동하고 다른 자들은 단지 기계적으로 노동한다. 우리는 생각하는 자에게는 단지 기계적으로 숙련

된 자에게보다 값을 더 많이 치른다.

109. 말을 하지 않거나 글을 쓰지 않고서 계산 문제에 대한 답을 발견할 수 있는 사람들이 단지 아주 소수밖에 없다면, 사람이 기호 없이도 계산할 수 있다는 데 대한 증거로서 이들을 들 수는 없을 것이다. 왜냐하면 이 사람들이 도대체 '계산한다'는 것이 분명하지 않을 것이기 때문이다. 마찬가지로 (제임스에서) 발라드(Ballard)[17] 씨의 증언도, 언어 없이 생각할 수 있다는 것을 누구에게 납득시킬 수 없다.

그렇다, 아무런 언어도 사용되지 않는 곳에서 왜 '생각하다'에 대해 이야기해야 할까? 만일 그렇게 한다면, 그것은 바로 사유의 개념에 관해 뭔가를 보여 주는 것이다.

110. '사유', 갈라져 나온 가지가 많은 개념. 많은 삶의 표현들을 그 속에 결합하고 있는 하나의 개념. 사유 현상들은 서로 멀리 떨어져 있다.

111. 우리는 예를 들어 "생각하다"란 낱말의 쓰임을 기술하는 과제에 전혀 준비되어 있지 않다. (그리고 왜 우리가 그렇게 준비되어 있어야 하는가? 그와 같은 기술이 무엇에 쓸모 있는가?)

그리고 그 낱말의 쓰임에 관해 만들어진 소박한 표상은 전혀 현실에 대응하지 않는다. 우리는 매끄럽고 한결같은 윤곽을 기대하는데, 보게 되는 것은 갈기갈기 찢긴 것이다. 여기서 우리는 잘못된 그림을 그린 거라고 실제로 말할 수 있을 것이다. 〔방주: 단편에 대한 언급.〕

---

17 (편집자주) 원문에는 "Barnard"라고 잘못 표기되어 있다. (옮긴이주) 제임스가 인용한 발라드 씨의 이야기에 대해서는 비트겐슈타인의 《철학적 탐구》 §342를 참조할 것.

112. 이 낱말에 대해, 하나의 통일적 사용이 있기를 기대할 수는 없다. 기대할 수 있는 것은 오히려 그 반대다.

113. 우리는 여기서 우리가 고찰하고자 하는 '생각하다'란 개념을 어디에서 취하는가? 일상 언어에서. 우리의 주의(注意)에 맨 처음 방향을 주는 것은 "생각하다"란 낱말이다. 그러나 이 낱말의 쓰임은 뒤엉켜 있다. 그리고 우리는 달리 기대할 수 없다. 그리고 이는 당연히 모든 심리학적 동사들에 관해 말해질 수 있다. 그것들의 사용은 예컨대 역학의 낱말들처럼 그렇게 분명하지 않으며, 그렇게 쉽게 조망될 수 없다.

114. 우리들은 "생각하다"란 낱말, 즉 그것의 쓰임을 어떤 상황들 속에서 배운다. 그러나 우리들은 그 상황들을 기술하는 법은 배우지 않는다.

115. 그러나 나는 어떤 사람에게 그 낱말의 쓰임을 가르칠 수 있다! 왜냐하면 이를 위해 저 상황들의 기술이 필요하지는 않으므로.

116. 나는 특정한 상황들 속에서 그에게 바로 그 낱말을 가르친다.

117. 우리들은 그것을 아마 오직 사람에 대해서만 말하기를 배운다, 그것을 사람에 대해서 주장하거나 부인하기를 배운다. "물고기가 생각하는가?"라는 물음은 그의 언어 사용 가운데에는 존재하지 않아야 한다, 제기되지 않아야 한다. (그와 같은 상태, 그와 같은 언어 사용보다 무엇이 더 자연스러울 수 있는가?)

118. "이런 경우에 대해선 아무도 생각해 본 적이 없다"—라는 말이 가능하

다. "생각하다"란 낱말이 사용될 수 있는 조건들을 내가 열거할 수는 없지만,—그러나 어떤 상황이 그 쓰임을 의심스럽게 만든다면, 나는 그런 말을 할 수 있으며, 또한 어떻게 그 상황이 통상적인 것과 어긋나는지도 말할 수 있다.

119. 내가 특정한 방 안에서 특정한 활동(가령 방 청소)을 실행하는 법을 배웠고 이 기술(技術)을 숙달했다고 해도, 내가 그 방의 배치를 기술할 준비가 되어 있어야 한다는 결론이 나오지는 않는다; 설사 내가 그 방의 모든 변화를 곧 알아채고 또 즉시 기술할 수 있다 해도 말이다.

120. "이 법칙은 이와 같은 경우들을 예견하고서 주어진 것이 아니다." 그런 까닭에 그것은 뜻이 없는가?

121. 어떤 사람이 어떤 도시를 정확하게 훤히 알고 있지만, 즉 그 도시의 모든 장소로부터 다른 모든 장소에 이르는 가장 짧은 길을 자신 있게 발견할 수 있지만,—그럼에도 불구하고 그가 그 도시의 지도를 전혀 그릴 수 없는 일이 분명히 있을 수 있을 것이다. 그가 그것을 시도하자마자 전혀 잘못된 것만을 만들어 내는 일이. ('본능'에 대한 우리의 개념.)

122. 우리의 언어가 다음과 같은 것들에 대해서 상이한 낱말들을 소유할 수 있을 거라고 생각해 보자: '소리 내어 하는 사유'에 대해서; 상상 속에서 생각하며 하는 혼잣말에 대해서; 그 어떤 무엇인가가 우리 머리에 떠오른 바로 그다음에 우리가 자신 있게 대답을 할 수 있게 되는 짧은 휴지(休止)에 대해서.
문장으로 표현되어 있는 사고에 대한 낱말; 내가 나중에 '말로 표현'할 수 있는 번개 같은 착상에 대한 낱말; 말없이 생각하며 하는 노동에 대한 낱말.

123. "사유는 정신적 활동이다."―사유는 육체적 활동이 아니다. 사유는 활동인가? 자, 우리들은 어떤 사람에게 "거기에 관해 곰곰이 생각해 보라!"라고 명령할 수 있다. 그러나 어떤 사람이 이 명령에 따르는 가운데 자기 자신에게나 혹은 다른 사람에게 말을 한다면, 그때 그는 두 가지 활동을 하는가?

124. 말해진 것에 대한 관심은 특유한 표시가 있다. 그것은 또한 특유한 결과들과 선(先) 조건들을 지니고 있다. 관심은 체험되는 것이다; 우리들은 그것을 자기 자신에 관해 관찰에 근거하지 않고서 진술한다. 그것은 말해진 것의 동반물이 아니다. 문장에 동반되는 것을 이 문장의 내용에 대한 관심이 되게 하는 것은 무엇일까? (논리적 조건.)

125. 사유의 현상을 연소의 현상과 비교하라! 연소, 불꽃은 우리에게 수수께끼 같아 보일 수 있지 않은가? 그리고 왜 불꽃이 책상보다 더 그러한가? ―그리고 당신은 이 수수께끼를 어떻게 해명하는가?

그리고 이제 사유의 수수께끼는 어떻게 풀려야 하는가?―불꽃의 수수께끼처럼?

126. 불꽃은 붙잡을 수 없기 때문에 수수께끼 같지 않은가? 좋다―그러나 왜 그 점이 불꽃을 수수께끼 같이 만드는가? 왜 붙잡을 수 없는 것은 붙잡을 수 있는 것보다 더 수수께끼 같아야 하는가? 우리가 그것을 붙잡기를 원하기 때문이 아니라면 말이다. ―

127. 우리들은 영혼이 육체를 떠난다고들 말한다. 그러나 그다음에 영혼으

로부터 육체와의 모든 유사성을 빼앗기 위해, 그리고 그 어떤 기체(氣體)적인 것이 뜻해져 있다고는 결코 생각하지 않기 위해, 우리들은 영혼이 비물질적이며 비공간적이라고 말한다. 그러나 "떠난다"라는 낱말로써 우리들은 이미 모든 것을 말했다. 당신이 "영적"이라는 낱말을 어떻게 사용하는지 나에게 보여 주라, 그러면 나는 영혼이 "비물질적"인지, 그리고 당신이 "정신"으로 무엇을 이해하는지를 보게 될 것이다.

128. 생명이 없는 것에 관해 나는 무엇인가가 부족한 것에 관해 이야기하듯 이야기하는 경향이 있다. 나는 생명을 무조건 하나의 첨가물로서, 생명 없는 것에 부가된 어떤 것으로서 간주한다. (심리학적 분위기.)

129. 우리들은 책상과 의자에 대해서 "그것은 지금 생각하고 있다"라고 말하지 않는다. "그것은 지금 생각하고 있지 않다"라고도, "그것은 결코 생각하지 않는다"라고도 말하지 않는다. 또한 식물에 대해서도, 물고기에 대해서도, 개에 대해서도 그렇게 말하지 않는다. 그러나 사람에 대해서는 그렇게 말한다. 그리고 모든 사람에 대해 그렇게 말하는 것도 아니다.

"책상은 생각하지 않는다"는 "책상은 자라지 않는다"와 같은 진술과 비교될 수 없다. (책상이 생각'한다면 어떻게 될지' 나는 전혀 모를 것이다.) 그리고 여기에는 명백히 사람의 경우로의 점차적 이행이 존재한다.

130. 우리들은 아주 특정한 상황들 속에서만 '생각하다'에 대해 이야기한다.

131. 도대체 어떻게 문장들의 뜻과 진리가 (또는 진리와 뜻이) 동시에 붕괴될 수 있는가? (함께 일어서고 넘어질 수 있는가?)

132. 그리고 그것은 당신이 다음과 같이 말하고 싶어 하는 것과 같지 않은가? "사정이 이러이러하지 않다면, 사정이 이러하다고 말하는 것은 더는 아무런 뜻도 없다."

133. 그러니까 예를 들어: "만일 언제나 잘못 둔다면, '잘못된 수(手)'에 대해 이야기하는 것은 아무런 뜻도 없을 것이다." 그러나 이것은 그걸 말하는 단지 하나의 역설적인 형식일 뿐이다. 역설적이지 않은 형식은 이러할 것이다: "일반적 기술(記述) ⋯⋯은 아무런 뜻도 없다."

134. "우리들은 할 수 없다" 대신, "이 놀이에는 존재하지 않는다"라고 말하라. "우리들은 서양 바둑에서 위치를 바꿀 수 없다" 대신에는—"서양 바둑에는 위치 바꿈이 존재하지 않는다"; "나는 나의 감각을 드러내 보일 수 없다" 대신에는—"'감각'이란 낱말의 사용에는 우리들이 가진 것을 드러내 보임이 존재하지 않는다"; "우리들은 모든 기수(基數)를 열거할 수 없다" 대신에는—"여기에는 모든 항(項)의 열거가 존재하지 않는다."

135. 대화가, 낱말들의 적용과 해석이 흘러간다. 그리고 오직 그 흐름 속에서만 낱말은 그것의 의미를 지닌다.
 "그는 떠났다."—"왜?"—당신이 "왜"라고 발화했을 때, 당신은 무엇을 뜻했는가? 당신은 무엇을 *생각했는가*?

136. 학교에서 손을 드는 것을 생각하라. 학생이 정당하게 손을 들 수 있기 위해서는 속으로 대답을 조용히 미리 말해 보았어야 하는가? 그리고 그것에 덧붙여 그의 속에서 *무엇이* 일어났어야 하는가?—아무것도. 그러나 그가 손을 들 때 그가 통상 대답을 알고 있다는 것은 중요하다; 그리고 그것이 그가

손을 드는 것을 이해한다는 것에 대한 기준이다.

그의 속에서 어떤 것도 일어났어야 할 필요가 없다; 그렇지만 그와 같은 경우에 내적 과정들에 관해 결코 어떤 것도 보고할 줄 모르는 사람은 주목할 만할 것이다.

137. 때때로 내가 "그때 나는 생각했다……"라고 말할 때, 나는 내가 나에게 바로 그 말을—또는 그 말이 아니라면, 현재의 말이 뜻에 맞게 재생한 다른 말을—소리 내어 말했는지, 아니면 남몰래 속으로 말했는지를 보고할 수 있다. 이런 일이 분명 때때로 일어난다! 그러나 나의 현재의 말이 '재생이 아닌' 바로 그런 일도 일어난다. 왜냐하면 그 말은 그것이 모사의 규칙들에 따른 것일 경우에만 '재생'이기 때문이다.

138. 예를 들어 "공〔球〕"이란 낱말을 포함하는 문장에는 마치 이 낱말의 다른 사용들의 그림자가 이미 포함되어 있는 것처럼 보인다. 즉 저 다른 문장들을 형성할 수 있는 바로 그 가능성이 포함되어 있는 것처럼 말이다.—누구에게 그렇게 보이는가? 그리고 어떤 상황들 속에서?

139. 우리들은 문장의 뜻이 문장에 동반된다, 문장 곁에 서 있다는 관념으로부터 벗어나지 못한다.

140. 우리들은 가령 이렇게 말하고자 한다: "하나의 부정은 다른 부정과 같이 동일한 것을 문장에 대해 **행한다**.—즉 그것은 문장이 기술하는 것을 배제한다." 그러나 이것은 그 두 부정문의 동일시(이는 부정된 문장 자체는 부정문이 아닌 경우에만 타당하다)를 위한 다른 말일 뿐이다. 우리가 기호에서 보는 것은 뜻과 의미의 고유한 조작이 그 안에서 진행되는 내면적인 것에 대

해 단지 외적 측면일 뿐이라는 사고의 되풀이.[18]

141. 우리의 문제는 다음과 같이 (매우 명료하게) 제기될 수 있을 것이다: 우리에게 길이를 측정하는 두 체계가 있다고 가정하자; 그 두 체계에서 길이는 숫자로 표현되고, 척도를 기술하는 낱말이 그 뒤를 따른다. 한 체계는 길이를 "n피트"와 같이 표시하며, 피트는 통상적인 뜻에서의 길이 단위이다; 다른 한 체계에서는 길이가 "nW"로 표시되고 1피트=1W이다. 그러나 2W=4피트이고, 3W=9피트이고, 등등이다.―그러니까 "이 막대기는 길이가 1W이다"란 문장은 "이 막대기는 길이가 1피트이다"와 동일한 것을 뜻한다. 물음: 이 두 문장에서 "W"나 "피트"는 동일한 의미를 지니는가?

142. 그 물음은 잘못 제기되어 있다. 이 점은 우리가 의미 동일성을 등식으로 표현하려 하면 보인다. 그 물음은 "W=피트인가 아닌가?"라고밖에는 되지 않는다.―이 기호들이 들어 있는 문장들은 여기서 논외이다.―마찬가지로 이 용어법에서는 여기에서의 "이다"가 저기에서의 "이다"와 같은 것을 의미하는지도 물론 물을 수 없다; 그러나 아마도, 계사가 등호와 같은 것을 의미하는지는 물을 수 있을 것이다. 자, 실로 우리는 말했다, 1피트=1W이지만 피트≠W라고.

143. 우리들은 다음과 같이 말할 수 있을 것이다: 모든 경우에 "사고"라는 말로 우리들이 뜻하는 것은, 문장에서 살아 있는 것이다. 그것 없이는 문장이 죽은 것, 그것 없이는 문장이 단순한 소리의 나열, 또는 글자 도형들의 나열이 되는 것.

---

18 (편집자주) 비트겐슈타인의 《철학적 탐구》 §556을 참조하라.

그러나 만일 내가 체스 말들의 배치에 의미를 주는—즉 그 배치를 작은 나무토막들의 임의의 모음과 구별하는—하나의 어떤 것에 관해 똑같은 방식으로 말한다면,—거기서 나는 온갖 것을 뜻할 수 있지 않을까! 체스의 배치를 하나의 놀이 상황으로 만드는 규칙들; 우리가 그러한 놀이 위치들과 결합하는 특수한 체험들; 그 놀이의 유용성.

또는 만일 우리가 지폐를 단순한 인쇄된 쪽지들과 구별하고 지폐에 그것의 의미, 그것의 생명을 주는 하나의 어떤 것에 관해 말한다면!

144. 하나의 낱말이 어떻게 이해되느냐는 단지 말만으로 말해지지 않는다. (신학.)

145. 우리가 기호들에서 얻는 인상이 언어 사용에서 아무 역할도 하지 않는 언어도 역시 존재할 수 있을 것이다; 그러한 인상이란 뜻에서의 이해가 존재하지 않는 언어. 그 기호들은 우리에게 가령 글로 씌어져서 전달된다. 그리고 이제 우리는 그것들을 알아차릴 수 있다. (즉 거기서 이야기되는 유일한 인상은 기호의 그림이다.) 이제 그것이 명령이라면, 우리는 규칙들, 일람표들에 따라 그 기호를 행위로 옮긴다. 그것은 그림의 인상과 유사한 인상에 이르지 않는다. 그리고 이 언어로는 이야기들도 씌어지지 않는다.

146. 이런 경우, "기호는 오직 체계 속에서 산다"라고 말할 수 있을 것이다.

147. 우리가 낱말 언어의 한 문장으로부터 어떤 인상을 얻기 위해서는 그 문장을 규칙들에 따라 스케치된 그림으로 번역해야 하리라는 생각도 물론 할 수 있을 것이다. (이 그림이 비로소 영혼을 가질 거라는 생각.)

148. 낱말들의 의미가 특정한 규칙들에 따라서 교체되는 언어, 가령 오전에는 낱말 A가 이것을, 오후에는 저것을 뜻하는 언어가 생각될 수 있을 것이다.

또는 날마다 그 전날의 모든 문자가 알파벳에서의 바로 그다음 문자로 (그리고 z는 a로) 대체됨으로써 낱말들이 매일 변하는 언어.

149. 낱말들과 문법은 한국어 낱말들과 문법이지만, 문장에서 낱말들이 상반된 순서로 있는 그런 언어를 생각하라. 이 언어의 문장은 그러니까 마침표로부터 시작하는 쪽으로 읽는 한국어 문장처럼 들린다. 그러므로 표현 가능성들은 한국어에서와 같은 다양성을 지닌다. 그러나 우리가 문장의 소리로서 알고 있는 것은 없어진다.

150. 한국어를 못하는 사람이 어떤 기회에 내가 다음과 같이 외치는 것을 듣는다: "얼마나 멋진 불빛인가!" 그는 그 뜻을 추측한다. 그리고 이제 그는 그 세 낱말을 이해하지는 못하지만, 내가 하듯 그 외침을 직접 사용한다. 그는 그 외침을 이해하는가?

151. 나는 사람이 감각에 표현을 부여하는 그런 예를 의도적으로 골랐다. 왜냐하면 이 경우, 어떤 언어에도 속하지 않는 소리들이 의미로 가득 차 있다고 말해지기 때문이다.

152. 다음 문장에 대해 유사한 경우를 생각해 내는 것도 마찬가지로 쉬울까: "기차가 5시 정시에 도착하지 않으면 그는 접속 열차를 놓칠 것이다"? 이 경우에 가령 그 뜻을 추측한다는 것은 무엇을 뜻할까?

153. 문장의 사고가 어떤 순간에도 완전히 현전하지 않는다는 것은 말하자면 우리를 괴롭힌다. 우리는 문장의 사고를 우리가 산출해 내고서 결코 완전히 소유하지 못하는—왜냐하면 한 부분이 생기자마자 다른 한 부분이 사라지기 때문에—대상처럼 본다.

154. (150번에 대해.) 저 외침을 위해 사람들이 단 하나의 낱말을 이용하는 언어가 쉽게 상상될 수 있다. 그러나 "기차가 5시 정시에 도착하지 않으면 ……"이라는 문장을 위한 낱말의 경우는 어떠할까? 어떤 경우에 우리는 그 낱말이 실제로 이 문장을 나타낸다고 말하게 될까?

가령 이런 경우: 처음에 사람들은 우리의 문장과 같은 문장을 이용했다; 그러나 그다음 그 문장이 매우 빈번하게 발화되지 않으면 안 되어서, 그들이 그 문장을 한 낱말로 단축하는 상황이 발생했다. 그러니까 이 사람들은 여전히 그 낱말을 그 문장으로 설명할 수 있을 것이다.

그러나 저 뜻을 위해, 그러니까 저 쓰임을 위해, 사람들이 오직 한 낱말을 소유하는 경우도 존재할 수 있는가? 왜 없는가? 우리들은 어떤 사람이 이 낱말의 쓰임을 어떻게 배우는지, 그리고 어떤 상황들 속에서 우리가 그 낱말은 실제로 저 문장을 대신한다고 말하게 될지를 상상해야 한다.

그러나 이것을 숙고하라: 우리의 언어로 누군가가 "그는 5시에 도착한다"라고 말한다; 다른 한 사람이, "아니, 5시 10분이야"라고 대꾸한다. 이런 식의 대화가 그 다른 언어에도 역시 존재하는가?

그런 까닭에 뜻과 의미는 막연한 개념들이다.

155. 시인의 말은 우리를 완전히 사로잡을 수 있다. 그리고 그것은 그 말이 우리의 삶에서 지니는 쓰임과 자연스럽게, 인과적으로 연관되어 있다. 그리고 그것은 또한 우리가, 그 쓰임에 맞게, 그 말의 잘 알려진 환경을 이모저

모로 생각해 본다는 것과도 연관되어 있다.

156. 설명될 수 있는 어떤 하나의 의미 차이와 설명에서 밝혀지지 않는 어떤 하나의 의미 차이가 존재하는가?

157. 음악에서 영혼이 가득 찬 표현,—그것은 규칙들에 따라 인식될 수 없다. 그리고 왜 우리는 그것이 다른 존재에게는 그렇게 인식될 수 있을 거라고 상상할 수 없는가?

158. 만일 어떤 테마, 어떤 악구가 갑자기 당신에게 어떤 것을 말한다면, 당신이 그것을 설명할 수 있어야 할 필요는 없다. 당신에겐 갑자기 이러한 몸짓만이 이용 가능할 수도 있다.

159. 그렇지만 당신은 음악의 이해에 관해 이야기한다. 당신이 음악을 듣는 동안, 당신은 어쨌든 그것을 이해한다! 이에 관해 우리는, 음악의 이해는 음악을 듣기에 동반되는 체험이라고 말해야 하는가?

160. 음악의 말. 시는 보고(報告)의 언어로 작성되었다고 하더라도 보고의 언어놀이에서 사용되지 않음을 잊지 말라.

161. 음악을 전혀 알지 못하는 어떤 사람이 우리에게 와서 누군가가 쇼팽을 사려 깊게 연주하는 것을 듣고, 이것은 하나의 언어인데 다만 우리들이 그에게 그 뜻을 비밀로 하고자 하는 것이라고 확신하는 일이 생각될 수 있지 않을까?
    낱말 언어에는 강한 음악적 요소가 있다. (한숨, 물음과 알림과 그리움의 억양, 억양의 그 무수한 모든 **몸짓들**.)

162. 그러나 내가 어떤 멜로디를 이해하면서 듣는다면, 그때 내 속에서는 특별한 어떤 것이—내가 그 멜로디를 이해 없이 듣는다면 일어나지 않는 것이—일어나지 않는가? 그런데 무엇이?—아무런 대답도 나오지 않는다; 또는 나에게 떠오르는 것은 시시한 것이다. 나는 아마 "이제 나는 그걸 이해했다"라고 말하고, 이제 가령 그것에 관해 이야기하고, 그것을 연주하고, 그것을 다른 것들과 비교하는 따위를 할 수 있을 것이다. 이해의 표시들이 듣기에 동반될 수 있다.

163. 이해를, 듣기에 동반되는 과정이라고 부르는 것은 잘못이다. (실로 우리들은 또한 이해의 표출을, 표정이 풍부한 연주를, 듣기에 동반되는 어떤 것이라고 부르지 않을 수 있을 것이다.)

164. 왜냐하면 '표정이 풍부한 연주'가 무엇인지는 어떻게 설명될 수 있는가? 연주에 동반되는 어떤 것으로는 확실히 안 된다.—그럼 그 설명을 위해서는 무엇이 필요한가? '하나의 문화'라고 우리들은 말했으면 한다.—특정한 문화에서 교육받은 사람,—그리하여 음악에 대해 이러이러하게 반응하는 사람에게는 "표정이 풍부한 연주"라는 말의 쓰임을 가르칠 수 있다.

165. 음악의 이해는 감각도 아니고 감각들의 합도 아니다. 그러나 그럼에도 불구하고, 그것을 체험이라고 부르는 것은 이해의 이러한 개념이 다른 체험 개념들과 여러 친화성을 갖는 한에서는 옳다. 우리들은 "나는 이 소절을 이번에는 전혀 다르게 체험했다"라고 말한다. 그렇지만 이 표현은 이러한 상황들에 속하는 특별한 개념 세계에 통달해 있는 사람에게만 '무엇이 일어났는

가'를 말해 준다. (유사성: "나는 한 판을 이겼다.")

166. 글을 읽을 적에 이것이 내 머리에 떠오른다. 그러니까 글을 읽을 적에는 그렇게 어떤 것이 일어나는가……?—이 물음은 실로 우리를 그 이상으로 인도하지 않는다.

167. 그렇지만 어떻게 그것이 내 머리에 떠오를 수 있는가?—당신이 생각하는 차원들에서는 아니다.

168. 어떤 사람이 환희하고 있다는 것을 나는 어떻게 아는가? 환희의 언어적 표현을 우리들은 어떻게 배우는가? 그것은 무엇에 연결되어 있는가? 신체 감각들의 표현에? 어떤 사람이 즐거움을 느끼는지를 알아내기 위해, 우리는 그가 가슴속에서, 안면 근육에서 무엇을 감지하는지를 그에게 묻는가?

169. 그러나 이는 음악을 즐길 적에 종종 반복되는 감각들이 존재하지 않는다는 것을 뜻하는가? 전혀 아니다.

170. 시는 읽을 적에 우리에게 어떤 인상을 준다. "당신이 시를 읽는 동안, 당신은 아무래도 상관없는 어떤 것을 당신이 읽을 때와 동일한 것을 느끼는가?"—이 질문에 대답하는 것을 나는 어떻게 배웠는가? 나는 아마 대답하게 될 것이다, "물론 아니다!"라고.—이것은 다음과 같은 정도를 뜻한다: 나를 사로잡은 것은 이것이고, 다른 것이 아니다.

"나는 그때 뭔가 다른 것을 체험한다."—그런데 이것은 어떤 종류인가? 나는 어떤 만족스러운 대답도 할 수 없다. 왜냐하면, 내가 진술하는 것은 그 자체로는 중요하지 않기 때문이다.—"그러나 글을 읽는 **동안** 당신은 즐기지 않았는가?" 물론이다—왜냐하면 그 반대의 대답은, 나는 그것을 그 이전에, 또는 그 이후에 즐겼다는 뜻이 될 테니까; 그런데 나는 그렇게 말하고 싶지 않다.

그러나 이제 당신은 읽을 때의 감각들과 표상들을 어쨌든 기억한다. 게다가 즐거움과, 인상과 연관되어 있는 그런 것들을.—그러나 그것들은 그 의미를 오직 그것들의 환경으로 인해 얻었다; 시를 읽음으로 인해, 그 언어와 운율과 그리고 무수한 연관들에 내가 친밀함으로 인해.

그렇지만 당신은 "그거 훌륭하지 않은가!"라는 표현을 우리가 도대체 어떻게 배웠는지를 물어야 한다.—아무도 듣기에 동반되는 감각들, 표상들, 또는 사고들을 언급함으로써 우리에게 그것을 설명하지 않았다! 그렇다, 그가 그런 체험들을 진술할 줄 모르더라도, 우리는 그가 그것을 즐겼다는 것을 의심하지 않을 것이다. 그러나 그가 어떤 연관들을 이해하지 못한다는 게 드러난다면, 의심할 것이다.

171. 그러나 이해는 가령 어떤 사람이 어떤 표정으로 시를 읽느냐, 멜로디를 부르느냐 하는 데서 드러나지 않는가? 물론 그렇다. 그러나 이제 여기서 무엇이 읽는 동안의 체험인가? 여기서 우리들은 실로 이렇게 말해야 할 것이다: 그것이 잘 읽히는 것을 듣거나, 언어 기관으로 느끼는 사람은 그것을 즐기고 이해한다.

172. 우리들은 또한 음악의 악구 이해에 대해서도, 그것은 언어의 이해라고 말할 수 있다.

173. 나는 단지 두 박자로 된 아주 짧은 소절을 생각한다. 당신은 말한다, "그 속에 모든 것이 놓여 있지 않은가!" 그러나 그것을 들을 적에 그 속에 놓

여 있는 것이 일어난다고 당신이 생각한다면, 그건 말하자면 단지 착시일 뿐이다. ("누가 그 말을 하느냐가 중요하다.") (오직 사고와 삶의 흐름에서만 말은 의미를 지닌다.)

174. 이것은 착각을 포함하지 않는다: "이제 나는 그것을 이해했다"—그러고는 아마도, 내가 이해한 것에 대한 어떤 긴 설명이 뒤따른다.

175. 그 테마는 자기 외에 아무것도 가리키지 않는가? 오, 가리킨다! 그러나 이는, 그것이 나에게 주는 인상이 그것 주위에 있는 것들과—예컨대 우리의 언어와 그것의 억양과, 그러니까 우리 언어놀이의 전체 장(場)과—연관되어 있다는 것을 뜻한다.

예를 들어 내가, 여기서 마치 어떤 결론이 내려진 듯하다, 또는 여기서 마치 어떤 것이 다짐된 듯하다, 또는 마치 이것이 그 이전 것에 대한 대답인 듯하다고 말한다면, —나의 이해는 추론들, 다짐들, 대답들과의 친밀함을 전제하고 있다.

176. "고마워라! 아직도 조금밖에 도망치지 못했다니—크로아티아 사람들의 손아귀로부터"[19]라는 말은, 그 말투와 시선과 함께함으로써, 그 모든 의미의 뉘앙스를 틀림없이 이미 자신 속에 지니고 있는 듯 보인다. 그러나 이는 우리가 그 말을 특정한 장면의 일부로서 알기 때문에만 그러하다. 그러나 그 말의 특별한 혼이 어떻게 그 말을 포함하는 이야기 속에 놓여 있는가를 보이기 위해, (같은 말투로 말해진) 그 말을 놓고 전혀 다른 장면이 구성될 수 있을 것이다.

---

19 (편집자주) 실러, 《발렌슈타인》 제2부 〈피콜로미니 부자〉 1막 2장.

177. 어떤 사람이 쫓아내는 몸짓으로 "꺼져라!" 하고 말하는 것을 내가 들을 때, 여기서 나는 그 낱말의 의미를, 내가 그 낱말을 혼자 읊조리며 한 번은 이렇게 그리고 한 번은 저렇게[20] '뜻하는' 경우의 놀이에서처럼 '체험'하는가?—왜냐하면 그는 실로 "내 앞에서 꺼져라!"라고 말할 수도 있었고 그 경우 나는 아마 그 전체 구절을 이러저러하게 체험했을 것이지만, 내가 그 개별 낱말도 역시 그렇게 체험했을 것인가? 나에게 인상을 준 것은 아마 그 보충된 말이었을 것이다.

178. 의미의 특별한 체험은 우리가 과거형의 설명으로 반응한다는 점에 의해 특징지어진다: 마치 우리가 낱말의 의미를 실천적 목적들을 위해 설명하는 것처럼 정확히 그렇게 말이다.

179. 당신 자신이 이러한 체험들을 한다는 것을 잊으라, 잊으라!

180. 어떻게 그가 그 낱말을 그 의미로 들을 수 있었는가? 어떻게 그것이 가능했는가?! 전혀 가능하지 않았다—이러한 차원들에서는.—

181. 그러나 그 낱말이 지금 나에게 그것을 의미한다는 것은 그러니까 참이 아닌가? 왜 아니란 말인가? 실로 이 뜻은 그 낱말의 나머지 사용과 충돌하지 않는다.
    어떤 사람이 말한다: "그에게 소식 ……을 주고, 그로써 ……을 뜻하라!"—이 명령의 뜻은 무엇일까?

---

20 (옮긴이주) 한 번은 사람에게 사라지라는 뜻으로, 한 번은 불이 꺼지라는 뜻으로. '꺼져라'의 원말은 "Weiche"로, 'weichen'(물러나다, 후퇴하다)의 명령형이자 'weich'(연약한)의 명사형.

182. "내가 지금 그 낱말을 발화했을 때, 그것은 나에게 ……을 의미했다." 왜 이것이 단순히 정신이상이어서는 안 될까? 내가 그것을 체험했기 때문에? 이것은 이유가 아니다.

183. 내가 의미맹(意味盲)이라고 부르는 사람은 "그에게 은행을 사야 한다고 말하라―내 뜻은, 먹는 은행 말이다"라고 하는 지시는 이해할 것이나, "은행이란 낱말을 말하고, 먹는 은행을 뜻하라"는 이해하지 못할 것이다.[21] 사람들에게서 어떤 형태의 정신적 결함들이 발견되느냐 하는 것은 이 탐구가 관여하지 않는다; 이 탐구가 관여하는 것은 그러한 형태들의 가능성이다. "나는 그때 ……하고자 했다"라는 유형의 사고를 할 능력이 없는 사람들이 존재하는지가 아니라,―그러한 결함의 개념이 어떻게 시행될 수 있느냐 하는 것에 우리는 관심이 있다.

당신이 어떤 사람은 이것을 할 수 없다고 가정한다면, 그렇다면 그것은 어떠한가? 그는 그것도 역시 할 수 없어야 하는가?―이 개념은 우리를 어디로 이끄는가? 왜냐하면 우리는 실로 여기서 범례(範例)들을 갖고 있기 때문이다.

184. 한 낱말의 철자법이 바뀌면, 사람마다 그걸 매우 다른 강도로 느낀다. 그리고 그 감각은 단지 옛 용법에 대한 신심(信心)이 아니다.―철자법이 단지 하나의 실천적인 문제인 사람에게는, "의미맹"에게 결여 되어 있을 느낌과 비슷한 어떤 느낌이 부족하다. (괴테의 인명(人名)론. 죄수의 번호.)

---

21 (옮긴이주) "은행을 사야"와 "먹는 은행"은 원문에는 "zur Bank gehen(벤치로 가야)"과 "Garten-bank(정원용 벤치)"로 되어 있다. 'Bank'는 '벤치', '은행' 등의 뜻이 있다.

185. 그건 마치 상당수의 사람은 "당신에게 모음 a는 어떤 색깔인가?"란 물음도 이해하지 못하는 것과 같다.—만일 어떤 사람이 그 물음을 이해하지 못한다면, 만일 그가 그건 헛소리라고 설명한다면,—우리는 그가 독일어를 이해하지 못하는 거라고, 또는 "색깔", "모음" 등과 같은 낱말들의 의미를 이해하지 못하는 거라고 말할 수 있을까?

반대로: 그가 이 말을 이해하는 법을 배웠다면, 그는 저 물음들에도 '이해를 하면서' 또는 '이해 없이' 반응할 수 있다.

186. 오해—몰이해. 이해는 설명을 통해 얻어진다; 그러나 또한 훈육을 통해서도 얻어진다.

187. 왜 우리들은 고양이에게는 뭘 찾아 가져오는 법을 가르칠 수 없는가? 고양이는 우리들이 무엇을 원하는지 이해하지 못하는가? 그리고 여기서 이해와 몰이해는 무엇에 있는가?

188. "나는 모든 낱말 각각을 그것에 상응하는 느낌을 갖고 읽는다. 예를 들어 '그러나'라는 낱말은 그러나 - 느낌을 지니고—등등."—그런데 그것이 참이라 하더라도,—그것은 도대체 무엇을 의미하는가? '그러나 - 느낌'이란 개념의 논리는 무엇인가?—그것은 내가 그것을 "느낌"이라 부른다는 것으로 인해 느낌이 되지는 않는다.[22]

189. 거짓말은 특정한 체험인가? 자, 도대체 내가 누군가에게 "나는 이제 너에게 거짓말을 할 것이다"라고 말하고 나서 거짓말을 할 수 있는가?

---

22 (옮긴이주) 비트겐슈타인, 《철학적 탐구》 II부 vi 참조.

190. 내가 거짓말을 하는 동안, 어느 정도까지 그것이 의식되는가? 오직, 그것이 나의 의식에 나중에 비로소 떠오르지 않고, 그럼에도 불구하고 내가 거짓말을 했다는 것을 나중에 내가 아는 정도만큼. 거짓말을 의식하는 것은 하나의 능력이다. 거짓말의 특징적 느낌들이 존재한다는 것은 그것과 모순되지 않는다. 〔방주: 의도.〕

191. 앎이 표명될 때, 앎은 말로 번역되지 않는다. 말은 그것 앞에 있었던 다른 어떤 것의 번역이 아니다.

192. "어떤 것을 작심한다는 것은 특별한 내적 과정이다."―그러나 도대체 어떤 종류의 과정이―비록 당신이 그것을 지어낸다 할지라도―우리가 작심에 대해 요구하는 것을 제공할 수 있을까?

193. 그것은 "이해한다"란 동사의 경우 정확히 그렇지 아니한가? 누군가가 나에게 내가 어떠어떠한 곳까지 취해야 하는 노선을 설명한다. 그가 나에게 묻는다, "당신 내 말 이해했어요?" 나는 대답한다, "이해했습니다".―나는 그에게 그가 설명하는 동안 내 속에서 무엇이 일어났는지를 전달하고자 하는가?―그런데 어쨌든 그것도 역시 전달될 것이다.

194. 이런 놀이를 생각해 보라: 상이한 언어의 낱말들과 뜻 없는 소리 열(列)들의 한 목록이 나에게 낭독된다. 나는 그 하나하나마다 내가 그것을 이해하는지 또는 못하는지 말해야 한다. 그리고 또한 이해하거나 이해하지 못했을 적에 내 속에서 무엇이 일어났는지도 말해야 한다.―"나무"란 낱말에 대해서 나는 망설이지 않고 "예"라고 대답할 것이다(그때 나에게 어떤 그림이 떠오를 수 있을 것이다); 내가 아직까지 한 번도 들어본 적이 없는 소리

모음에 대해 나는 똑같이 주저하지 않고 "아니오"라고 대답한다. 특별한 색조를 지칭하는 낱말들에서는 종종 표상이 대답보다 선행할 것이다; 흔하지 않은 낱말들(가령 "연속체")에서는 숙고가 선행하고, 관사 "das"와 같은 낱말들에서는 가령 어깨를 으쓱 추켜올리는 일이 선행할 것이다; 외국어 낱말들의 경우 나는 때때로 우리말로 번역할 것이다; 내 머릿속에 그림들이 떠오른다면, 그것은 때때로 말이 지칭하는 대상들(여기엔 또다시 가지각색의 경우들이 있다)의 그림들이며, 때때로는 다른 그림들이다.

이 놀이는 어떤 사람이 **활동들**의 이름들을 부르고 그 각각의 경우에 "당신은 그것을 할 수 있는가?" 하고 묻는 어떤 놀이를 통해 보충될 수 있을 것이다.—피질문자는 그 질문에 "예" 또는 "아니오"로 대답할 어떤 근거들이 있는지 진술해야 한다.

195. 일종의 알아맞히기 그림을 생각해 보자. 거기서 하나의 특정한 대상은 발견될 수 없고, 그 그림은 우리에게 첫눈에는 아무것도 말하는 바가 없는 선들의 뒤범벅으로 나타나다가, 몇 번의 탐색 후에야 비로소 이를테면 하나의 풍경화로 나타난다.—그 해결 이전과 이후에 그 그림을 바라보는 것 사이의 차이는 무엇에 있는가? 우리가 그 두 경우에 그것을 다르게 본다는 것은 분명하다. 그러나 그 해결 이후에, 전에는 그 그림이 우리에게 아무것도 말하지 않았는데 이제는 그 그림이 우리에게 어떤 것을 말한다고 우리들은 어느 정도까지 말할 수 있는가?

196. 우리는 이 물음을 이렇게도 제기할 수 있다: 해결이 발견되었다는 것의 일반적 특징은 무엇인가?

197. 나는 그것이 해결되자마자, 그 그림의 어떤 선들을 진하게 덧그리고

또 가령 음영을 그려 넣음으로써 그 해결을 알기 쉽게 한다고 가정할 것이다. 이제 당신은 당신이 표시해 놓은 그림을 왜 하나의 해결이라고 부르는가?

(a) 왜냐하면 그것은 공간적 대상들의 집단에 대한 명료한 묘사이기 때문이다.

(b) 왜냐하면 그것은 균형 잡힌 물체의 묘사이기 때문이다.

(c) 왜냐하면 그것은 대칭적 도형이기 때문이다.

(d) 왜냐하면 그것은 나에게 장식적 인상을 주는 도형이기 때문이다.

(e) 왜냐하면 그것은 나에게 낯설지 않은 물체의 묘사이기 때문이다.

(f) 왜냐하면 해결들의 목록이 존재하고, 이 도형(이 물체)이 그 목록에 있기 때문이다.

(g) 왜냐하면 그것은 내가 잘 알고 있는 종류의 대상을 묘사하기 때문이다: 그것은 익히 잘 알려져 있음이라는 순간적 인상을 나에게 주기 때문에, 나는 순간적으로 모든 가능한 연상들을 그것과 결합한다; 나는 그것이 어떤 이름으로 불리는지 안다; 나는 내가 그것을 종종 본 적이 있다는 것을 안다; 나는 그것이 무엇에 쓰이는지를 안다; 등등.

(h) 왜냐하면 나는 그 대상을 잘 알고 있다고 보이기 때문이다: 나에게 즉시 한 낱말이 그것의 이름으로서 떠오른다(비록 그 낱말은 존재하는 어떤 언어에도 속하지 않지만 말이다); 나는 "물론, 그건 실로 ······이다"라고 혼잣말하고서는, 나에게 이 순간 뜻이 있다고 보이는 무의미한 설명을 나에게 한다. (꿈속에서처럼.)

(i) 왜냐하면 그것은 나에게 익숙해 보이는 얼굴을 묘사하기 때문이다.

(j) 왜냐하면 그것은 내가 인식하고 있는 얼굴을 묘사하기 때문이다: 그것은 내 친구 N의 얼굴이다; 그것은 내가 종종 사진으로 본 적이 있는 얼굴이다. 등등.

(k) 왜냐하면 그것은 내가 언젠가 본 적이 있는 걸 기억하는 대상을 묘사하기 때문이다.

(l) 왜냐하면 그것은 내가 잘 알고 있는 장식이기 때문이다. (비록 나는 내가 그것을 어디서 보았는지는 모르지만.)

(m) 왜냐하면 그것은 내가 잘 알고 있는 장식이기 때문이다: 나는 그것의 이름을 알고 있으며, 내가 어디서 그것을 이미 보았는지를 안다.

(n) 왜냐하면 그것은 내 방의 가구를 묘사하기 때문이다.

(o) 왜냐하면 나는 본능적으로 이 선들을 그려 넣었고, 이제 안심이라고 느끼기 때문이다.

(p) 왜냐하면 나는 이 대상이 기술된 적이 있음을 기억하기 때문이다.

기타 등등.

(왜 우리가 이러한 것들에 관해 이야기하는지 이해하지 못하는 사람은 우리가 말하는 것을 공허한 유희로 느낄 것이 틀림없다.)

198. 친숙함의 인상이 존재하는 곳에서 나는 그러한 인상을 없는 것으로 생각할 수 있는가? 그리고 그러한 인상이 없는 곳에서 그러한 인상을 덧붙여 생각할 수 있는가? 그리고 그것은 무엇을 뜻하는가? 나는 예컨대 친구의 얼굴을 바라보며 자문해 본다: 내가 이 얼굴을 나에게 낯선 얼굴로 (마치 내가 이 얼굴을 가령 지금 처음 보는 것처럼) 본다면, 이 얼굴은 어떻게 보이는가? 내가 그 친숙함의 인상을 없는 것으로 생각한다면, 떼어놓는다면, 그 얼굴의 모습에서 말하자면 무엇이 남는가?―여기서 나는 이제 이렇게 말하기가 쉽다: "얼굴의 인상에서 친숙함을 분리하는 것은 매우 어렵다." 그러나 나는 또한 이것이 좋지 않은 표현 방식임을 느낀다. 왜냐하면 어떻게 내가 그 둘을 분리하려고 시도라도 할 수 있는 것인지 나는 전혀 모르기 때문이다. "그것들을 분리한다"라는 표현은 나에게 전혀 명료한 뜻을 지니지 않는다.

나는 "이 책상을 갈색 대신에 검다고 상상하라"라는 이 말이 무엇을 뜻하는지 안다. 그것에는 "이 책상을 그려라, 그러나 갈색 대신에 검은 색으로 그려라"가 대응한다.

199. 다음과 같이 말하는 사람이 있다면 어떻게 될까: "이 나비를 정확히 있는 그대로 생각하되, 아름답다고 생각하는 대신 추하다고 생각하라"?!

200. 우리는 이 경우에 친숙함을 없는 것으로 생각한다는 것이 무엇을 뜻할지 규정하지 않았다.

그것은 가령, 내가 그 얼굴을 처음 보았을 때 내가 받았던 인상을 상기한다는 것을 뜻할 수 있을 것이다.

201. 라디오 수신기 내부의 도면 묘사는 이런 것들에 대해 아무런 지식도 없는 사람에게는 뜻 없는 선들의 뒤범벅일 것이다. 그러나 그가 그 장치와 그것의 기능을 알게 되었다면, 저 도면은 그에게 뜻이 있는 그림이 될 것이다.

자, 지금 나에게 뜻이 없는 그 어떤 물체의 형태가 (가령 그림으로) 주어진다면—나는 내 임의로 그것을 뜻이 있는 것으로 상상할 수 있는가? 그것은 마치, "나는 임의로 형상화된 대상을 실용품으로 상상할 수 있는가?"라고 묻는 것과 같을 것이다. 그러나 어떤 쓰임을 위해서?

우리들은 한 부류의 물체 형태들을 방법적으로 짐승들이나 사람들의 거주지로서 상상할 수 있을 것이다. 다른 한 부류는 무기들로서. 다른 한 부류는 가령 풍경들의 모델들로서. 등등. 등등. 그리고 따라서 나는 여기서 내가 어떻게 뜻 없는 형태에 뜻을 지어내어 부여할 수 있는지를 안다.

202. 우리가 "인식하다"란 낱말을 어떻게 사용하는지 잘 생각해 보라! 나는

내 방에 있는 가구를, 내가 매일 보는 나의 친구를 인식한다. 그러나 '재인식이 일어나지'는 않는다.

203. 내가 방 안에서 사방을 이리저리 훑어볼 수 없다면, 방 안에서 자유롭게 돌아다닐 수 없다면, 나는 전체로서의 방에 대해서 아무런 인상도 지니지 않을 것이라고 말할 수 있을 것이다. (사고의 흐름.) 그러나 이제 물음이 제기된다: 내가 '전체로서의 방에 대해서 어떤 인상을 지닌다'는 것은 어떻게 표출되는가? 예를 들어: 내가 방 안 사정을 잘 알고 있다는 자명성에서; 탐색, 의심 그리고 놀람의 결여에서; 부지기수의 활동들이 방의 벽들로 인해 제한되어 있다는 것, 그리고 이야기할 때 내가 그 모든 것을 "나의 방"으로 요약한다는 것에서; 내가 되풀이해서 '나의 방'이라는 개념을 그 벽들, 귀퉁이들 등과 대조적으로 사용하는 것이 유용하고 필수적이라고 본다는 것에서.

204. '입장'의 기술(記述)은 어떻게 보이는가?

예를 들어 우리들은 이렇게 말한다: "이 얼룩들은 도외시하라, 그리고 이 작은 불규칙성도, 그리고 그것을 ……의 그림으로서 바라보라!"

"그것을 없는 것으로 생각하라! 이 ……이 없어도 그게 당신에게 불쾌할까?" 분명 나는—실눈으로 보거나 세부적인 것을 멀리하기와 같은 것을 통해—나의 시각 상을 바꾼다고 말해질 것이다. 이 "……을 도외시함"은 가령 새로운 그림의 제작과 아주 유사한 역할을 한다.

205. 그래 좋다,—그리고 그것은 우리가 우리의 입장을 통해 우리의 시각 인상을 바꾸었다고 말할 좋은 근거들이다. 즉, '시각 인상'의 개념을 그렇게 제한할 (이렇게) 좋은 근거들이 존재한다.

206. "그러나 명백히 나는 보면서 요소들(예를 들어, 선들)을 취합할 수 있다!" 그러나 왜 우리들은 그것을 "취합"이라고 부르는가? 이미 다른 의미가 있는 낱말이 왜 여기서—본질적으로—필요한가? (여기서 그것은 물론 "속셈"이라는 낱말의 경우에서와 같다.)

207. 내가 어떤 사람에게 "이 선들(또는 다른 어떤 것)을 취합하라!"라고 말한다면, 그는 무엇을 할 것인가? 자, 그때그때의 상황에 따라 여러 가지다. 아마도 그는 그것들을 두 개씩 세거나, 서랍 속에 놓거나, 또는 주시하거나 등을 할 것이다.

208. 도형 Ⅎ를 한 번은 F로, 한 번은 F의 거울상으로 보는 것과 같은 현상에 대해 우리들이 무슨 말을 하는지 숙고해 보자.
　나는 묻고 싶다: 그 도형을 한 번은 이렇게, 한 번은 다르게 본다는 것은 무엇에 있는가?—나는 실제로 매번 다른 어떤 것을 보는 것인가? 또는 내가 보는 것을 나는 단지 상이한 방식으로 해석하는 것인가?—나는 첫 번째라고 말하는 경향이 있다. 그러나 왜? 자, 해석한다는 것은 하나의 행위이다. 그것은 예컨대, 어떤 사람이 "그건 F라야 마땅하다"라고 말하는 데 있거나; 그가 그렇게 말하지는 않지만, 그 기호를 베낄 적에 F로 대체하는 데 있거나; 또는 "그건 무엇일 수 있을까? 그건 글쓴이가 제대로 쓰지 못한 F일 것이다"라고 숙고하는 데 있을 수 있다.—본다는 것은 행위가 아니라, 상태이다. (문법적 소견.) 그리고 내가 그 도형을 결코 F와 다르게 보지 않는다면, 그것이 무엇일 수 있을지를 결코 숙고해 본 적이 없다면, 나는 그것을 F로서 **본다고** 말해질 것이다; 즉 그것이 다르게도 보일 수 있다는 것이 알려져 있다면 말이다. 만일 내가 "그건 분명 'F'라야 마땅하다; 글쓴이는 모든 'F'를 그렇게 쓴다"라고 말한다면, 나는 그것을 "해석"이라고 부를 것이다.

우리들은 도대체 어떻게 '이것을 그것으로 봄'이라는 개념에 도달했는가? 그 개념은 어떤 경우에 형성되는가? 즉 어떤 경우에 그것에 대한 필요가 존재하는가? (예술에서는 매우 빈번하다.) 예를 들어, 눈 또는 귀를 통한 프레이징이 중요한 곳에서 그러하다. 우리는 말한다: "당신은 이 소절을 도입부로서 들어야 한다", "당신은 이 조성에 따라 들어야 한다", "이 도형을 일단 ⋯⋯로서 보고 나면, 그것을 달리 보기는 어렵다", "나는 프랑스어의 'ne ⋯⋯ pas'를 두 부분으로 나뉜 부정으로 듣지만, '걸음이 ⋯⋯ 아니다'로서는 듣지 않는다".[23] 등등. 이제 그것은 실제의 봄이나 들음인가? 자, 우리는 그것을 그렇게 부른다; 이러한 말로 우리는 특정한 상황에서 반응한다. 그리고 이러한 말에 대해 다시 우리는 특정한 행위들로 반응한다.

209. 내가 보는 이 형태는—나는 이렇게 말했으면 한다—단순히 어떤 하나의 형태가 아니다. 그것은 나에게 친숙한 형태들 중의 하나이다; 그것은 사전에 특기된 형태이다. 그것은 그 그림이 이전에 이미 내 속에 있었던 형태들 중의 하나이다. 그리고 그것은 그러한 그림에 대응하기 때문에, 잘 알려져 있는 형태이다. (나는 말하자면 그러한 형태들의 어떤 목록을 마음속에 늘 지니고 다니며, 그렇다면 거기서 모사되어 있는 대상들은 잘 알려져 있는 것들이다.)

210. 그러나 내가 그 그림을 이전에 이미 마음속에 늘 지니고 다녔다는 것은 현재의 인상에 대한 인과적 설명에 불과할 것이다. 그것은 마치, 이 동작은 마치 연습되어 있는 것처럼 매우 가볍게 행해진다고 말하는 것과 같다.

---

23 (옮긴이주) 프랑스어에서 'pas'는 단독으로도 부정의 기능이 있는 'ne'와 함께 부정의 뜻을 나타내는 부사이자, '걸음'이라는 의미를 지닌 명사이기도 하다.

211. "만일 내가 '저기에 공(球)이 하나 보입니까?'라고 질문을 받고, 다음번에는 '저기에 반구(半球)가 보입니까?'라고 질문을 받는다면, 내가 보는 것은 두 번 다 같은 것일 수 있다. 그리고 내가 '예'라고 대답한다면, 나는 어쨌든 그 두 가설을 구분한다. 체스에서 비록 왕과 졸이 만들 수 있는 현재의 수가 동일하고, 왕이 졸로서 기능한다 할지라도, 내가 그 둘을 구분하는 것처럼 말이다."―철학에서 우리들은 늘 상징체계의 신화, 또는 심리적 과정들의 신화를 생산할 위험에 처해 있다. 모든 사람이 알고 있고 인정해야 할 것을 단순히 말하는 대신에.

212. 내가 관계한 일이 진짜 봄인지, 아니면 하나의 해석인지를 나에게 가르치는 것은 내성인가? 우선, 일단 나는 내가 도대체 무엇을 해석이라고 부를지를 명확히 해야 한다. 즉 어떤 것이 하나의 해석 또는 봄으로 일컬어져야 하는지가 어디에서 인식될 수 있는지를 명확히 해야 한다. 〔방주: 해석에 따라서 보기.〕

213. 내가 말로 또는 그 밖의 방법으로 반응하지 않더라도, 나는 그 도형을 한 번은 이렇게, 한 번은 다르게 보지 않는가?

그러나 "한 번은 이렇게", "한 번은 다르게"는 실로 말이다. 그리고 어떤 권리로 여기서 나는 그 말을 사용하는가? 내가 당신에게, 또는 나 자신에게, 나의 권리를 입증할 수 있는가? (또 다른 반응을 통해서가 아니라면 말이다.)

그러나 내가 그렇게 말하지 않더라도, 아무튼 나는 두 개의 인상이 존재한다는 것을 안다! 그러나 내가 그때 말하는 것이 내가 알고 있었던 것이라는 것을 나는 어떻게 아는가? 〔방주: 내가 이것을 그것으로 해석한다는 것으로부터 어떤 귀결들이 나오는가? 내가 이것을 그것으로 본다는 것으로부터는?)

214. 실제 크기의 체험. 우리는 의자의 형태를 보이는 어떤 그림을 본다; 우리는 그것이 집 크기의 구조물을 표상하고 있다는 말을 듣는다. 이제 우리는 그것을 달리 본다.

215. 태양을 바라보는 어떤 사람이 갑자기, 태양이 움직이는 것이 아니라 우리가 그 옆으로 지나가는 것이라는 느낌이 들었다고 생각해 보라. 이제 그는 우리가 처해 있는 새로운 운동 상태를 보았다고 말하고자 한다; 그리고 이제 그는 자기가 어떤 운동을 뜻하고 있는지를, 그것이 태양의 운동이 아니라는 것을, 몸짓으로 보인다고 생각하라. ─우리는 여기서 "운동"이란 낱말의 두 가지 상이한 적용과 관계하고 있을 것이다.

216. 우리는 상(相)의 교체가 아니라 해석의 교체를 본다.

217. 당신은 그것을 해석이 아니라 해석함에 따라서 본다.

218. 나는 말들을 해석한다; 과연 그렇다─그러나 나는 표정들도 해석하는가? 나는 얼굴 표정을 위협적이거나 친절한 것으로서 해석하는가?─그런 일이 일어날 수 있다.
  자, 내가 이렇게 말한다고 해보자: "내가 그 위협적인 얼굴을 지각하는 것으로는 충분하지 않다, 나는 그것을 해석해야 한다."─누군가가 나에게 칼을 빼든다, 그리고 나는 "나는 그것을 위협으로 파악한다"라고 말한다.

219. 우리는 중국인의 몸짓을 중국어 문장만큼이나 이해하지 못한다.

220. 다른 사람의 얼굴에 있는 의식. 다른 사람의 얼굴을 들여다보고, 거기에 있는 의식을, 그리고 특정한 색조의 의식을 보라. 당신은 그 얼굴 위에서, 그 얼굴에서, 기쁨, 무관심, 관심, 감동, 무감각 등을 본다. 다른 사람의 얼굴빛을.

그의 얼굴에 있는 분노를 인식하기 위해서, 당신은 당신 속을 들여다보는가? 당신 자신의 가슴속에서와 마찬가지로, 그것은 거기에 매우 뚜렷하게 있다.

(그리고 이제 우리들은 무엇을 말하고자 하는가? 다른 사람의 얼굴이 나에게 그걸 흉내 내도록 자극했다는 것? 그리고 내가 그러니까 작은 움직임들과 근육의 긴장들을 나 자신의 얼굴에서 느끼고, 이것들의 합계를 뜻한다는 것? 헛소리. 헛소리,—왜냐하면 당신은 단순히 기술하는 대신 가정들을 하고 있기 때문이다. 여기서 머릿속에 설명들이 출몰하는 사람, 그는 가장 중요한 사실들을 숙고하는 일을 소홀히 하고 있는 것이다.)

221. "의식은 나 자신에서처럼 그의 얼굴과 행동에서 뚜렷하다."

222. 사람의 눈을 우리는 수신기로서 보지 않는다; 그것은 어떤 것을 들여보내는 것이 아니라 내보내는 것으로 보인다. 귀는 받아들인다. 눈은 바라본다. (그것은 눈빛을 던진다, 번쩍인다, 빛난다, 반짝인다.) 눈으로 우리들은 겁을 줄 수 있다. 귀나 코로는 할 수 없다. 눈을 볼 때, 당신은 그로부터 어떤 것이 나오는 것을 본다. 당신은 눈의 빛을 본다.

223. "당신의 생리학적 선입견들로부터 당신이 벗어나기만 한다면, 당신은 눈길도 또한 볼 수 있다는 사실에서 전혀 염려스러운 점을 발견하지 못할 것이다." 나는 실로, 당신이 다른 사람에게 던지는 시선을 내가 본다고 말하기

도 한다. 그리고 만일 어떤 사람이 내 말을 정정하여 말하기를, 내가 그것을 실제로 보는 것은 아니라고 한다면, 나는 그것을 순전한 어리석음이라고 여길 것이다.

다른 한편으로, 나는 나의 어법으로써 어떤 것을 인정하지 않았다. 그리고 나는 내가 눈의 모양과 색깔처럼 '바로 그렇게' 시선을 본 거라고 나에게 말하는 사람에게 이의를 제기한다.

왜냐하면 '소박한 말하기', 즉 우리의 소박한, 통상적인 표현 방식은 실로 본다는 것에 관한 어떤 이론도 포함하고 있지 않기 때문이다―당신에게 봄에 관한 이론이 아니라, 단지 봄의 개념을 보여 줄 뿐이기 때문이다.

224. 어떤 사람으로 하여금, 화난, 오만한, 빈정거리는 시선으로 보게 하라. 그리고 이제 그의 얼굴을 가리고, 두 눈만 트인 채로 있게 하라.―그 눈 속에 전체 표정이 통합되어 있는 것으로 보였는데, 이제 그 눈의 표정은 놀랍게도 다의적이다.

225. "우리들은 감정을 본다."―무엇과 대조적으로?―우리들은 얼굴의 일그러짐을 보고서, 기쁨, 슬픔, 따분함을 (진단을 내리는 의사처럼) **추론하지** 않는다. 설사 얼굴 모습들에 대한 다른 기술은 할 수 없더라도, 우리들은 우리들의 얼굴을 슬픈, 행복에 빛나는, 따분해 하는 것으로서 직접 기술한다.―슬픔은 얼굴에서 체현(體現)된다, 이렇게 우리들은 말했으면 한다.

이것은 감정의 개념에 속하는 것이다.

226. (사람의 추함은 그림에서, 그려진 것에서, 현실에서처럼 혐오감을 불러일으킬 수 있다. 그러나 또한 기술(記述)에서, 말에서도 그러할 수 있다.)

227. 이상하다: 우리는 몸짓에 대한 우리의 이해는 말로 번역함으로써 설명했으면 하고, 말의 이해는 몸짓으로 번역함으로써 설명했으면 한다. (그래서 우리는 이해가 본래 어디에 있는지를 찾고자 할 때, 이리저리 흔들리게 된다.)

그리고 실제로 우리는 말은 몸짓으로, 그리고 몸짓은 말로 설명할 것이다.

228. 당신이 기록한 시계 바늘 위치는 이 시계 바늘들이 지금 이렇게 서 있다는 것을 표현하는 것이라고 어떤 사람에게 설명하라.—기호가 벙어리처럼 각종의 암시적인 몸짓으로 자신을 이해시키려고 노력할 때의 어색함. 그 어색함은 그 기호가 속하는 체계가 중요하다는 것을 우리가 인식한다면 사라진다.

우리들은 이렇게 말하고자 했다: 오직 사고만이 그것을 말할 수 있고, 기호는 말할 수 없다.

229. 그렇지만 해석은 기호로 주어지는 어떤 것이다. 그것은 (다른 내용을 담은) 다른 해석과 대조되는, 이 해석이다.—그러니까 우리들이 "모든 문장은 각각 또 하나의 해석을 필요로 한다"라고 말하고자 한다면, 이것은 어떤 문장도 보충 없이는 이해될 수 없다는 것을 뜻할 것이다.

230. 그것은 주사위놀이에서 한 번의 던지기가 얼마나 가치를 가질 것이냐가, 계속되는 주사위 던지기를 통해 결정될 때와 거의 유사할 것이다.

231. "지향(志向)"으로써 여기서 나는 사고 속에서 기호를 사용하는 것을 뜻한다. 지향은 해석하는 것으로, 궁극적 해석을 주는 것으로 보인다; 그러

나 그것은 또 하나의 기호나 그림이 아니라, 다시 해석될 수 없는 어떤 다른 것으로 보인다. 그러나 도달된 것은 심리학적 종점이지, 논리적 종점이 아니다.

기호 언어, '추상적' 기호 언어를 생각해 보라; 내 말은, 우리에게 낯설고 고향 같은 느낌이 들지 않는, 그것으로 우리가 **생각한다고**는 말하게 되지 않을 터인 그런 기호 언어 말이다. 그리고 이 언어가—우리는 이렇게 말했으면 하는데—중의적이지 않은 그림 언어, 원근법적으로 그려진 그림들로 이루어진 언어로 번역됨으로써 해석되어 있다고 생각하라. 문자 기호들에 대해서 상이한 해석들을 생각하는 것이, 익숙한 방식으로 그려진 그림에 대해서 그렇게 하는 것보다 훨씬 더 쉽다는 것은 아주 명백하다. 여기서 우리는 또한, 해석의 가능성이 더는 존재하지 않는다고 생각하는 데로 기울어질 것이다.

232. 여기서 우리는 또한, 우리는 기호 언어로 생활하는 것이 아니라, 그려진 그림으로 생활한다고 말할 수 있을 것이다.

233. "지향된 그림만이 잣대처럼 현실에 닿는다. 외부로부터 바라보면, 그것은 곧 죽어 있고 고립되어 있다."—그건 마치 우리가 어떤 그림을 처음에는 우리가 그 속에서 살고 있고 그 속의 대상들이 실제의 것들처럼 우리를 둘러싸고 있는 듯이 바라보다가, 뒤로 물러나자 이제 우리는 그림 밖에 있고, 그림틀을 보고 있고, 또 그림은 하나의 채색된 평면이 되는 것과 같다. 그처럼, 우리가 지향할 때, 지향의 그림들은 우리를 둘러싸고, 우리는 그 속에서 살고 있다. 그러나 우리가 지향에서 벗어날 때, 그것은 생명 없고 우리에게 흥미 없는, 화폭 위의 단순한 얼룩들이다. 우리가 지향할 때, 우리는 실제 사물들과 함께 동시에 지향의 공간 속에서, 지향의 그림들(그림자들)

속에서 살고 있다. 우리가 어두운 영화관에 앉아 있고, 영화 속에서 살고 있다고 생각해 보자. 이제 홀이 밝아지지만, 영사막 위에서 영화는 계속된다. 그러나 이제 우리는 갑자기 밖에 서 있고, 그것을 영사막 위에서의 밝은 반점들과 검은 반점들의 움직임으로 본다.

(우리가 처음에 어떤 이야기를 읽은 다음에 그 속에서 스스로 어떤 역을 맡아 하는 일이 꿈속에서 때때로 일어난다. 그리고 꿈에서 깨어난 후 때때로 우리는 마치 꿈 밖으로 물러 나와 이제 그 꿈을 낯선 그림처럼 우리 앞에서 보는 듯하다.) 그리고 "책(의 이야기)에 빠져들어 산다"는 것도 역시 뭔가를 뜻한다.

234. 일어나는 것은, 이 상징이 더 해석될 수 없는 것이 아니라, 내가 해석하지 않는 것이다. 나는 현재의 그림에서 고향같이 편안한 기분을 느끼기 때문에, 해석하지 않는다. 내가 해석한다면, 나는 사고 방법을 한 단계 한 단계 밟는다.

235. 생각된 상징을 내가 '외부에서' 바라보면, 그것이 이러이러하게 해석될 수 있으리라는 것이 나에게 의식된다. 그것이 나의 사고 방법의 한 단계라면, 그것은 나에게 자연스러운 하나의 거처이며, 그것이 더 해석 가능하다는 것은 내가 개의할 바 아니다(나를 불안하게 만들지 않는다).—내가 운행 시간표를 소지하고, 하나의 표가 여러 가지 해석들을 허용한다는 것에 개의치 않고 그 표를 사용하는 것처럼 말이다.

236. 내가 지향의 과정을 기술하고자 할 때, 나는 무엇보다도, 지향은 그것이 지향하는 것에 대한 극도로 충실한 그림을 보유할 때, 그것이 해야 하는 바를 그나마 가장 잘 할 수 있다고 느낀다. 그러나 더 나아가, 실로 그 그림

은―그것이 무엇이건 간에―상이하게 해석될 수 있기 때문에, 그것조차도 충분하지 않다고 느낀다. 그러니까 이 그림은 어쨌든 다시 고립되어 있다고 느낀다. 우리들이 단지 그 그림만을 주목할 때, 그것은 갑자기 죽어 있고, 마치 이전에 그것에 생기를 주었던 어떤 것을 빼앗겨버린 듯하다. 그것은 사고가 아니며, 지향이 아니다. 그리고 제아무리 우리가 그것을, 분절된 또는 분절되지 않은 과정들에 의해, 그리고 어떤 감각들에 의해서건 간에, 동반되는 것으로 상상한다 할지라도, 그것은 고립되어 남아 있고, 외부의 실재를 자진해서 가리키지 않는다.

이제 우리들은 말한다: "물론 그림이 지향하는 것이 아니라, 우리가 그림으로 어떤 것을 지향하는 것이다." 그러나 이 지향함, 뜻함이 다시 그림과 함께 일어나는 어떤 것이라면, 나는 왜 그것이 사람에 얽매여 있어야 하는지 이해하지 못한다. 우리들은 실로 소화 과정도, 그것이 생물 속에서 일어나는지와 무관하게, 화학적 과정으로서 연구할 수 있다. "뜻함은 어쨌든 죽은 물질의 과정이 아니라, 본질적으로 정신적 과정, 의식적 삶의 과정이다"라고 우리는 말하고 싶어 한다. 그러나 무엇이 그러한 것을 특유한 종류의 일―우리가 어떤 과정을 생각하는 한에서―로서 결정할까? 그리고 이제 우리에게 전혀 어떠한 과정도, 그것이 어떤 종류이건 간에, 지향함일 수 없는 것처럼 보인다.―우리는 여기서 특유한 종류의 어떤 한 과정에 만족하지 않는 것이 아니라, 바로 과정의 문법에 만족하지 않는 것이다.―우리들은 이렇게 말할 수 있을 것이다: 이런 뜻에서 우리는 모든 과정을 "죽었다"고 부를 것이다!

237. 우리들은 거의 이렇게 말할 수 있을 것이다: "모든 과정이 서 있는 반면, 의사(意思)²⁴는 걸어간다."

238. 우리들은 말한다: 도대체 어떻게 이러한 몸짓, 손의 이러한 자세, 이러한 그림이, 이러이러한 것이 사실이기를 바라는 소망일 수 있는가? 그것은 책상 위의 한 손에 지나지 않으며, 홀로 그리고 뜻 없이 거기 있다! 연극을 상연함으로써만 방 안에 놓이는 개별적 무대 장치처럼 말이다. 그것은 오직 작품에서만 생명을 지니고 있었다.

239. "그 순간 그 생각이 내 마음 앞에 있었다."—그런데 어떻게?—"나는 이러한 그림을 갖고 있었다."—그러니까 그 그림이 사고였는가? 아니다; 왜냐하면 만일 내가 어떤 사람에게 단순히 그 그림만을 전달했더라면, 그는 그 사고를 받지 못했을 것이기 때문이다.

240. 그림은 열쇠였다. 또는 그것은 어쨌든 열쇠처럼 **보였다**.

241. 도식적인 그림들로 된 그림 이야기, 그러니까 일련의 사실주의적인 그림들보다도 언어로 된 이야기와 더 비슷한 그림 이야기를 생각해 보자. 그런 그림 언어에는 가령 전투 과정이 특히 형상화되었을 수 있다. (언어놀이.) 그러면 우리 낱말 언어의 문장은 우리들이 생각하는 것보다 훨씬 더 이러한 그림 언어의 그림에 가까워진다.

242. 또한 그러한 그림들을 '이해'하기 위해서 우리가 그 그림들을 먼저 사실주의적인 그림들로 번역하지 않는다는 것을 생각해 보라. 비록 현실에서 흑백의 인간들이나 식물들이 우리에게 말할 수 없이 낯설고 끔찍하게 여겨질지라도, 우리가 사진들이나 영화의 (흑백) 영상들을 채색 그림들로 옮기지

---

24 (옮긴이주) 원말은 'Meinung'으로, 앞 절에서 '뜻함'으로 번역된 'Meinen'과 연관되는 말이다.

않는 것처럼 말이다.

이제 여기서 우리가 "하나의 그림은 오직 그림 언어에서만 어떤 것이다"라고 말한다면 어떻게 될까?

243. 확실히, 나는 이야기를 읽는다; 그리고 언어의 체계에 관해서는 전연 신경 쓰지 않는다. 나는 단순히 읽는다, 인상들을 받는다, 내 마음의 눈앞에서 그림들을 본다, 등등. 나는 이야기가 그림들처럼, 그림 이야기처럼 나를 스쳐 지나가게 놔둔다. (물론 이로써 나는 모든 문장이 각각 내 마음속에 하나의, 또는 여럿의, 시각적 그림을 불러일으키며, 그것이 가령 문장의 목적이라고 말하고 싶지 않다.)

244. "실로 문장들은 모든 것이 어떤 사정에 있는가를 기술하는 데 쓰인다"라고 우리는 생각한다. 그림으로서의 문장.

245. 나는 이 그림을 정확히 이해한다, 나는 그것을 점토로 만들 수 있을 것이다.—나는 이 기술(記述)을 정확히 이해한다, 나는 그것에 따라 그림을 그릴 수 있을 것이다.
  문장의 뜻이 그림으로 묘사될 수 있어야 한다는 것은 많은 경우에 이해의 기준으로서 결정될 수 있을 것이다. (나는 가령 공식적으로 확정된 이해 시험을 생각한다.) 예를 들어, 우리들은 어떻게 독도법 시험을 치르는가?

246. 그리고 뜻이 있는 그림은 내가 그림으로 그릴 수 있을 뿐 아니라, 조형적으로도 묘사할 수 있는 것이다. 그리고 이렇게 말하는 것은 뜻이 있을 것이다. 그러나 문장을 생각함은 (가령 악보에 따라서 노래 부르는 것처럼) 말에 따라서 수행되는 활동이 아니다. 다음의 예가 이것을 보여 준다. "나는

방정식 ⋯⋯의 해답이 되는 수만큼 많은 친구들이 있다"라고 말하는 것은 뜻이 있는가? 이것이 뜻이 있는지는 그 방정식에서 직접 알아 볼 수 없다. 그리고 우리들은 그 문장을 읽는 동안 알지 못한다, 그 문장이 생각될 수 있는지 없는지를. 그 문장이 이해될 수 있는지 없는지를.

247. "한 문장이 아무런 뜻이 없음을 발견한다"는 것은 도대체 무슨 말인가?

그리고 "내가 그로써 어떤 것을 뜻한다면, 그것은 아무튼 뜻이 있어야 한다"는 무슨 말인가?

아무튼 첫째는 이것이다: 문장의 현상으로 인해 오도되지 않고, 언어놀이에서 그것의 적용을 탐구한다.

그리고 "내가 그로써 어떤 것을 뜻한다면"—그것은 "내가 그때 어떤 것을 표상할 수 있다면"과 비슷한 어떤 것을 말하는가?—표상으로부터 그 밖의 사용으로 이르는 길이 종종 나 있다.

248. (처음 보기에는 하나의 문장처럼 보이는데, 아무런 문장도 아닌 어떤 것.) 언젠가 나는 도로용 롤러의 설계를 위한 다음과 같은 제안을 전달받았다. 모터는 빈 롤러의 내부에 있다. 크랭크축은 롤러의 중심에서 움직이고, 양쪽 끝에서 바퀴살로 롤러 가장자리와 결합되어 있다. 모터의 실린더는 롤러의 내부 면에 부착되어 있다. 처음 보기에 이 설계는 하나의 기계처럼 보인다. 그러나 그것은 움직이지 않는 시스템이고, 피스톤은 실린더 속에서 왕복운동을 할 수 없다. 우리는 그것의 운동 가능성을 빼앗았으며, 그러한 가능성을 알지 못한다.

249. "4차원적 입방체를 상상하는 것보다 더 쉬운 것은 없다! 그것은 다음과

같이 보인다:25

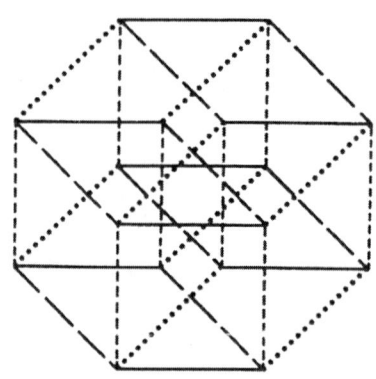

——그러나 내가 뜻하는 것은 그것이 아니다. 나는 단지 4차원으로 된

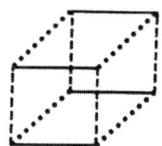

과 같은 어떤 것을 뜻한다.——"그러나 내가 당신에게 보여 준 것이 바로, 단지 4차원으로 된

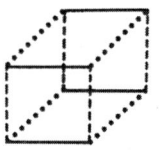

과 같은 어떤 것이 아닌가?"——아니다; 나는 그것을 뜻하지 않는다!——그

---

25 (편집자주) 원본에는 아무 그림도 발견되지 않는다; 독자가 알맞은 어떤 것을 생각해 내야 할 것이다. 상이한 가능성들이 존재하는데, 우리는 리처즈(R. B. O. Richards) 박사의 그림을 이용했다.

러나 나는 무엇을 뜻하는가? 나의 그림은 무엇인가? 자, 그건 당신이 그린 것과 같은 4차원 입방체가 아니다! 내가 지금 그림으로 갖고 있는 것은 오직 말, 그리고 당신이 나에게 보일 수 있는 모든 것의 거부뿐이다.

250. 어둠 속에서 장미들은 붉은가?―우리들은 어둠 속의 장미에 관해 붉다고 생각할 수 있다.

(우리들이 어떤 것을 '생각'할 수 있다는 점이, 그것을 말하는 것이 뜻이 있다는 것을 말하지는 않는다.)²⁶

251. "아주 정상적으로 행동하는 이 사람이 그럼에도 불구하고 맹인이라는 가정은 어쨌든 뜻이 있다!"―즉: '그것은 어쨌든 하나의 가정이다', '어쨌든 나는 그런 어떤 것을 실제로 가정할 수 있다'. 그리고 그것은, 내가 가정하는 것에 관해 어쨌든 나는 어떤 그림을 그린다는 뜻이다. 좋다; 그러나 그것이 더 계속되는가? 다른 상황들 속에서 내가 어떤 사람이 맹인라고 가정한다면, 나는 이 가정이 실제로 뜻이 있는지 결코 확인하지 않는다. 그리고 내가 그때 실제로 어떤 것을 상상한다는 것, 어떤 그림을 갖는다는 것은 그렇다면 전혀 아무런 역할도 하지 않는다. 이 그림은 내가 실제로 하나의 가정을 했다는 데 대해 그것이 말하자면 유일한 근거인 곳, 여기서 비로소 중요해진다. 실로 그것이 여기서 가정에 아직도 남아 있는 모든 것이다.

252. "나는 어떤 사람이 그렇게 행위하면서도 그 행위에서 부끄러워해야 할 어떤 것도 보지 못하는 것을 아주 잘 상상할 수 있다."―그러고는 그것을 어떻게 상상해야 하는지에 대한 어떤 기술(記述)이 뒤따른다.

---

26 (옮긴이주) 비트겐슈타인, 《철학적 탐구》 §514 참조.

"나는 기분풀이를 위해서 외에는 계산하는 것이 예의 바르지 못한 것으로 간주되는 어떤 인간 사회를 상상할 수 있다." 그것은 대충 다음과 같은 것을 뜻한다: 나는 이러한 그림을 쉽게 더 계속해서 그릴 수 있을 것이다.

253. "나는 검은 얼룩이 점차로 밝아지다가 급기야 희어지고, 그다음 그 흰색은 점점 더 붉어지다가 급기야 붉게 되는 것을 사실상 본 적이 없다. 그러나 나는 그것이 가능하다는 것을 안다. 왜냐하면 나는 그것을 상상할 수 있기 때문이다."

254. (우리들이 어떤 사람과 시간의 구분에 관해 이야기할 때, 몇 시인지를 보기 위해서가 아니라, 숙고된 구분에 관한 그림을 그릴 수 있기 위해서 시계를 꺼내는 일이 종종 일어난다.)

255. 어떻게 우리들은 사유를 통해 진리를 배울 수 있는가? 얼굴을 소묘하면, 얼굴을 더 잘 보는 법을 배우는 것처럼.

256. 사유에서 경험이 말하자면 확장될 수 있다고 믿는 철학자들은, 전화를 통해 말은 옮길 수 있지만 홍역은 옮길 수 없다는 것을 상기해야 할 것이다.
　나는 또한, 내가 원할 때, 시간을 한정된 것으로 느끼거나, 시야를 동질적인 것으로 (등등) 느낄 수 없다.[27]

257. 새로운 색깔을 발견하는 것이 가능할까? (왜냐하면 색맹은 실로 우리와 동일한 입장에 있기 때문이다. 그의 색들은 우리의 체계와 똑같이 완전한 체

---

27 (편집자주) 비트겐슈타인의 《철학적 소견들》 §66을 보라.

계를 형성하고 있기 때문이다; 그는 나머지 색들이 더 끼어들어올 아무런 틈도 보지 못한다.)

(수학과의 비교.)[28]

258. 논리학에서 일반성은 우리의 논리적 예견이 도달하는 것보다 더 멀리 확장될 수 없다. 또는 더 올바르게는: 우리의 논리적 시선이 도달하는 것보다 더 멀리 확장될 수 없다.

259. "그러나 어떻게 인간 오성이 현실에 앞서 날아가, 검증할 수 없는 것조차 **생각할 수 있는가**?"—왜 우리는 검증할 수 없는 것을 이야기해서는 안 되는가? 실로 우리 자신이 그것을 검증할 수 없는 것으로 만들었다.

잘못된 **가상**(假象)이 산출된다? 그런데 어떻게 그것이 단지 그렇게라도 보일 수 있는가? 도대체 당신은 이 **그렇게**도 결코 기술(記述)이 아니라고 말하려 하지 않는가? 자, 그렇다면 그것은 **잘못된** 가상이 아니라, 오히려 우리에게서 방향 감각을 빼앗는 것이다. 그래서 우리는 우리의 머리를 붙잡고서는 묻는다: 어떻게 그것이 가능한가?

260. 우리들은 오직 외견상으로만 "가능한 모든 경험을 벗어날" 수 있다; 실로, 이 말이 단지 외견상으로라도 뜻이 있는 것은, 그것이 뜻 있는 표현들과의 유추에 따라 형성되었기 때문이다.

261. "마치 ……처럼(Als Ob)의 철학"[29]은 비유와 현실 사이의 이러한 혼동에 전적으로 의거하고 있다.

---

28 (편집자주) 비트겐슈타인의 《철학적 소견들》 §95를 보라.

262. "나는 내가 알고 있지 않은 어떤 것에 관한 예견을 사고 속에서, 말을 통해, 사취(詐取)할 수 없다."

(……않은 어떤 것도 지성 속에 있지 않다.)³⁰

마치 내가 앞에서는 보기가 불가능한 어떤 것을 사고 속에서 말하자면 뒤에서 돌아서 와 흘긋 볼 수 있을 것처럼 말이다.

263. 그러므로 상상 불가능성이 무의미성의 한 기준이라는 것에도 뭔가 올바른 것이 있다.

264. 만일 어떤 사람이, "나는 의자를 본다는 것이 어떠한 것인지를, 내가 바로 의자를 보는 경우를 제외하고는 상상할 수 없다"라고 말했다면 어떠할까? 그가 그렇게 말하는 것은 정당화될까?

265. "나는 ||||||||||을 하나의 형태로서 볼 수 없다"라고 말한다면, 나는 정당화되는가? 무엇이 나에게 그렇게 말할 권리를 주는가? (무엇이 맹인에게, 자기는 볼 수 없노라고 말할 권리를 주는가?)

266. 당신이 절대음감을 갖고 있지 않다면, 당신은 절대음감을 상상할 수 있는가?—당신이 그것을 갖고 있다면, 당신은 그것을 상상할 수 있는가?—본다는 것을 맹인이 상상할 수 있는가? 나는 그것을 상상할 수 있는가?—내

---

29 한스 파이힝거(H. Vaihinger: 1852~1933)의 책 제목. 그는 현상과 물자체에 관한 칸트의 견해에 영향 받아, 가능한 모든 경험을 벗어나 인식 불가능한 것들도 우리의 삶을 위해 '마치 존재하는 것처럼' 받아들여야 하며, 이는 합리적 대답이 없는 문제들에 대한 비합리적이지만 실용적인 해결로서 정당화될 수 있다고 주장했다..

30 (옮긴이주) 라틴어: Nihil est in intellectu…(토마스 아퀴나스의 말 "Nihil est in intellectu quod non prius fuerit in sensu(먼저 감각에 있지 않은 어떤 것도 지성에 있지 않다)"의 부분 인용.)

가 이러저러하게 자연 발생적으로 반응하는 것을, 만일 내가 그렇게 행하지 않는다면, 나는 상상할 수 있는가?—내가 그렇게 행한다면, 나는 그것을 더 잘 상상할 수 있는가? ((그 물음의 일부: 나는 어떤 사람이 ||||||||||을 분절된 형태로서 보는 것을 상상할 수 있는가?))

267. 체험을 한 사람은 그것을 상상할 수 있고 다른 사람은 그것을 상상할 수 없다는 것은 경험의 사실일까? (맹인이 색깔들을 상상할 수 있다는 것을 나는 어떻게 아는가?) 그러나: 그는 어떤 언어놀이를 할 수 없다(배울 수 없다). 그러나 어떻게? 경험상? 또는 자연히(eo ipso)? 후자.

268. 절대음감을 갖는다는 것이 어떤 것인지 자기는 절대음감이 없어도 정확히 상상할 수 있다고 주장하는 사람에게 우리는 무슨 말을 하게 될까?

269. 우리들이 4차원 공간을 상상할 수 있다고 믿는다면, 왜 4차원 색깔들, 즉 포화도, 색조, 광도 외에 4번째 규정을 더 허용하는 색깔들도 역시 상상할 수 있다고 믿지 않는가?[31]

270. "내가 언젠가 아마 갖게 될, 나에게 전혀 새로운 종류의 지각에 관해 이야기하는 것이 도대체 어떻게 뜻이 있을 수 있는가? 즉 당신이 가령 감각 기관에 관해 이야기하기를 원하지 않는다면 말이다."

271. "우리는 라스텔리(Rastelli) 같은 곡예사의 감각을 전혀 상상할 수 없을 것이다"와 같은 문장은 무엇에 쓰이고 있는가?

---

31 (편집자주) 비트겐슈타인, 《철학적 소견들》 §66 참조.

272. "나무의 끝없는 열(列)에 관해 이야기하는 것은 뜻이 있다; 어쨌든 나는 나무의 열이 끝없이 계속 진행되는 것을 상상할 수 있다." 즉 가령: 나무의 열이 여기서 끝이 난다고 말하는 것이 뜻이 있다면, [그것이 여기서 끝나지 않는다고, 또 그러니까 그것이 그 어떤 데서도 끝이 나지 않는다고][32] 말하는 것은 뜻이 있다. 램지[33]는 이런 물음들에 대해, 그런 어떤 것을 생각하는 것이 그래도 어쨌든 가능하다고 대답하곤 했다. 가령, "오늘날 기술은 당신이 전혀 상상할 수 없는 일들을 실행하고 있다"라고 우리들이 말하는 것처럼 말이다. —자, 여기서 우리들은 당신이 거기서 무엇을 생각하는지를 찾아내야 한다. (이 구절이 생각될 수 있다고 당신이 단언한다는 것—그것으로 나는 무엇을 할 수 있는가? 실로 그것은 중요하지 않다. 그것의 목적은 당신의 마음속에 안개를 피어오르게 하는 것이 아니다.) 당신은 무엇을 뜻하는가—이것은 어떻게 발견될 수 있는가? 우리는 이러한 문장이 어떻게 적용되어야 하는지 끈기 있게 검사해야 한다. 그것을 둘러싼 모든 것이 어떻게 보이는지를 말이다. 거기서 그것의 뜻이 보일 것이다.

273. 하디[34]: "'유한자가 무한자를 이해할 수 없다'는 것은 분명 신학적 표어이지 수학적 표어가 아니다." 저 표현이 서투르다는 것은 참이다. 그러나 사람들이 그것으로써 말하고자 하는 것은 이러하다: "여기엔 아무래도 수상한 것이 있음이 틀림없다! 유한자로부터 무한자로 웬 도약이란 말인가?" 그

---

32 (편집자주) 괄호 속의 말은 원본에는 없다; 그것은 원본의 타자본에서 인용되었다.
33 (옮긴이주) 램지(Frank P. Ramsey, 1903~1930): 영국 케임브리지 대학의 수학자이자 철학자. C. K. 옥덴의 이름으로 번역된 《논리-철학 논고》의 최초의 영어 번역에서 실질적인 역할을 했고 또 《논고》에 대한 비판적 서평을 썼다. 논문집으로 *Foundations of Mathematics and Other Logical Essays*(1931)가 있다.
34 (옮긴이주) 하디(G. H. Hardy, 1877~1947): 영국 케임브리지 대학의 수학자. 여기 하디의 말은 그의 논문 "Mathematical Proof", *Mind*, 38(1929)에서 인용된 것이다.

리고 그 표현 방식이 그렇게 아주 무의미하지도 않다—다만, 무한자를 생각할 수 없다고 하는 그 '유한자'는 '사람'이나 '우리의 오성'이 아니라, 계산법이다. 그리고 어떻게 이것이 '무한자'를 생각하느냐 하는 이것은 물론 탐구의 가치가 있다. 그리고 그 탐구는 공인 회계사에 의한 기업 경영의 정확한 탐구와 해명에 비교될 수 있다. 그 목표는 계산법의 모든 적용들, 예증들, 파악들에 대한 일목요연한 비교 묘사이다. 불명료성이 만들어 낼 수 있는 모든 것에 대한 완벽한 조망이다. 그리고 이러한 조망은 넓은 영역에까지 이르러야 한다. 왜냐하면 우리의 관념들의 뿌리들은 멀리 미치고 있기 때문이다.—"유한자가 무한자를 이해할 수 없다"는 여기서 다음과 같은 것을 뜻한다: 일은 그대가 특징적인 피상성에서 묘사하는 것처럼 그렇게 일어날 수 없다.

사고(思考)는 말하자면 날 수 있다, 그것은 걸어갈 필요가 없다. 당신은 당신의 업무를 이해하지 못한다, 즉 일목요연하게 보지 못한다. 그리고 말하자면 당신의 몰이해를, 가장 놀라운 것이 가능한 매체라는 관념 속에 투사한다.

274. '실무한(實無限)'은 '순전한 말'일 뿐이다. 다음과 같이 말하는 것이 더 좋을 것이다: 이 표현은 당장에는 단지 어떤 그림을 만들어 낼 뿐이다,—그 그림은 아직 공중에 떠 있다; 당신은 그것의 적용을 아직 우리에게 빚고 있다.

275. 공(球)들의 무한히 긴 열, 무한히 긴 막대기. 일종의 동화 속에 이것들에 대한 이야기가 있다고 상상하라. 이 개념의 어떤 적용이—비록 허구적으로라도—가능할 수 있을까? 지금 이 물음은 '그런 어떤 것이 존재할 수 있는가?'가 아니라고 하자. 오히려, '우리는 무엇을 상상하는가?'라고 하자. 그러므로 당신의 상상의 고삐를 실제로 풀어 놓으라! 이제 당신은 당신이

원하는 대로 상상할 수 있다. 당신은 당신이 원하는 대로 말을 하기만 하면 된다. 그러니까, (단지) 언어적 그림을 만들라; 당신이 원하는 대로—도화(圖畵)를 통해서, 비교들을 통해서 등등—그것을 도해(圖解)하라! 당신은 그러니까—말하자면—작업 도안을 작성할 수 있다.—그런데 아직도 남는 문제는, 어떻게 그것에 따라 일을 해야 하느냐는 것이다. 〔방주: '중요한 것은 직무(職務)이다'가 어울린다.〕

276. 나는 열(列)의 토막 속에서, 무한에 다다르기 위해서는 겨우 "등등"만을 필요로 하는 어떤 표시를 아주 예민하게 알아본다고 믿는다.

"나는 그 속에서 어떤 특징을 알아본다."—자, 그렇지만 그것은 대수적 표현에 대응하는 어떤 것이다.—"그렇다, 그러나 글로 적힌 것이 아니라, 문자 그대로 에테르적인 어떤 것이다."—대단히 이상한 그림.—"대수적 표현이 아니라, 그것에 대해 이것은 그저 **표현**에 불과한 어떤 것."[35]

277. 나는 그 속에서 어떤 것을 알아본다—알아맞히기 그림 속에서 어떤 형태를 알아보는 것과 비슷하게 말이다. 그리고 그것을 보면, 나는 "그것이 나에게 필요한 모든 것이다"라고 말한다.—이정표를 발견하는 사람은 이제 그이상의 가르침을 찾지 않는다; 그는 간다. (그리고 만일 내가 "그는 간다" 대신 "그는 이제 그것에 따른다"라고 말한다면, 그 둘의 차이는 단지, 두 번째 표현은 어떤 심리학적 동반 현상들을 암시한다는 것이다.)

278. 직선이 임의로 연장될 수 있다는 것은 무슨 말인가? 여기에는 수학적 귀납의 "등등 무한하게"와는 전혀 다른 "등등 무한하게"가 존재하지 않는

---

35 (편집자주) 비트겐슈타인, 《철학적 탐구》 §229 참조.

가? 상술한 바에 따르면, 연장된 부분이나 연장 행위에 대한 기술이란 뜻에서, 연장의 가능성을 위한 표현이 존재할 것이다. 그런데 우선 여기서 수(數)는 전혀 문제가 되지 않는 것으로 보인다. 나는 선을 그리는 연필이 계속 움직이고, 이제 그렇게 계속해서 앞으로 나아간다고 상상할 수 있다. 그러나 셀 수 있는 과정이 이 과정에 동반될 가능성은 없다고 생각할 수도 있는가? 나는 믿지 않는다.[36]

279. "그 선은 규칙처럼 나에게 이것을—언제나 똑같은 것을—암시한다"란 말을 우리는 언제 하는가? 그리고 다른 한편으로, "그것은 나에게, 내가 해야 할 것을 되풀이해서 암시한다—그것은 규칙이 아니다"라는 말은?

첫 번째 경우 그것은 이런 뜻이다: 나는 내가 무엇을 해야 하느냐에 대해 그 이상의 심급을 갖고 있지 않다. 규칙이 전적으로 그 일을 한다; 나는 그걸 단지 따르기만 하면 된다(그리고 따르기는 그저 매한가지이다). 예를 들어, 나는 그 선이 나에게 언제나 어떤 것을 말한다는 것이 이상하다고 느끼지 않는다.—다른 문장은 이런 말이다: 나는 내가 할 것을 알지 못한다; 그 선이 나에게 그것을 말해 줄 것이다.

280. 이런 상상이 가능할 것이다: 어떤 사람이 이러한 느낌을 지니고 곱셈을 한다, 올바로 곱셈을 한다. 즉 그는 되풀이해서, "나는 모르겠다—이제 규칙이 갑자기 나에게 이것을 암시한다!"라고 말한다—그리고 우리는 "물론이다; 실로 당신은 전적으로 규칙에 따라 나아가고 있다"라고 대답한다.

281. 이 실험이 제공하는 점들이 평균적으로 이러한 선 위에, 예를 들어 직

---

36 (편집자주) 비트겐슈타인,《철학적 소견들》§130을 보라.

선 위에 놓여 있다고 말하는 것은 다음과 비슷한 어떤 것을 말한다: "이러한 거리에서 보면, 그것들은 직선에 놓여 있는 것처럼 보인다."

나는 어떤 선에 관해, 그 일반적인 인상이 직선의 그것이라고 말할 수 있다; 그러나 선 ∿∿ 에 관해서는 그렇게 말할 수 없다; 비록 그것을, 직선과의 편차들이 사라지게 될 더 긴 선의 부분으로서 보는 것은 가능하다 할지라도 말이다. 나는 다음과 같이 말할 수 없다: "이 선의 부분은 직선으로 보인다, 왜냐하면 그것은 나에게 전체로서 직선의 인상을 주는 선의 부분일 수 있기 때문이다." (지구와 달 위의 산들. 지구—하나의 공.)[37]

282. "그것은 나에게 이것 또는 저것을 무책임하게 암시한다"는, 나는 내가 그 선을 어떻게 따르는지를 당신에게 가르칠 수 없다는 뜻이다. 비록 당신이 그것을 따른다 해도, 나는 당신이 그것을 나처럼 따를 것이라고 전제하지 않는다.

283. 어떤 것이 하나의 명령이라는 것을, 비록 그 명령 자체는 아직 이해하지 못하지만, 이해한다는 것은 무슨 뜻인가? ("그는 내가 어떤 것을 해야 한다고 생각한다—그러나 그가 무엇을 원하는지 나는 모른다.")

284. "내가 그를 따라 행위할 수 있기 전에, 나는 그 명령을 이해해야 한다"란 문장은 당연히 훌륭한 뜻을 지니고 있다; 그러나 메타-논리적인 뜻은 지니고 있지 않다.

285. 여기서 우리들이 이해에 대해 지니는 관념은 대략, 우리들은 그걸 통

---

37 (편집자주) 비트겐슈타인의 《철학적 소견들》 §§235, 236을 보라.

해 말에서 실행으로 더 가까이 다가온다는 것이다. —어떤 뜻에서 이것이 옳은가?

286. "그러나 그를 따라 행위할 수 있기 위해서는, 나는 명령을 이해해야 한다." 여기서 "해야 한다"는 의심스럽다. —

또한 다음과 같은 물음을 생각하라: "명령을 따르기 전에 얼마 동안 당신은 그 명령을 이해해야 하는가?"

287. "나는 당신이 무엇을 뜻하는지 이해하지 못하기 때문에, 그 명령을 수행할 수 없다. ──그렇다, 이제 나는 당신을 이해한다."—내가 갑자기 다른 사람을 이해했을 때, 무슨 일이 일어났는가? 여러 가능성들이 존재했다. 예를 들어 그 명령은 잘못된 강조와 함께 주어져 있을 수 있었다; 그리고 올바른 강조가 갑자기 나에게 떠올랐다. 그 경우 나는 제3자에게 "이제 나는 그를 이해한다, 그는 ……을 뜻한다"라고 말할 것이며, 명령을 올바로 강조하여 반복할 것이다. 그리고 올바로 강조되면, 이제 나는 그것을 이해할 것이다; 즉 이제 나는 아직도 어떤 뜻(문장 밖의, 그러니까 에테르적인 어떤 것)을 파악해야 할 필요가 없을 것이고, 잘 알려진 국어의 말소리이면 나에게 완전히 충분하다. —또는 그 명령은 나에게 이해 가능한 한국어로 주어져 있었지만, 이치에 맞지 않은 것으로 보였다. 그리고 나서 나에게 어떤 설명이 떠올랐고, 이제 나는 그것을 수행할 수 있다. —또는 내 머릿속에 여러 해석들이 어른거릴 수 있었고, 나는 마침내 그것들 중의 하나를 결정한다.

288. 명령이 복종되지 않는다면—그렇다면 당신이 보려고 뜻한 명령 복종의 그림자는 어디에 있는가; 왜냐하면 "그는 이러이러한 것을 명령한다"와 같은 형식이 당신에게 어른거렸기 때문이다.

289. 뜻함의 결합이 명령 이전에 수립될 수 있었다면, 명령 이후에도 수립될 수 있다.

290. "그는 내가 그에게 명령한 그것을 했다."—여기서, 행위와 말의 동일성이 존재한다고 말해서는 왜 안 되는가?! 무엇 때문에 내가 그 둘 사이에 어떤 그림자를 두어야 하는가? 실로 우리는 투사 방식을 갖고 있다.—다만 다른 동일성이 있을 뿐이다: "나는 그가 한 그것을 했다"와, 다른 한편으로 "나는 그가 명령한 그것을 했다."

291. 우리들은 그 투사선들을 "그림과 모사된 것과의 결합"이라고 부를 수 있을 것이다; 그러나 또한 그 투사 기술을 그렇게 부를 수 있을 것이다.

292. 우리의 표현 방식의 중의성: 만일 우리에게 어떤 명령이 암호로 주어져 있고, 그것을 한국어로 번역하는 열쇠가 주어져 있다면, 우리는 한국어 명령을 형성하는 과정을 다음과 같은 말로 지칭할 수 있을 것이다: "우리가 해야 하는 것을 암호로부터 도출한다", 또는 "어느 것이 그 명령의 복종인지를 도출한다". 다른 한편으로, 우리가 그 명령에 따라 행위한다면, 그 명령에 복종한다면, 어떤 경우에 우리들은 여기서도 역시 복종의 도출에 관해 이야기할 수 있다.

293. 내가 어떤 놀이의 규칙들을 준다. 다른 사람은 전적으로 이 규칙들에 맞게 수를 두는데, 그것은 내가 그 가능성을 예견한 적이 없는 수, 다시 말해, 내가 원한 것과 같은 놀이를 방해하는 수이다. 이제 나는, "나는 불리한 규칙들을 주었다"라고 말하지 않을 수 없다: 나는 나의 규칙들을 바꾸거나, 아마도 보충해야 한다.

그러니까 나는 이미 그 놀이의 그림을 미리 갖고 있는가? 어떤 뜻에서는: 그렇다!

예를 들어, 어떤 2차 방정식에 실제의 해(解)가 있을 수 없다는 점을 내가 예견하지 못했다는 것은 가능했다.

그러니까 그 규칙은 어떤 것으로 나를 이끌고, 나는 그것에 관해 다음과 같이 말한다: "나는 이 그림을 기대하지 않았다; 나는 해란 것을 언제나 이렇게 상상했다, 즉 ……"

294. 한 경우에 우리는 존재하는 놀이의 수를 두고, 다른 경우에 우리는 놀이 규칙을 결정한다. 우리들은 놀이 – 말의 이동도 역시 이러한 두 가지 방식으로 파악할 수 있을 것이다. 즉 앞으로의 수들을 위한 범례로서, 그리고 한 판의 (놀이의) 수로서.

295. 당신은 '일련의 숫자들을 계속하기'라는 놀이가 있을 수 있음을 염두에 두어야 한다. 그 놀이에서는 어떤 규칙도, 어떤 규칙 표현도 주어지지 않으며, 학습은 오직 예들을 통해서만 이루어진다; 그래서 모든 단계가 우리의 정신 속에 있는 어떤 무엇―일종의 본보기―에 의해 정당화되어야 한다는 관념은 이 사람들에게는 낯설 것이다.

296. 얼마나 이상한가: 물리적(기계적) 유도장치는 제대로 작동하지 않을 수 있고, 예견하지 못한 일을 허용할 수 있을 터이지만, 규칙은 그럴 수 없을 것처럼 보인다! 규칙은 말하자면 유일하게 신뢰할 만한 유도장치일 것이다! 그러나 하나의 유도장치가 어떤 움직임을 허용하지 않는다는 것은 무엇에 있는가? 그리고 하나의 규칙이 그러한 움직임을 허용하지 않는다는 것은 무엇에 있는가?―우리들은 어떻게 그 하나를 알고, 어떻게 그 다른 하나를

아는가?

297. "한 낱말을 언제나 올바르게, 즉 유의미하게 적용하기 위해서 나는 도대체 어떻게 하는가; 나는 언제나 문법책을 찾아보는가? 아니다; 내가 어떤 것을 뜻한다는 것이, 내가 뜻하는 무엇인가가, 나로 하여금 무의미한 말을 하는 것을 방해한다."—"나는 그 말로써 어떤 것을 뜻한다"는 여기서, 나는 내가 그것을 적용할 수 있다는 것을 안다는 말이다.

그러나 나는 그것을 적용할 수 있다고 믿는데, 내가 오류에 빠져 있었음이 드러날 수 있다.

298. 이로부터, 이해는 우리가 이해한 바를 보여 주는 활동이라는 결론이 나오지는 않는다. 이해가 이러한 활동인지를 묻는 것은 우리를 오도하는 것이다. 그 물음은 이렇게 파악되어서는 안 된다: "그러니까 이해는 이러한 활동인가—그것은 다른 활동이 아닌가?"—오히려 이렇게 파악되어야 한다: "'이해'는 이러한 활동을 지칭하기 위해 사용되는가—그것은 다르게 사용되지 않는가?"

299. 우리는 말한다: "당신이 곱셈을 할 적에 실제로 규칙을 따른다면, 같은 것이 나와야 한다." 자, 이것이 단지 대학 언어의 다소 히스테리에 걸린 표현 방식이라면, 우리는 그것에 그렇게 관심을 가질 필요가 없다. 그러나 그것은 우리의 삶 도처에서 보이는 계산 기술에 대한 입장의 표현이다. '(해)야 한다'고 하는 강조는 계산 기술에 대해서만이 아니라 무수히 많은 관련된 연습들에 대한 이러한 입장의 가차 없음에 상응하는 것일 뿐이다.[38]

---

38 (편집자주) 비트겐슈타인의 《수학의 기초에 관한 소견들》 VII §67을 보라.

300. "이 수는 이 수열의 수미일관한 계속이다"란 말로써 나는 어떤 사람이 앞으로 이러이러한 것을 "수미일관한 계속"이라고 부르도록 이끌 수 있을 것이다. '이러이러한 것'이 무엇이냐는 나는 오직 예들에서만 보일 수 있다. 즉 나는 '수열의 법칙'이란 표현을 사용하지 않고, 오히려 대수적 규칙들— 또는 그것들과 비슷한 것—의 의미를 위한 토대를 만들어 내기 위하여, 그에게 어떤 수열(기본수열)을 계속하는 법을 가르친다.

301. 그는 근거 없이 이렇게 계속해야 한다. 그러나 근거가 그에게 아직 파악될 수 없기 때문이 아니라, 어떤 근거도—이 체계 속에는—존재하지 않기 때문이다. ("근거들의 사슬은 끝이 있다.")

그리고 ("이렇게 계속하다"에서의) 그 이렇게는 어떤 숫자로, 값으로 지칭된다. 왜냐하면 이 단계에서는 규칙의 표현이 값을 통해 설명되지, 값이 규칙을 통해 설명되지 않기 때문이다.

302. 왜냐하면 "그러나 당신 도대체, ……을 보지 못하는가?"란 말이 나오는 곳에서는 규칙이야말로 실로 아무 쓸모가 없기 때문이다. 그것은 설명되는 것이지, 설명하는 것이 아니다.

303. "그는 규칙을 직관적으로 파악한다."—그러나 왜 규칙인가? 그가 이제 어떻게 계속해 나가야 하는지가 아니라?

304. "그가 만일 올바른 것, 무한히 많은 관계들 중 내가 그에게 가르치려 시도하는 그 관계를 보기만 했다면,—그가 그것을 그저 한 번 파악하기만 했다면, 이제 그는 즉시 그 수열을 올바로 계속할 것이다. 나는 그가 내가 뜻하는 이 관계를 단지 추측(직관적으로 추측)할 수 있을 뿐이라는 것을 인

정한다―그러나 그것이 성공한다면, 그 놀이는 이긴 것이다."―그러나 내가 뜻하는 이러한 '올바른 것'이란 전혀 존재하지 않는다. 그 비교는 잘못된 것이다. 여기에는, 말하자면, 그가 파악해야 하는 작은 바퀴, 한 번 선택되면 자동적으로 그를 더 앞으로 나아가게 하는 기계는 존재하지 않는다. 그런 어떤 것이 우리의 뇌 속에서 일어나는 것은 실로 가능할 터이지만, 그것은 우리의 관심사가 아니다.

305. "동일한 일을 하라!" 그러나 이 말을 할 적에 실로 나는 규칙을 가리켜야 한다. 그 규칙은 그러니까, 그가 이미 **적용**하는 법을 배운 것이어야 한다. 왜냐하면 그렇지 않다면 그 규칙의 표현이 그에게 무엇을 의미하겠는가?

306. 규칙의 의미를 추측하는 것, 그것을 직관적으로 파악하는 것은 단지, 규칙의 **적용**을 추측하는 것을 뜻할 수 있을 것이다. 그리고 이제 이것은 그것의 적용 **방식**, 적용 **규칙**을 추측한다는 것을 뜻할 수 없다. 그리고 추측하기는 여기서 전혀 논외이다.

307. 예를 들어, 나는 어떻게 계속하는 것이 다른 사람에게 **기쁨**을 주게 될지를 (가령 그의 얼굴을 보고) 추측할 수 있을 것이다. 상이한 적용들 가운데에서 이미 선택할 수 있는 한에서만, 우리들은 규칙의 적용을 추측할 수 있을 것이다.

308. 그 경우 실로 이렇게도 생각할 수 있을 것이다. 즉 그는 '규칙의 적용을 추측'하는 대신 그것을 **발명**하는 것이라고. 자, 이것은 어떻게 보일까?―가령 그는 "+1이란 규칙을 따른다는 것은 1, 1+1, 1+1+1 등등이라고 쓰는 것을 뜻할 것이다"라고 말해야 하는가? 그러나 그 말로 그는 무엇을 뜻하는

가? 실로 그 "등등"은 바로 어떤 기술(技術)의 숙달을 이미 전제하고 있다.

"등등" 대신에 그는 또한, "당신은 내가 무엇을 뜻하는지를 이미 알고 있다"라고 말할 수 있을 것이다. 그리고 그의 설명은 단순히, "규칙 +1을 따르다"란 표현의 정의일 것이다. 그것은 그의 "발명"이었을 것이다.

309. 우리는 1에서 가령 100까지의 숫자들을 베낀다; 그리고 이런 방식으로 **추론하고, 생각한다.**

나는 그것을 이렇게 말할 수 있을 것이다: 내가 1에서 100까지의 숫자들을 베낀다면,—나는 내가 셈을 할 때와 합치하는 수열을 얻을 것이라는 것을 어떻게 아는가? 그리고 여기서 무엇이 무엇에 대한 검사인가? 또는 여기서 중요한 경험의 사실을 나는 어떻게 기술해야 하는가? 경험은 내가 언제나 똑같이 세고 있음을 가르친다고 나는 말해야 하는가? 또는 베낄 적에 어떤 숫자도 없어져 버리지 않는다고? 또는 숫자들은 내가 주목하지 않더라도 종이 위에 있는 그대로 남아 있다고? 또는 이 모든 사실들을 나는 말해야 하는가? 또는 우리는 단순히 난점들에 빠지지 않는다고 나는 말해야 하는가? 또는 우리에게는 거의 언제나 모든 것이 정돈되어 있는 것처럼 보인다고 말해야 하는가?

이렇게 우리는 생각한다. 이렇게 우리는 행위한다. 이렇게 우리는 그것에 관해 이야기한다.

310. 어떻게 사람들이 (예를 들어 십진법으로) 세는 법을 배우는지를 당신이 기술해야 한다고 생각하라. 당신은 선생이 무엇을 말하고 행하는지, 그리고 그것에 대해 학생은 어떻게 반응하는지를 기술한다. 선생이 말하고 행하는 것에서는, 예를 들어, 학생으로 하여금 수열을 계속하도록 북돋워 줄 말과 몸짓들이 발견될 것이다. "그는 이제 셀 수 있다"와 같은 말도 발견될 것

이다. 그런데 가르침과 배움의 과정에 대해 내가 하는 기술은 선생의 말들 외에, "학생은 이제 셀 수 있다"나 "학생은 이제 수사(數詞)의 체계를 이해했다"와 같은 나 자신의 판단도 포함해야 하는가? 내가 그러한 판단을 그 기술에 수용하지 않는다면,—그렇다면 그 기술은 불완전한가? 그리고 내가 그것을 수용한다면, 나는 순전한 기술을 넘어서는가?—나는 "이것이 일어나는 모든 것이다"를 근거로 하여, 저 판단들을 그만둘 수 있는가?

311. 오히려 나는 "그 기술은 도대체 무엇을 하는가? 그것은 무슨 목적에 이용되는가?"라고 물어야 하지 않는가?—다른 맥락에서는 우리는 물론 무엇이 완전한 기술이며 무엇이 불완전한 기술인지를 안다. 자문해 보라: "완전한 기술"과 "불완전한 기술"이란 표현들은 어떻게 사용되는가?

이야기를 완전하게 (또는 불완전하게) 재현하기. 거기에는 말투, 표정의 움직임, 느낌의 진정성과 비진정성, 이야기하는 사람의 의도, 이야기할 때의 긴장과 같은 것들의 재현도 포함되는가? 우리에게 이것 또는 저것이 완전한 기술에 속하는가는 기술의 목적에 달려 있을 것이다; 받아들이는 이가 그 기술로 무엇을 하는지에.

312. "이것이 일어나는 모든 것이다"란 표현은 우리가 무엇을 "일어난다"라고 부르는지를 경계 짓는다.

313. 여기서, 모든 것이 기술되어 있는데도 뭔가를 더 말하려는 유혹은 압도적이다.—어디서 이런 충동이 오는가? 어떤 유추, 어떤 잘못된 해석이 그것을 낳는가?

314. 여기서 우리는 철학적 탐구에서의 주목할 만하고 특징적인 한 현상과

마주친다. 즉 난점은—나는 이렇게 말할 수 있을 것이다—해결을 발견하는 것이 아니라, 해결의 겨우 전 단계인 것처럼 보이는 어떤 것을 해결로서 인정하는 것이다. "우리는 이미 모든 것을 말했다.—그것으로부터 따라 나오는 어떤 것이 아니라, 바로 그것이 해결이다!"

이는, 내가 믿는 바로는, 우리가 어떤 설명을 잘못 기대한다는 것과 연관되어 있다; 반면에 기술(記述)이 난점의 해결이다—우리가 그것을 우리의 고찰 속에 올바로 편입시킨다면 말이다. 우리가 그것에 머물러 있다면, 그것을 넘어서려고 시도하지 않는다면 말이다.

여기서 난점은, 멈춰 서는 것이다.

315. "왜 당신은 설명들을 요구하는가? 설명들이 주어지게 된다면, 그럼에도 불구하고 실로 당신은 다시 종점에 부닥칠 것이다. 그것은 당신을 당신이 지금 있는 곳보다 더 앞으로 이끌어 줄 수 없다."

316. 붉은 대상 하나가 **붉은빛을 띤** 하양이나 붉은빛을 띤 노랑(등등)을 그리기 위한 견본으로 사용될 수 있다—그러나 그것은 예를 들어 청록의 색조를 그리기 위한 견본으로도 사용될 수 있는가?—만일 내가 어떤 사람이 정확히 베낌이라는 모든 외적 표지를 지니고서, 붉은 얼룩을 청록색으로 '재현'하는 것을 본다면 어떻게 될까? 나는 말하게 될 것이다, "나는 그가 어떻게 그걸 하는지 모르겠다!"라고; 또는 심지어, "나는 그가 무엇을 하는지 모르겠다"라고.—그러나 그가 상이한 경우에 이 붉음의 색조를 청록색으로, 그리고 가령 다른 붉음의 색조들을 규칙적으로 다른 청록 색조들로 '베꼈다'고 가정한다면—이제 나는 그가 베낀다고 말해야 하는가, 아니면 베끼지 않는다고 말해야 하는가?

그러나 '그가 무엇을 하는지' 내가 모른다는 것은 무슨 뜻인가? 왜냐하면 나는 그가 무엇을 하는지 보지 않는가?—그러나 내가 그의 속을 들여다보는 것은 아니다.—이 비유만은 하지 말기를! 그가 붉은색을 붉은색으로 베끼는 것을 내가 본다면,—거기서 나는 도대체 무엇을 아는가? 나는 내가 어떻게 그 일을 하는지 아는가? 물론, 하고 우리들은 말한다: 나는 그야말로 똑같은 색을 그린다.—그러나 만일 그가 "그리고 나는 이 색의 제5도를 그린다"라고 말한다면 어떻게 되는가? 내가 '같은' 색을 그릴 때, 나는 특수한 매개 과정을 보는가?

내가 그를 정직한 사람으로 안다고 가정하자; 내가 기술했다시피, 그는 붉은색을 청록색으로 재현한다.—그러나 이제, 같은 색조를 언제나 같은 색조로 재현하지 않고, 한 번은 이런 색조로, 한 번은 다른 색조로 재현한다. 나는 "그가 무엇을 하는지 나는 모르겠다"라고 말해야 하는가?—그는 내가 보고 있는 것을 만든다—그러나 나는 결코 그런 일을 하지 않을 것이다; 나는 왜 그가 그런 일을 하는지 모른다; 그의 행위 방식은 '나에게는 이해 불가능하다'.

317. N씨가 어떻게 보이지 않는지를 묘사해야 하는 (그러니까, N과 비슷해 보인다면 좋지 않은 초상인) 부정적 초상화가 생각될 수 있을 것이다.

318. 나는 규칙이 (일반적으로) 어떻게 사용되어야 하는지를, 당신에게 규칙을 사용하는 법을 가르침으로써, 훈련시킴으로써 외에는 기술할 수 없다.

319. 이제 나는 예를 들어 그러한 교습을 유성영화 속에 담을 수 있다. 선생은 때때로 "그래, 바로 그거다"라고 말할 것이다. 만일 학생이 그에게 "어째서요?" 하고 묻는다면—그는 아무것도, 또는 어쨌든 관련된 어떤 것도 대답하지 않을 것이다. 심지어, "그야, 우리는 모두 그렇게 하기 때문이지"라고

도 대답하지 않을 것이다; 그것은 이유가 안 될 것이다.

320. 왜 나는 요리의 규칙들은 자의적이라고 부르지 않으면서, 문법의 규칙들은 자의적이라고 부르고 싶어 하는가? 왜냐하면 '요리'는 그것의 목적에 의해 정의되어 있는데 반해, '말'은 그렇지 않기 때문이다. 그런 까닭에 언어의 쓰임은 어떤 뜻에서 자율적이고, 요리와 빨래는 그렇지 않다. 요리할 적에 올바른 규칙들과 다른 규칙들에 따르는 사람은 요리를 잘못한다; 그러나 체스의 규칙들과 다른 규칙들에 따르는 사람은 다른 하나의 놀이를 한다; 그리고 이러이러한 것들과 다른 문법적 규칙들에 따르는 사람은 그 때문에 잘못된 어떤 것을 말하지 않고, 다른 어떤 것에 관해 이야기한다.

321. 문장의 한 낱말에 관계된 규칙이 그 문장에 첨가된다면, 그 문장의 뜻은 변하지 않는다.

322. 우리에게 언어는 특정한 목적을 충족하는 장치로서 정의되지 않는다. 오히려 "언어"는 우리에게 하나의 집합명사이며, 나는 그 속에 독일어, 영어 등이, 그리고 이들 언어와 크고 작은 근친성이 있는 더욱 상이한 기호 체계들이 포함되는 것으로 이해한다.

323. 많은 언어들에 대한 우리의 앎은 각각의 언어 형식 속에 간직되어 있는 철학들을 우리가 정말 진지하게 받아들이지 않게 한다. 그러나 동시에 우리는 우리 자신이 어떤 표현 형식들에 대해 찬성 및 반대하는 강한 선입견들을 지니고 있다는 것, 여러 언어들의 바로 이러한 특별한 중첩(重疊)조차도 우리에게는 특정한 그림을 산출한다는 것을 보지 못한다.

324. 어린아이는 단지 말하는 법을 배우는가, 또는 생각하는 법도 배우는가? 어린아이는 곱셈의 뜻을 곱셈하기 전에 배우는가—또는 후에 배우는가?

325. 도대체 나는 어떻게 '문장'이라는 개념, 또는 '언어'라는 개념에 이르렀는가? 어쨌든 내가 배워 온 언어들을 통해서일 뿐이다.—그러나 그것들은 어떤 뜻에서 그것들 자신 너머로 나를 데려가는 것처럼 보인다. 왜냐하면 나는 이제 새로운 언어를 구성할 수 있기 때문이다; 예를 들어 낱말들을 발명할 수 있기 때문이다.—그러니까 이러한 구성도 역시 언어 개념에 포함된다. 그러나 오직, 내가 그 개념을 그렇게 확정하고자 하는 경우에만 그렇다.

326. 생물의 개념은 언어의 개념과 같은 불확정성을 지니고 있다.

327. 비교하라: 놀이를 발명하기—언어를 발명하기—기계를 발명하기.

328. 이러이러한 문장이 아무런 뜻도 없다는 것은 철학에서 중요하다; 그러나 그것이 희극적으로 들린다는 것도 역시 그렇다.

329. 나는 다른 사람에게 나를 이해시키기 위해서만이 아니라, 나 자신이 문제에 관해 분명해지기 위해 계획을 세운다. (즉 언어는 단지 전달을 위한 수단이 아니다.)

330. "아무래도 그건 더는 동일한 놀이가 아니다!"는 무슨 뜻인가? 나는 이 문장을 어떻게 사용하는가? 보고로서? 자, 가령 차이들을 열거하고 그 결과들을 설명하는 어떤 보고를 위한 안내말로서; 그러나 또한, 내가 여기서 바로 그 때문에 더는 함께 하지 못한다는 것, 또는 어쨌든 그 놀이에 대해 다른

입장을 취한다는 것을 표현하기 위해서.

331. 우리들은 "그러나 분명 4가지 기본색이 실제로 존재한다"와 같은 종류의 문장들로써 문법 규칙들을 정당화하고 싶은 유혹을 받는다. 그리고 문장의 검증을 지시함으로써 문장을 정당화하는 모형에 따라 구성된 이런 정당화의 가능성에 대해, '문법 규칙들은 자의적이다'라고 하는 말이 저항한다.

그러나 그럼에도 불구하고 색채어들의 문법은 실제로 있는 세계의 특징을 나타낸다고 그 어떤 뜻에서 말할 수 있지 않은가? 우리들은 말했으면 한다: 실제로 내가 제5의 기본색을 헛되이 찾을 수 있지 않은가? 기본색들은 어떤 유사성이 있기 때문에 총괄되지 않는가; 또는 최소한 색깔들은, 예를 들어 형태들이나 음색들과 대조적으로, 어떤 유사성이 있기 때문에 총괄되지 않는가? 또는 내가 이러한 세계 구분을 올바른 것으로서 내세운다면, 이미 나는 미리 파악된 어떤 관념을 범례로서 머릿속에 갖고 있는가? 그 경우 그것에 관해 나는 가령 단지 이렇게 말할 수 있을 뿐이다: "그렇다, 그것이 우리가 사물들을 고찰하는 방식이다", 또는 "우리는 바로 그러한 그림을 그리고자 한다". 요컨대 내가 "기본색들은 어쨌든 서로 특정한 유사성을 지니고 있다"라고 말한다면—나는 어디에서 이러한 유사성의 개념을 취하는가? '기본색'이란 개념이 '파랑 또는 빨강 또는 초록 또는 노랑' 이외의 다른 어떤 것이 아닌 것처럼,—저 유사성도 역시 그 4개의 색에 의해서만 주어질 수 있지 않은가?—"아니, 그럼 빨강과 초록과 원형(圓形)도 역시 총괄될 수 있는가?"—왜 안 되는가?

332. 당신이 색이 있는 대상을—어떻게 바라보든—바라보기 때문에 당신이 색의 개념을 당신 속에 갖고 있다고는 믿지 말라.

(당신이 빚을 지고 있다는 것으로 인해 당신이 음수의 개념을 소유하는

것은 아니듯이 말이다.)

333. "빨강은 뭔가 특유한 것이다"는, 붉은 어떤 것을 가리키면서 "이것은 뭔가 특유한 것이다"라고 하는 그만큼을 뜻함이 틀림없을 것이다. 그러나 그것이 이해될 수 있기 위해서는, 우리들은 이미 '빨강'이란 우리의 개념을, 즉 저 견본의 쓰임을 뜻해야 할 것이다.

334. 나는 명백히 어떤 기대를 한 번은 "나는 붉은 원을 기대한다"라는 말로, 다른 한 번은 '붉은 원'이란 말 대신에 붉게 채색한 원의 그림으로 표현할 수 있다. 그러나 이러한 표현에서는 두 개의 사물이 "붉은"과 "원"이란 두 낱말에 대응하지 않는다. 그러므로 두 번째 언어의 표현은 전혀 다른 종류의 것이다.

335. 이런 언어 외에, '붉은 원'이 하나의 원과 하나의 붉은 반점을 나란히 놓음으로써 표현될 언어도 존재할 것이다.

336. 내가 이제 "붉은 원"이란 표현과 붉은 원의 채색 그림 또는 표상이라는 두 개의 기호를 내 수중에 지니고 있다 하더라도, 다음의 물음이 존재할 것이다: 그 경우 도대체 어떻게 한 낱말은 색깔에, 다른 한 낱말은 형태에 귀속되는가?

왜냐하면 한 낱말은 색깔에 주의를 기울이고, 다른 한 낱말은 형태에 주의를 기울인다고 말할 수 있을 것처럼 보이기 때문이다. 그러나 그것은 무엇을 뜻하는가? 어떻게 이 낱말들이 이 그림으로 번역될 수 있는가?

또는 심지어: "빨강"이란 낱말이 내 기억 속에 어떤 색을 불러낸다면, 그것은 어쨌든 어떤 형태와 결합되어 있어야 한다; 그렇다면 나는 도대체 어떻

게 형태를 도외시할 수 있는가?

여기서 중요한 물음은 결코, 그는 자신이 무엇을 도외시해야 하는지 어떻게 아는가가 아니다. 오히려, 그것이 도대체 어떻게 가능한가, 또는 그것은 무엇을 뜻하는가이다.

337. 이는 아마도 다음과 같은 두 언어를 비교한다면 더 명료해질 것이다: 그 한 언어에서는 "붉은 원"이란 말이 붉은 표 딱지와 (가령 흰 바탕에 검은 원과 같이) 그 위에 원이 있는 표 딱지로 대체된다; 그리고 다른 언어에서는 그것 대신에 붉은 원이 그려진다.

여기서 번역은 도대체 어떻게 진행되는가? 가령 그는 먼저 붉은 표 딱지를 바라보고, 붉은 색연필을 고른다. 그다음에는 원을 바라보고, 이제 이 연필을 가지고 원을 그린다.

처음에는 아마, 첫 번째 표 딱지는 언제나 연필의 선택을 결정하고, 두 번째 표 딱지는 우리가 그 연필로 그려야 할 것을 결정한다는 것이 학습될 것이다. 그 두 표 딱지는 그러니까 상이한 품사(가령 주어와 동사)에 속한다. 그러나 다른 언어에서는, 여기서 두 낱말이라고 일컬어질 수 있을 것이 아무것도 존재하지 않는다.

338. 만일 어떤 사람이 "빨강은 합성적이다"라고 말한다면,—우리는 그가 그로써 무엇을 암시하는지, 그가 이 문장으로 무엇을 하고자 하는지 추측할 수 없을 것이다. 그러나 그가 "이 의자는 합성적이다"라고 말한다면, 우리는 그가 어떤 합성에 관해 말하는지를 곧 알 수 없을지 모르지만, 그의 진술에 대해 한 가지 이상의 뜻을 곧 생각할 수 있다.

그런데 내가 주의를 기울인 이것은 어떤 종류의 사실인가?

하여튼 그것은 중요한 사실이다.—이러한 문장이 암시할 수 있을 어떠한 기술(技術)도 우리에게는 익숙하지 않다.

339. 여기서 우리는 우리가 배울 수 없는 언어놀이를 기술하고 있다.

340. "그러면 그의 속에서는 전혀 다른 어떤 것, 우리가 알지 못하는 어떤 것이 일어나고 있음이 틀림없다."—이것이 우리에게 보여 주는 것은, '다른 사람 속에서' 우리 속에서와는 다른 어떤 것이 일어나는지, 아니면 같은 것이 일어나는지를 우리가 무엇에 따라 결정하는가 하는 것이다. 이것이 우리에게 보여 주는 것은, 우리가 내적 과정들을 무엇에 따라 판단하는가 하는 것이다.

341. 당신은 적록 색맹이 무엇을 보는지 상상할 수 있는가? 당신은 그가 보는 대로의 방을 그릴 수 있는가?

그는 그것을 자기가 보는 대로 그릴 수 있는가? 그러면 나는 내가 그것을 보는 대로 그릴 수 있는가? 어떤 뜻에서 내가 그렇게 할 수 있는가?

342. "오직 회색과 흑색과 백색만을 보는 사람,—그가 빨강, 초록 등이 무엇인지 알기 위해서는, 그에게 어떤 것이 주어져야 할 것이다." 그리고 그에게는 무엇이 주어져야 할까? 자, 색깔들. 그러니까 예를 들어, 이것과 이것과 이것. (예를 들어, 단순히 회색과 흑색의 본보기들에 더하여 다채로운 본보기들이 그의 뇌 속으로 도입되어야 할 것이라고 상상하라.) 그러나 그것은 미래의 행위라는 목적을 위한 수단으로서 행해져야 할까? 또는 바로 이 행위가 이러한 본보기들을 포함하는가? 나는 이렇게 말하고자 하는가: "그에게는 어떤 것이 주어져야 한다, 왜냐하면 그렇지 않으면 그가 ……할 수 없으리라는 것은 분명하기 때문이다."—또는 이렇게 말하고자 하는가: 본다

는 그의 행동은 새로운 구성 요소들을 포함한다.

343. 또한: 우리는 무엇을 "본다는 것의 설명"이라 부르게 될까? 우리들은 이렇게 말해야 하는가: 자, 당신은 어쨌든 평소에는 "설명"이 무엇을 뜻하는지 안다; 그러니까 이 개념을 여기서도 사용하라!

344. 나는 이렇게 말할 수 있는가: "그것을 바라보라! 그러면 당신은 그것이 설명될 수 없다는 것을 알게 될 것이다."—또는: "붉은색을 넋을 잃고 바라보라, 그러면 당신은 그것이 다른 어떤 것을 통해 묘사될 수 없다는 것을 알게 될 것이다!"—그리고 이제 다른 사람이 나에게 동의한다면, 그것은 그가 나와 동일한 것을 넋을 잃고 바라보았음을 보여 주는가?—그리고 이제 이렇게 말하려는 우리의 경향은 무엇을 의미하는가? 우리에게 빨강은 고립되어 있는 것처럼 보인다. 왜? 이러한 외관, 이러한 경향은 무슨 가치가 있는가?
 그러나 이런 물음이 가능할 것이다: 이러한 우리의 경향은 개념의 어떤 특성을 가리키는가?

345. "빨강은 혼합색이 아니다"란 문장과 그것의 기능에 대해 생각하라.
 색깔들을 가지고 하는 언어놀이는 우리가 무엇을 할 수 있고 무엇을 할 수 없는가 하는 바로 그 점에 의해 특징지어진다.

346. "붉은빛을 띤 초록은 존재하지 않는다"는 우리가 수학에서 공리로 사용하는 문장들과 근친적이다.

347. 우리가 어떤 개념들을 가지고 계산하고, 다른 개념들을 가지고는 계산

하지 않는다는 것은, 개념 도구들이 얼마나 상이한 종류인지를 (여기서 도대체 균일성을 가정할 근거가 얼마나 미미한지를) 보여 줄 뿐이다. 〔방주: 예를 들어 "파란색은 흰색보다 어둡다"와 같이, 색에 관한 문장들로서 수학적 문장들과 비슷한 것들. 이에 대해서는 괴테의 색채론.〕

348. "일치의 가능성은 이미 어떤 하나의 일치를 조건으로 한다."—어떤 사람이 다음과 같이 말했다고 생각하라: "체스를 둘 수 있음은 체스의 한 종류다"!

349. 이미 많은 궤도—당신 자신의 것이건 아니면 다른 사람의 것이건—가 나 있는 사고(思考)의 철길을 기술하면서, 조금도 구태의연한 모습을 보이지 않기는 매우 어렵다. 옛 사고의 궤도로부터 단지 조금이라도 벗어나는 것은 어렵다.

350. "우리의 개념들은 마치 사실들의 골격에 의해 제약되어 있는 듯하다."
    그것이 뜻하는 바는 다음과 같을 것이다: 당신이 어떤 사실들을 실제와 다르게 상상한다면, 그것들을 다르게 기술한다면, 당신은 어떤 개념들의 적용을 더는 상상할 수 없는데, 왜냐하면 그것들의 적용 규칙은 새로운 상황에서는 어떠한 유사물도 갖지 않기 때문이다.—내 말은 그러니까 다음과 같은 것이 된다: 사람들을 위해 어떤 법이 주어진다; 그리고 법률가는 그에게 통상적으로 일어나는 모든 경우에 대해 능히 귀결들을 끌어낼 수 있을 것이다; 그러면 그 법은 명백히 사용을, 뜻을 지닌다. 그러나 그럼에도 불구하고, 그것의 타당성은 가지가지를 전제한다; 그리고 그가 심판해야 하는 존재가 통상적인 인간과 전적으로 다르다면, 그 경우 예컨대 그가 어떤 행위를 나쁜 의도를 가지고 저질렀는지를 결정하는 것은 아마 어려운 게 아니라, (단적으로) 불가능하게 될 것이다.

351. "만일 사람들이 사물들의 색깔들에 관하여 일반적으로 일치하지 않는 다면, 만일 불일치가 예외들이 아니라면, 우리의 색깔 개념은 존재할 수 없을 것이다." 아니다;─우리의 색깔 개념은 **존재하지 않을** 것이다.

352. 나는 그러니까, 어떤 사실들은 어떤 개념의 형성에 호의적이라고─또는 비호의적이라고─말하고자 하는가? 그리고 그것은 경험이 가르치는가? 사람들이 새로운 사실들을 알게 될 때, 그리고 이로 인해 그들에게 이전에는 중요했던 것이 중요하지 않게 될 때, 또는 그 역으로 될 때, 그들이 자신들의 개념들을 바꾸고 변경한다는 것은 경험의 사실이다. (예를 들어, 이전에는 종류의 차이로 간주된 것이 실제로는 단지 정도의 차이임이 발견된다.)

353. 그러나 이렇게 말할 수는 없는가: "만일 오직 하나의 실체만이 존재한다면, '실체'라는 낱말에 대한 어떠한 사용도 없을 것이다"? 그러나 이것이 뜻하는 것은 어쨌든, '실체'의 개념은 '실체의 구별' 개념을 전제한다는 것이다. (체스의 왕 개념이 체스의 수(手) 개념을 전제하는 것처럼; 또는 색깔의 개념이 **색깔들**의 개념을 전제하는 것처럼 말이다.)

354. 초록과 빨강 사이에는─나는 이렇게 말하고 싶다─물리학적 허공이 아니라 기하학적 허공이 있다.[39]

---

[39] (편집자주) 이 소견은 "쪽지들" 가운데 있지 않았다. 편집자는 이 소견을 한 원고에서 끌어내었는데, 그 원고에서는 이 소견이 다음 소견(§355) 바로 앞에 놓여 있었다.

355. 그러나 그러면 이것에는 어떤 물리학적인 것도 대응하지 않는가? 나는 그걸 부인하지 않는다. (그리고 만일 그게 단지 이러한 개념들에 대한, 이러한 언어놀이들에 대한 우리의 적응이라면 말이다. 그러나 나는 그게 그렇다고 말하는 것은 아니다.) 우리가 어떤 사람에게 이러이러한 기술을 예들을 통해 가르친다면,—그러면 그가 특정한 새로운 경우에 이렇게 행하고 이렇게 행하지 않는다는 것, 또는 그가 막힌다는 것, 그러니까 그에게는 저것이 아니라 이것이 '자연스러운' 계속이라는 것은 그것만으로 이미 최고로 중요한 자연 사실이다.

356. "그러나 내가 '파란빛을 띤 노랑'으로 초록을 뜻한다면, 나는 이 표현을 원래의 방식과는 다르게 파악하는 것이다. 원래의 파악은 어떤 다른 길을, 그리고 그야말로 **통행할 수 없는** 길을 지칭한다."

그러나 여기서 올바른 비유는 무엇인가? 물리적으로 통행할 수 없는 길의 비유인가, 아니면 길이 존재하지 않음의 비유인가? 그러니까 물리학적 불가능성의 비유인가, 아니면 수학적 불가능성의 비유인가?

357. 우리는 수의 체계처럼 색의 체계를 갖고 있다.

그 체계들은 우리의 본성에 놓여 있는가, 아니면 사물들의 본성에 놓여 있는가? 그것은 어떻게 말해져야 하는가?—수나 색의 본성에 놓여 있는 것은 아니다.

358. 그럼 이 체계는 자의적인 어떤 것을 지니는가? 그렇기도 하고 아니기도 하다. 그것은 자의적인 것 및 비자의적인 것과 근친 간이다.

359. 우리들이 어떤 것도 빨강과 초록의 중간색으로 인정하고자 하지 않는

다는 것은 첫눈에 분명하다. (그리고 그것이 언제나 그렇게 분명하기만 한지, 아니면 경험과 교육 이후에 비로소 그렇게 분명한지는 상관없다.)

360. 'a는 b와 c 사이에 있고, c보다는 b에 더 가깝다'—이것은 같은 종류의 감각들 사이의 특징적 관계이다. 즉, 예를 들어 다음과 같은 명령을 가진 언어놀이가 존재한다: "이것과 이것 사이에서, 그리고 두 번째 것보다는 첫 번째 것에 더 가까운 감각을 산출하라!" 그리고 또한: "이것이 그 사이에 있는 두 개의 감각을 명명하라!"

361. 그리고 여기서, 예를 들어 회색에서는 "검정과 하양"이, 보라색에서는 "파랑과 빨강"이, 분홍색에서는 "빨강과 하양"이 답으로 얻어질 것이지만, 황록색에서는 "빨강과 초록"이 답으로 얻어지지 않을 것이라는 것은 중요하다.

362. 이 사람들은 붉은빛을 띤 초록을 알고 있다.—"그렇지만 그런 건 전혀 존재하지 않는다!"—얼마나 묘한 문장인가.—(당신은 그걸 도대체 어떻게 아는가?)

363. 하지만 그것을 한번 이렇게 말해 보자: 도대체 이 사람들이 그 괴리를 알아채야 하는가? 아마도 그들은 그러기에는 너무 둔하다. 그리고 그다음엔 다시: 아마 그렇지 않기도 하다.

364. 그렇다, 그러나 여기서 도대체 자연은 끼어들 일이 전혀 아무것도 없는가?! 물론 있다—다만 자연은 다른 방식으로 말을 한다.
"그 어디에선가 당신은 분명 존재와 비-존재로 달려가 부딪칠 것이다!" 그러나 이는 개념들이 아니라 사실들로 달려가 부딪친다는 것을 뜻한다.

365. 우리가 (예를 들어) "붉은빛을 띤 노랑"이라고 부르는 경향이 있는 색이 빨강과 노랑의 (상이한 방식의) 혼합을 통해 실제로 산출될 수 있다는 것은 최고의 중요성을 지닌 하나의 사실이다. 그리고 우리가 빨강과 초록의 혼합으로 생긴 색을 그렇게 산출될 수 있는 색으로서 즉시 인식할 수 없다는 것도. (그러나 여기서 "즉시"는 무엇을 의미하는가?)

366. 맛의 혼란: 나는 "그것은 달다"라고 말한다. 다른 사람은 "그것은 시다"라고 말한다. 등등. 어떤 사람이 다가와서는 말한다: "당신들은 모두 당신들이 무엇에 대해 이야기하고 있는지 전혀 모르고 있다. 당신들은 당신들이 언젠가 맛이라고 불렀던 것을 더는 결코 알지 못한다." 우리가 그걸 여전히 알고 있다는 표시는 무엇일까? ((계산에서의 혼란에 대한 물음과 연관되어 있다.))

367. 그러나 우리는 이러한 '혼란' 속에서도 언어놀이를 할 수 있지 않을까?—그러나 그것이 여전히 이전의 언어놀이인가?—40

368. 중간색, 예를 들어 빨강과 노랑의 중간색을 일종의 이진법적 소수에 의해 R.LLRL 등등과 같이—여기서 오른쪽에는 예를 들어 노랑이 있고, 왼쪽에는 빨강이 있다—표현하는 사람들을 상상해 보자.—이 사람들은 이미 유치원에서, 색조들을 이런 방식으로 기술하고, 이런 기술들에 따라 색깔들을 고르고, 혼합하고 하는 등등을 배운다. 그들과 우리의 관계는 대략, 절대음감이 있는 사람들과 없는 사람들의 관계와 같다. 우리가 할 수 없는 것을

---

40 (편집자주) 쪽지들 가운데에는 이 책의 초판에 수록되지 않은 다음과 같은 소견이 더 있다: "(상징화의 한 조건으로서의 재인식에 관해 프레게가, 그리고 이따금 램지가, 말했던 것과 관계가 있다. 내가 색을 올바로 재인식했다는 기준은 무엇인가? 가령 재인식할 때의 기쁨의 체험과 같은 그런 어떤 것인가?"

그들은 할 수 있다. 〔방주: 의문스럽다.〕

369. 그리고 여기서 우리들은 이렇게 말했으면 한다: "그러나 도대체 그것은 상상이라도 할 수 있는가? 그래, **행동**은 아마 상상할 수 있겠지! 그러나 내적 과정, 색깔 체험은?" 그리고 이러한 물음에 대해 무엇이라고 말해야 할지는 알기가 어렵다. 절대음감이 없는 사람들이 절대음감을 지닌 사람들도 또한 존재할 것이라고 추측할 수 있었을까?

370. 광채, 또는 반사: 어린아이가 그림을 그릴 때, 아이는 결코 이것들을 그리지 않을 것이다. 그렇다, 그것들이 통상적인 유화용 물감이나 수채화용 물감으로 묘사될 수 있다고 믿기는 거의 어렵다. 〔방주: '색'에 대한 우리의 개념.〕

371. 순전히 귀먹은 사람들만 있는 사회는 어떤 모습을 띠게 될까? '정신박약자들'의 사회는 어떤 모습을 띠게 될까? 중요한 물음! 그러니까, 우리의 통상적 언어놀이들 가운데 많은 놀이가 결코 행해지지 않는 사회는 어떤 모습을 띠게 될까?

372. 정신박약자들은 퇴화된 것, 본질적으로 불완전한 것, 말하자면 몰락한 것이라는 그림하에서 표상된다. 그러니까, 더 원시적인 질서란 그림(이것이 훨씬 더 생산적인 직관 방식일 것이다) 대신에, 무질서란 그림하에서 말이다.
    우리는 이런 사람들의 사회를 어차피 보지 못한다.

373. 다른 개념들은, 비록 우리의 개념들과 근친적이라도, 우리에게 매우 이상하게 보일 수 있을 것이다; 즉 익숙한 것으로부터 익숙하지 않은 **방향**으로의

일탈들.

374. 확고하게 한정된 개념들은 행동의 획일성을 요구하게 될 것이다. 그러나 내가 확신하는 곳에서 다른 사람은 확신하지 않는다. 그리고 이는 하나의 자연 사실이다.

375. 이것은 우리의 모든 사유가 그 위에서 진행되는, 그리고 따라서 우리의 판단과 행위도 역시 그에 따라 진행되는, 확고한 궤도들이다.

376. 예를 들어 전형이 단지 드물게 존재하는 곳에서는 이러한 전형의 개념이 형성되지 않는다. 사람들에게 이것은 하나의 단위로서, 하나의 특정한 얼굴로서 와 닿지 않는다.

377. 그들은 그것에 관해 그림을 그리지 않고, 그것을 경우 경우에 따라 재인식한다.

378. 겸손한 사람들과 허풍 떠는 사람들이 존재하는 곳에서는 어디서나, 겸손 또는 허풍의 개념이 알려져 있어야 하는가? 아마도 거기서 그들에게는 어떤 것도 이러한 구분에 달려 있지 않을 것이다.
   실로 상당수의 구별들이 또한 우리에게 중요하지 않다; 그리고 우리에게 중요할 수 있을 것이다.

379. 그리고 다른 사람들은 우리의 개념들을 분할하는 개념들을 갖고 있다.

380. 어떤 종족은 우리의 '고통'과 근친적인 두 개의 개념을 갖고 있다. 그

한 개념은 가시적인 상해의 경우에 적용되고, 간호, 동정 등과 연결되어 있다. 다른 한 개념은 예를 들어 위통의 경우에 적용되고, 신음하는 자에 대한 야유와 연결되어 있다. "그러나 그들은 도대체 그 유사성을 정말 알아차리지 못하는가?"—우리는 도대체 유사성이 존재하는 곳에서는 어디서나 하나의 개념을 갖고 있는가? 문제는 이것이다: 그들에게 그 유사성은 중요한가? 그리고 그것은 그들에게 그래야 하는가? 그리고 그들의 개념이 우리의 '고통'이란 개념을 잘라내서는 왜 안 될까?

381. 그러나 그렇다면 이 사람은 거기에 존재하는 어떤 것을 간과하지 않는가?—그는 그것에 대해 아무 주의도 하지 않는다; 그리고 그가 왜 그래야 할까?—그러나 그렇다면 실로 그의 개념은 우리의 개념과 근본적으로 상이하다.—**근본적으로 상이하다**? 상이하다.—그러나 그렇다면 어쨌든 그의 낱말은 우리의 낱말과 같은 것을 지칭할 수 없는 것 같다; 또는 그 일부만을 지칭할 수 있는 것 같다.—그러나 그의 개념이 상이하다면, 그건 또한 실로 그렇게 보여야 한다. 왜냐하면 우리의 개념의 불확정성은 실로 우리에게는 낱말이 지칭하는 대상으로 투사될 수 있기 때문이다. 그래서, 만일 불확정성이 결여된다면, '같은 것이 뜻해져' 있지도 않을 것이다. 우리가 사용하는 그림은 그 불확정성을 상징화한다.

382. 철학에서는 어떠한 사유의 병도 절단되어서는 안 된다. 그것은 그것의 자연스러운 경로를 가야 한다. 그리고 완만한 치유가 가장 중요한 것이다. (그런 까닭에 수학자는 매우 좋지 않은 철학자이다.)

383. 어떤 종족의 사람들이 이른 유년 시절부터 어떤 종류의 심정 표현도 보이지 않도록 교육받았다고 상상하라. 그들에게 그런 표현은 버려야 할, 유치

한 어떤 것이다. 훈육이 엄하다고 하자. 사람들은 '고통'에 관해서 이야기하지 않는다; "아마 그는 분명 고통이 있을 거야"라는 추측의 형식으로는 더욱 더 하지 않는다. 어떤 사람이 고통을 호소한다면, 그는 조소당하거나 처벌받는다. 위장의 의혹은 전혀 존재하지 않는다. 고통의 호소는 말하자면 이미 위장이다.

384. "위장한다는 것, 참 웃기는 개념이야!" 하고 저 사람들은 말할 수 있을 것이다. (마치 총알 한 발로 한 살인을 총알 세 발로 한 살인과 구별하는 것처럼 말이다.)

385. 고통의 호소는 이미 너무나 나쁜 것이어서, 더 나쁜 위장은 더는 결코 존재하지 않는다.

386. 그 하나의 치욕이 그들에게는 다른 치욕보다 앞에 있다; 그들은 이 치욕은 볼 수가 없다.

387. 나는 이렇게 말하고자 한다: 우리의 교육과는 전혀 다른 교육은 또한 전혀 다른 개념들의 기초일 수 있을 것이다.

388. 왜냐하면 여기서 삶은 다르게 흘러가게 될 터이기 때문이다. ―우리의 관심사가 그들에게는 관심사가 되지 않을 것이다. 다른 개념들이 거기서는 더는 상상 불가능하지 않을 것이다. 그렇다, **본질적으로** 다른 개념들은 오직 그렇게 해서만 상상 가능하다.

389. 우리들은 물론 그에게 (예를 들어) 고통을 흉내 내는 (속이려는 의도에

서가 아니라) 법을 단순히 가르칠 수 있을 것이다. 그러나 그것을 누구에게나 가르칠 수 있을까? 내 뜻은: 그는 거친 어떤 고통의 표시를 드러내는 법을 실로 잘 배워 익힐 수 있을 것이나, 스스로, 그 자신의 통찰로부터 더 정교한 모방을 하는 법은 없을 것이다. (언어 재능.) (아마 우리들은 영리한 개에게 일종의 고통의 울부짖음을 가르칠 수 있을 것이다; 그러나 그럼에도 불구하고 개가 의식적 모방에 이르는 일은 결코 없을 것이다.)

390. '이 사람들은 인간 비슷한 어떤 것도 없을 것이다.' 왜?—우리가 그들과 의사소통하는 것이 불가능할 수 있을 것이다. 우리가 개와 의사소통할 수 있는 것처럼 그렇게 의사소통할 수조차 결코 없을 것이다. 우리는 그들을 이해할 수가 없다.

그럼에도 불구하고 실로 그러한 존재가, 그 밖의 점에서는 인간적인 존재가, 존재할 수 있을 것이다.

391. 내가 실제로 말하고 싶은 것은, 지적인 의혹은 본능에서 시작한다(그것의 뿌리들을 가진다)는 것이다. 또는 이렇게도 말하고 싶다: 언어놀이는 그 근원이 숙고에 있지 않다. 숙고는 언어놀이의 일부이다.

그리고 따라서 개념은 언어놀이에 거주하고 있다.

392. '모래 더미'는 불명확하게 한정된 개념이다—그러나 왜 그것 대신에 명확히 한정된 개념이 사용되지 않는가?—그 이유는 더미의 본성에 있는가? 어떤 현상의 본성이 우리의 개념에 대해 결정적인가?

393. 만일 일어난다면 우리의 모든 판단을 믿지 못하게 만들 사건들이 쉽게 상상될 수 있고 아주 상세하게 그려질 수 있다.

만일 언젠가 내가 내 집 창문 밖에서 오랫동안 익숙한 환경 대신에 전혀 새로운 환경을 본다면, 만일 사물들이, 사람들과 짐승들이, 그(것)들이 결코 행동한 적이 없는 방식으로 행동한다면, 나는 가령 "내가 정신이 이상해졌어"라고 하는 말을 내뱉을 것이다; 그러나 이것은 단지, 내가 사정을 훤히 알기를 포기한다는 표현일 뿐이다. 그리고 같은 것이 수학에서도 역시 일어날 수 있을 것이다. 예를 들어, 내가 계속해서 계산상의 오류를 범하는 것처럼 보일 수 있고, 그래서 어떠한 해답도 나에게는 신뢰할 만한 것으로 보이지 않을 것이다.

그러나 거기서 나에게 중요한 것은, 그러한 상태와 정상적인 상태 사이에 명확한 경계가 없다는 것이다. 〔방주: '안다'의 개념과 연관되어 있다.〕

394. 그가 영혼을, 의식을 지니고 있다는 것에 대해 내가 오류를 범한다는 것은 무엇을 뜻할까? 그리고 내가 오류를 범하고 있고, 나 자신은 아무런 영혼을, 의식을 지니고 있지 않다는 것은 무엇을 뜻할까? "나는 의식하고 있지 않다"라고 말하는 것은 무엇을 뜻할까?―그러나 나에게 의식이 있다는 것을 어쨌든 나는 알지 않는가?―그러니까 나는 그걸 아는가, 그리고 그럼에도 불구하고, 그게 그렇다는 진술은 아무런 목적도 없는가?

그리고 이러한 문제에서 우리들이 다른 사람들과 의사소통하기를 배울 수 있다는 것은 얼마나 주목할 만한 일인가!

395. 사람은 의식을 잃은 척할 수 있다; 그러나 의식이 있는 척할 수도 있는가?

396. 만일 어떤 사람이 나에게, 자기는 자기가 꿈을 꾸고 있는지 깨어 있는지를 (실제로) 모르겠다고 아주 진지하게 말한다면, 그건 어떠할까?―

다음과 같은 상황이 존재할 수 있는가? 어떤 사람이 "나는 내가 지금 꿈꾸고 있다고 믿는다"라고 말한다; 그 직후 곧 그가 실제로 깨어나, 저 꿈속에서의 발언을 기억해 내고서는, "그러니까 나는 옳았다!"라고 말한다. ─그렇지만 이 이야기는 다음과 같은 것을 말해 줄 뿐이다: 어떤 사람이, 자기가 꿈꾼다고 자기가 말했다고 꿈을 꾸었다.

의식을 잃은 사람이 "나는 의식하고 있다"라고 (가령 마취 상태에서) 말했다고 생각하라─우리는 "그가 그걸 알고 있음이 틀림없다"라고 말하게 될까?

그리고 만일 어떤 사람이 "나는 잠자고 있다"라고 잠꼬대한다면, ─"그는 전적으로 옳다"라고 우리가 말하게 될까?

"나는 의식하고 있지 않다"라고 나에게 말하는 사람은 비-진리를 말하는 것인가? (그리고 그가 의식을 잃고서 그 말을 한다면, 진리를 말하는 것인가? 그리고 만일 앵무새가 "나는 아무 말도 이해 못해"라고 말한다면, 또는 만일 축음기가 "나는 단지 기계일 뿐이다"라고 말한다면 어떻게 될까?)

397. 백일몽을 꾸면서 내가 "나는 단지 몽상하고 있다"라는 말을 내뱉는다고 한다면, 그것은 참인가? 내가 그와 같은 몽상이나 이야기, 몽상적 대화를 글로 적고, 그 속에서 "나는 몽상하고 있다"라고 말한다고 하자 ── 그러나 내가 그것을 적어 놓을 때, ─이 말이 몽상의 말이라는 것, 그리고 내가 몽상에서 벗어나지 않았다는 것은 어떻게 드러나는가?

꿈꾸는 사람이, 말하자면 꿈에서 벗어나면서, "나는 꿈꾸고 있다"라고 잠꼬대하는 것이 실제로 가능하지 않을까? 그와 같은 언어놀이가 존재한다고 아마도 생각될 수 있을 것이다.

이것은 '뜻함'의 문제와 연관되어 있다. 왜냐하면 나는 희곡의 대화에서 "나는 건강하다"라고 쓸 수 있고, 따라서 비록 그것이 참일지라도, 그것을 뜻하지 않을 수 있기 때문이다. 그 말은 이 언어놀이에는 속하고 저 언어놀이에는 속하지 않는다.

398. 꿈속에서의 '참'과 '거짓'. 나는 비가 온다고 꿈꾼다, 그리고 내가 "비가 온다"라고 말하는 것을 꿈꾼다—또 한편으로: 나는 내가 "나는 꿈꾼다"라고 말하는 것을 꿈꾼다.

399. "꿈꾸다"란 동사는 현재형이 있는가? 이것을 사용하는 법을 사람은 어떻게 배우는가?

400. 내가 잠에서 깨어나는 것과 비슷한 경험을 하고 나서, 내가 잠자고 있었다고 나에게 단언하는 사람들과 함께 전혀 다른 환경 속에 있다고 가정하자. 더 나아가, 나는 꿈을 꾼 것이 아니라 그 어떤 방식으로 나의 잠든 육체 밖에서 산 것이라고 내가 고집한다고 가정하자. 이 주장은 어떤 기능을 하는가?

401. "'나는 의식이 있다', 이것은 그것에 대해 어떤 의심도 가능하지 않은 진술이다." 왜 이 말이 다음과 같은 말이어서는 안 되는가: "'나는 의식이 있다'는 명제가 아니다"?

우리들은 또한 이렇게 말할 수 있을 것이다: 어떤 사람이 "나는 의식이 있다"는 어떠한 의심도 허용하지 않는 진술이라고 말한다고 뭐가 나쁜가? 어떻게 내가 그와 모순이 되는가? 어떤 사람이 나에게 이렇게 말했다고 가정하자,—왜 나는 그 말에 대해 가령 논쟁을 벌이는 대신 그에게 아무 대답도 하지 않는 데 익숙해져서는 안 되는가? 왜 나는 그의 말을 그의 휘파람이나 흥얼거림처럼 취급해서는 안 되는가?

402. "어떤 것도 내가 의식을 지니고 있다는 것처럼 확실하지는 않다." 그렇다면 내가 그것을 그냥 그대로 놔두어서는 왜 안 되는가? 이 확실성은 그 작용점이 움직이지 않는, 그러니까 아무 일도 하지 않는, 어떤 커다란 힘과 같다.

403. 상기하라: 대부분의 사람들은 우리들이 마취 상태에서 아무것도 감지하지 못한다고 말한다. 그러나 그럼에도 불구하고 상당수의 사람들은 말한다. 우리들이 실로 어떤 것을 느끼기는 하는데 단지 그것을 완전히 잊는 것일 수 있으리라고 말이다.
    그러니까 만일 여기에 의심하는 사람들과 아무런 의심도 들지 않는 사람들이 존재한다면, 의심 없음이 어쨌든 역시 훨씬 더 보편적으로 존립할 수 있을 것이다.

404. 또는 의심은 우리의 사고 세계에서와는 아무튼 다른, 그리고 훨씬 덜 불확정적인 형식을 지닐 수 있을 것이다.

405. 철학자 이외에 아무도, "나는 내가 두 손이 있다는 것을 안다"라고 말하지 않을 것이다; 그러나 우리들은 이렇게 말할 수는 있다: "나는 내가 두 손이 있다는 것을 의심할 수가 없다."

406. 그러나 "안다"는 통상적으로 이러한 뜻으로는 사용되지 않는다. "97×78이 얼마인지 나는 안다." "97×78이 432임을 나는 안다." 첫 번째 경우에 나는 어떤 사람에게, 내가 어떤 것을 할 수 있다, 어떤 것을 소유하고 있다는 것을 전달한다. 두 번째 경우에 나는 단순히, 97×78은 432라고 단언한다. 왜냐하면 "97×78은 틀림없이 432이다"는 그게 그러하다는 것을 나는 안

다는 말이 아닌가? 첫 번째 문장은 산수 문장이 아니며, 산수 문장이 그것을 대체할 수도 없다; 두 번째 문장 대신에는 산수 문장이 사용될 수 있을 것이다.

407. 25×25=625임을 누군가가 믿을 수 있는가? 그것을 믿는다는 것은 무엇을 뜻하는가? 그가 그것을 믿는다는 것은 어떻게 드러나는가?

408. 그러나 앎의 현상은, 말하자면, "나는 안다"라는 말의 뜻과는 완전히 별도로 존재하지 않는가? 사람이 어떤 것을 알 수 있다, 말하자면 사실을 자기 자신 속에 가질 수 있다는 것은 주목할 만하지 않은가?―그러나 그것이 바로 잘못된 그림이다.―왜냐하면 실제 사정이 사람이 말하는 것과 같이 되어 있을 경우에만 앎은 앎이라고 말해지기 때문이다. 그러나 그것은 충분하지 않다. 사정이 단지 우연히 그렇게 되어 있어서는 안 된다. 요컨대 그는 자기가 안다는 것을 알아야 한다. 앎은 실로 그 자신의 심리 상태이다; 그는 그것에 관해서―특별한 기만으로 인해서 말고는―의심하거나 틀릴 수 없다. 그러니까, 사정이 그렇다는 것을 앎은 사정이 실제로 그러할 경우에만 앎이라면,―그리고 앎이 그의 속에 있어서, 그것이 앎인지에 관해서 그가 오류를 범할 수 없다면,―그렇다면 그는 (그러니까) 그가 앎을 아는 것처럼 사정이 그러하다는 것에 대해서도 역시 틀릴 수 없다. 그리고 따라서 그가 안다는 사실은 그 앎과 마찬가지로 그의 속에 있어야 한다.

그리고 그것은 물론 "나는 안다"의 가능한 하나의 사용 방식을 지시한다. 그렇다면 "나는 사정이 그러하다는 것을 안다"는, 사정이 그러하거나 내가 정신이 이상하다는 것을 뜻한다.

그러니까: "나는 사정이 그러하다는 것을 안다"라고 내가 거짓말하지 않고 말한다면, 나는 특별한 기만으로 인해서만 틀릴 수 있다.

409. 의심이 자의에 종속되지 않는 것은 어째서인가?—그리고 그렇다면, —어린아이는 그 주목할 만한 소질로 인해 모든 것을 의심할 수 없을까?

410. 우리들은 어떤 것을 배웠을 경우에만 비로소 의심할 수 있다; 계산하는 것을 배웠을 경우에만 비로소 잘못 계산할 수 있는 것처럼. 그 경우 그것은 확실히 비자의적이다.

411. 어떤 어린아이가 아주 특별히 영리하다고, 모든 사물들의 존재에 대한 의심 가능성을 즉시 배울 수 있을 정도로 영리하다고 생각하라. 그는 그러니까 처음부터 이렇게 배운다: "그것은 아마 의자일 것이다."
 그런데 그는 다음과 같은 물음은 어떻게 배우는가: "그것은 실제로도 의자인가?"

412. 나는 아동 심리학을 하고 있는가?—나는 가르침의 개념을 의미의 개념과 결합하고 있다.

413. 한 사람은 확신에 찬 실재주의자이고 다른 사람은 확신에 찬 관념주의자인데, 자기 아이들을 그에 따라서 가르친다고 하자. 외적 세계의 존재 또는 비존재와 같은 중요한 문제에서 그들은 자기 아이들에게 어떤 잘못된 것도 가르치기를 원하지 않는다.
 그 아이들은 이제 무엇을 배울 것인가? "물리적 대상들이 존재한다" 내지 그와 반대되는 것을 말하는 법도 배울 것인가?
 어떤 사람이 요정들을 믿지 않는다면, 그는 자기 아이들에게 "요정들은 없다"라고 가르칠 필요가 없고, 오히려 그들에게 "요정"이란 낱말을 가르치기를 그만둘 수 있다. 어떤 경우에 그들은 "……이 있다"거나 "……이 없다"라고 말해야 하는가? 오직, 그들이 그 반대의 신념을 가진 사람들과 마주칠 때.

414. 그러나 관념주의자는 "의자"란 낱말은 어쨌든 아이들에게 가르칠 것이다. 왜냐하면 그는 그들에게 이런저런 것을 하도록, 예컨대 의자를 가져오도록 가르치고자 하기 때문이다. 그럼 관념주의적으로 교육된 아이들이 말하는 것은 실재주의적인 아이들이 말하는 것과 어디에서 구별되는가? 그 차이는 단지 전투 함성의 차이가 되지 않을까?

415. "그것은 아마 ……일 것이다"란 놀이는 도대체가 환멸로 시작하지 않는가? 그리고 최초의 입장이, 가능한 환멸에 대한 것일 수 있는가?

416. "그는 그러니까 맨 먼저, 잘못된 확신을 배워야 하는가?"
그들의 언어놀이에는 아직 확신이나 비-확신에 관한 이야기는 없다. 기억하라: 그들은 실로 어떤 것을 행하는 법을 배운다.

417. "그것은 무엇인가?"에 대해 "의자"라고 하는 언어놀이는 다음과 같은 것이 아니다: "당신은 그것을 무엇이라고 여기는가?"―"그것은 의자일지도 모른다."

418. 어떤 사람에게 처음에 "그것은 붉게 보인다"라고 가르치는 것은 전혀 아무런 뜻도 없다. 그는 그 말을, 언젠가 그가 "붉다"가 무엇을 뜻하는지를 배웠을 때, 즉 그 낱말 사용의 기술(技術)을 배웠을 때, 실로 자연 발생적으로 말해야 한다.

419. 모든 설명의 기초는 훈육이다. (이 점을 교육자는 염두에 두어야 할 것

이다.)

420. "그것은 나에게 붉게 보인다."—"그런데 붉다는 것은 어떠하다는 것인가?"—"이와 같다는 것이다." 그와 동시에 올바른 범례를 가리켜 보여야 한다.

421. 그가 맨 처음에 색깔 이름들을 배울 때,—그는 무엇을 배우는가? 자, 그는 예를 들어 어떤 붉은 것을 바라볼 적에 "붉은색"이라 외치는 법을 배운다.—그러나 그것은 올바른 기술인가? 또는 이렇게 말해야 할까, 즉 "그는 우리도 역시 '붉다'고 부르는 것을 '붉다'고 부르는 법을 배운다"라고?—두 기술 모두 옳다.

"너에게 그것은 어떻게 보이느냐?"라는 언어놀이는 그것과 어떻게 구별되는가?

우리들은 어떤 사람에게 색안경을 통해 흰 대상들을 보게 함으로써 색채 어들을 가르칠 수 있을 것이다. 그러나 내가 그에게 가르치는 것은 능력이어야 한다. 그는 그러니까 이제 명령을 받았을 때 붉은 어떤 것을 가져올 수 있다; 또는 대상들을 그 색깔들에 따라서 정리할 수 있다. 그러나 붉은 어떤 것이란 도대체 무엇인가?

422. 왜 어린아이에게 맨 처음 곧바로 "나에게 그것은 붉게 보인다"라는 언어놀이를 가르치지 않는가? 왜냐하면 어린아이는 아직 가상과 존재 사이의 좀 더 미묘한 차이를 이해할 능력이 없기 때문인가?

423. 붉은 시각(視覺)은 하나의 새로운 개념이다.

424. 그 경우 우리가 어린아이에게 가르치는 언어놀이는 "나에게 그것은 ……하게 보인다. 너에게 그것은 ……하게 보인다"이다. 최초의 언어놀이에서는 인격이 지각하는 주체로서 나타나지 않는다.

425. 당신은 언어놀이에 새로운 이음새를 준다. 그러나 이는 이제 그것이 언제나 사용된다는 것을 뜻하지는 않는다.

426. 감각에 내적인 눈길을 보내기―그것이 낱말과 감각 사이에 도대체 어떤 결합을 산출한단 말인가? 그리고 이 결합은 무엇에 소용이 되는가? 내가 이러한 문장을 사용하는 법, 이러한 사고를 생각하는 법을 배웠을 때, 나는 그것을 배웠는가? (사고를 생각하는 법은 실로 내가 배웠어야 하는 어떤 것이다.)

우리는 물론 우리의 주의를 사물들에, 감각들에 기울이는 법도 배운다. 우리는 관찰하는 법과 관찰을 기술하는 법을 배운다. 그러나 나는 이런 것을 어떻게 배우는가? 이 경우 나의 '내적 활동'은 어떻게 검사되는가? 내가 실제로 주의를 했는지는 무엇에 따라 판단되는가?

427. "그 의자는 내가 그것을 눈여겨보건 그렇지 않건 같은 것이다"―이것이 참이어야만 하는 것은 아닐 것이다. 누군가가 자신을 바라보면, 사람들은 종종 당황하게 된다. "내가 의자를 바라보건 바라보지 않건, 의자는 계속해서 존재한다." 이것은 경험 명제로서 취급될 수 있거나, 문법적으로 파악될 수 있을 것이다. 그러나 또한 동시에 단순히 감각 인상과 대상 사이의 개념적 차이가 생각될 수도 있다.

428. 그러나 사람들의 일치는 놀이에 본질적이 아닌가? 놀이를 배우는 사람

은 그러니까 무엇보다 먼저 "같다"의 의미를 알아야 하지 않는가, 그리고 그것은 또한 일치를 전제하지 않는가? 등등.

429. "이것은 붉다"라고 당신은 말하지만, 당신이 옳은지는 어떻게 결정되는가? 사람들의 일치가 그것을 결정하지 않는가?—그러나 나의 색깔 판단들에서 내가 도대체 이런 일치에 호소하는가? 그래서 일이 다음과 같이 벌어지는가? 즉: 내가 약간 명의 사람들로 하여금 한 대상을 바라보게 한다; 그때 그들 각자에게 어떤 낱말 집단(소위 색채어들) 중 하나가 머리에 떠오른다; 관찰자의 다수에게 예를 들어 "붉다"란 낱말이 머리에 떠올랐다면(이 다수에 나 자신이 포함되어야만 하는 것은 아니다), 그 대상에게는 "붉다"란 술어가 마땅하다. 그러한 기술(技術)이 실로 그 중요성을 지닐 수 있을 것이다.

430. 색채어들은 예를 들어 "이것은 붉다"라고, 그렇게 가르쳐진다.—우리의 언어놀이는 물론 어떤 일치가 지배할 때만 성립하지만, 일치의 개념은 언어놀이에 들어오지 않는다. 일치가 완벽하다면, 일치 개념은 전혀 알려져 있지 않을 수 있다.

431. 사람들의 일치가 무엇이 붉은가를 결정하는가? 그것은 다수에의 호소를 통해 결정되는가? 우리는 색깔을 그렇게 결정하도록 배웠는가?

432. 나는 "붉은 어떤 것을 가져오라"라는 언어놀이를 그 놀이를 이미 스스로 할 수 있는 사람에게나 기술한다. 다른 사람들에게는 나는 그것을 단지 가르칠 수 있을 뿐이다. (상대성.)

433. "내가 지각하는 것은, 이것이다—" 그리고 이제 어떤 형식의 기술이 뒤따른다. "이것"이란 낱말은 또한 다음과 같이 설명될 수 있을 것이다: 체험의 직접적인 전이(轉移)를 생각해 보자!—그러나 이제 체험이 실제로 전이되었음에 대한 우리의 기준은 무엇인가? "자, 바로 그 경우에 그는 내가 갖고 있는 것을 가진다."—그러나 어떻게 그것을 그가 '가진다'는 것인가?

434. "감각을 낱말로 지칭한다, 명명한다"는 것은 무엇을 뜻하는가?
당신이 물리적 대상들을 가지고 하는 언어놀이로부터 출발했다고 상상하라—그런데 사람들이 말하기를, 이제는 감각들도 역시 명명된다고 한다. 그것은 마치 처음에는 소유의 양도에 관해 이야기가 되는 듯하다가 갑자기 소유의 기쁨이나 소유에 대한 자랑의 양도에 관해 이야기가 되는 것과 같지 않을까? 우리는 거기서 새로운 어떤 것을 배워야 하지 않는가? 우리도 역시 "양도한다"라고 부르는 새로운 어떤 것을 말이다.

435. 주관적으로 본 것에 대한 기술은 대상에 대한 기술과 다소 근친적이지만, 바로 그 때문에 대상에 대한 기술로서 기능하지는 않는다. 시각들은 어떻게 비교되는가? 나는 나의 시각들을 다른 사람들의 그것들과 어떻게 비교하는가?

436. "점검을 통한 검증"은 전적으로 오해를 일으킬 수 있는 표현이다. 왜냐하면 그것이 말하는 것은, 먼저 점검이라는 하나의 과정이 행해지고, 그것이 현미경을 통해 보는 것과, 또는 어떤 것을 보기 위해 머리를 돌리는 과정과 비교될 수 있으리라는 것이기 때문이다. 그리고 그다음에는 봄이 결과로 일어나지 않으면 안 된다는 것이기 때문이다. 우리들은 "머리 돌림으로써 봄"이나 "바라봄으로써 봄"에 관해 이야기할 수 있을 것이다. 그러나 그 경우 그 머

리 돌림(또는 바라봄)은 봄에 외부적인, (그래서) 우리에게는 오직 실천적으로만 관심을 끄는 과정이다. 사람들이 말했으면 하는 것은 "봄을 통한 봄"이다.

437. 우리가 어떤 명제를 믿는 원인들은, 우리가 믿는 것이 도대체 무엇인가 하는 물음과는 물론 무관하다; 그러나 실로 그 명제와 문법적으로 근친적이고, 그것이 어떤 명제인가를 우리에게 말해 주는 근거들은 그렇지 않다.

438. 어떤 현상이 때로는 어떤 사태의 징후로, 때로는 기준으로 간주되는 방식으로 어떤 표현의 의미가 흔들리는 것보다 더 평범한 것은 없다. 그리고 그렇다면 대개 그러한 경우에 의미의 변화는 인지되지 않는다. 과학에서, 정확한 측정을 허용하는 현상들을 어떤 표현의 정의될 수 있는 기준들로 만드는 것은 통례적이다; 그리고 우리들은 그 경우, 이제 고유한 의미가 발견되었다고 생각하는 경향이 있다. 무수한 혼란들이 이런 방식으로 하여 생겨났다.
　예를 들어, 즐거움의 정도가 존재하지만, 즐거움의 측정에 관해 이야기하는 것은 어리석다. 측정 가능한 현상이 그 이전에는 측정 가능하지 않은 현상이 있던 자리를 어떤 경우 차지한다는 것은 참이다. 이 자리를 지칭하는 낱말은 그 경우 그것의 의미를 바꾼다. 그리고 그것의 옛 의미는 다소간 쓸모없게 된다. 그 경우 우리들은 그 한 개념은 더 정확한 개념이고 다른 하나는 부정확한 개념이라는 것으로 만족한다; 그리고 여기서 모든 특수한 경우에 '정확한'과 '부정확한' 사이에는 다른 관계가 있다는 것을 유의하지 않는다. 특수한 경우들을 검사하지 않는 것은 오래된 잘못이다.

439. 충분한 증거가 불충분한 증거들로, 확정된 경계선 없이 이행한다. 나는 이러한 개념 형성의 자연적 기초는 인간적 경우들의 복잡한 본질과 다양

성이라고 말해야 하는가?

그러니까 다양성이 훨씬 더 적은 경우에는 명확하게 한정된 개념 형성이 자연스럽게 보여야 할 것이다. 그리고 단순화된 경우를 상상하는 것은 왜 그렇게 어려워 보이는가?

440. 낱말의 사용을 위한 완전한 규칙 목록을 우리는 어떻게 생각해야 할까?—사람들은 무엇을 체스에서의 말의 사용을 위한 완전한 규칙 목록으로 이해하는가? 우리는 정상적인 규칙 목록이 결정하지 못하는 의심스러운 경우들을 언제나 구성할 수 있지 않을까? 가령 다음과 같은 물음을 생각하라: 놀이하는 자들이 지닌 기억력의 신뢰성이 의심된다면, 마지막 수를 둔 사람이 누구인지는 어떻게 확인할 수 있는가?

도로 교통 규정은 운전자들과 보행자들의 어떤 행위들을 허용하고 금지한다; 그러나 그것은 그들의 모든 움직임을 규정들을 통해 이끌려고 시도하지는 않는다. 그리고 그런 일을 할 '이상적인' 교통질서에 관해 이야기하는 것은 뜻이 없을 것이다; 우선 우리는 이러한 이상으로 우리가 무엇을 생각해야 할지를 전혀 알지 못할 것이다. 어떤 사람이 교통질서를 그 어떤 점들에서 더 엄격하게 만들기를 원한다면, 이는 그가 그것을 그러한 이상에 접근시키기를 원한다는 것을 의미하지 않는다.

441. 또한 이 문장을 고찰하라: "놀이의 규칙들은 물론 어떤 자유를 허용할 수 있지만, 그것들은 **그럼에도 불구하고** 전적으로 확정된 규칙들이어야 한다." 이는 마치 다음과 같이 말하는 것과 같다: "당신은 4개의 벽으로 어떤 사람에게 어떤 움직임의 자유를 허용할 수 있지만, 그 벽들은 완전히 견고해야 한다." 그리고 이는 참이 아니다.—"자, 그 벽들은 물론 신축적일 수 있지만, 그 경우 그것들은 전적으로 확정된 신축성을 지닌다."—그렇지만 이

제 이것은 무슨 말인가? 그것은 이 신축성이 진술될 수 있어야 한다고 말하는 것처럼 보인다; 그러나 이는 다시, 참이 아니다. "벽은 언제나 어떤 확정된 신축성을 지닌다―내가 그것을 알거나 모르거나 간에." 이는 실제로는 하나의 표현형식에 대한 신앙고백이다. 정확성의 이상이라는 형식을 이용하는 표현형식. 그것을 말하자면 묘사의 매개변수로서 이용하는 표현형식.

442. 표현형식에 대한 신앙고백은, 그것이 (기호 대신에) 대상들을 다루는 문장으로 가장되어 발화된다면, '선천적(a priori)'이어야 한다. 왜냐하면 그것의 반대는, 우리가 배제한 사유형식, 표현형식이 그것에 대응하는 한, 실제로 생각될 수 없기 때문이다.

443. 사람들이 대상들을 가리킬 적에는 언제나 손가락으로 공중에서 말하자면 대상 주위에 원을 그리는 그런 방식으로 가리킨다고 상상하라. 그러면 매번 사물 주위에 원을 그으면서 다음과 같이 말하는 철학자를 생각할 수 있을 것이다: "모든 사물들은 원형(圓形)이다; 왜냐하면 책상은 이렇게 보이고, 난로는 이렇게 보이고, 램프는 이렇게 보이기 때문이다" 등등.

444. 이제 우리는 하나의 이론을 갖고 있다; 문장에 대한, 언어에 대한 '동역학적' 이론.[41] 그러나 그것은 우리에게 이론으로 보이지 않는다. 실로 이러한 이론의 특징은, 어떤 특수한, 명료하게 직관적인 경우를 주시하고는 다음과 같이 말하는 것이다: "이것은 사정이 일반적으로 어떠한지를 보여 준다; 이 경우가 모든 경우들의 원형(原形)이다."―"물론, 그건 그래야 하지" 하고 우리는 말하고 만족해한다. 우리는 우리에게 명백하게 이해되는 묘사의 한 형식

---

41 (편집자주) 프로이트는 자신의 '동역학적' 꿈 이론에 관해 이야기한다.

에 도달했다. 그러나 이제 우리는 마치 표면 아래에 놓여 있는 어떤 것을 본 것 같다.

명료한 경우를 일반화하는 경향은 논리학에서 강한 정당성을 지니는 것으로 보인다; 여기서 다음과 같이 추론하는 것은 완전한 정당성이 있는 것처럼 보인다: "어떤 하나의 문장이 그림이라면, 모든 문장이 그림이어야 한다; 왜냐하면 그것들은 모두 본질을 같이하기 때문이다." 왜냐하면 우리는 실로 모든 것을 포괄하는 어떤 하나의 본질을 붙잡는 데 우리의 탐구의 숭고한 것, 본질적인 것이 있다는 착각에 빠져 있기 때문이다.

445. 내가 실제로 무엇을 이해하는지를 분석이 보여 줄 수 있어야 한다면, 어떻게 나는 지금 문장을 이해할 수 있는가?—여기서 묘한 정신적 과정으로서의 이해란 관념이 들어와 장난친다.

446. 좌우간 이해를 '심리적 과정'으로서는 결코 생각조차 하지 말라!—왜냐하면 그것은 당신을 혼란시키는 말투이기 때문이다. 우리 머리에 공식이 떠올랐다면, 오히려 이렇게 자문해 보라: 대체 어떤 경우, 어떤 상황들 속에서 우리는 "이제 나는 계속해 나갈 줄 안다"라고 말하는가?[42]

저러한 어법이, 우리로 하여금 사실들을 불편부당하게 보는 것을 방해하는 것이다. 철자법의 표현형식으로 낱말의 발음을 고찰하라! 두 낱말, 예를 들어 "갑"과 "값"[43]이 일상적 쓰임에서 다르게 소리난다—왜냐하면 정확히 그 두 낱말의 철자법 차이에 주목한다면, 그 두 낱말은 상이하게 발음되기 때문에—는 것이 그때 얼마나 쉽게 납득될 수 있는가? 섬세한 귀를 가진

---

42 (편집자주) 비트겐슈타인, 《철학적 탐구》 §154를 보라.
43 (옮긴이주) 원문은 "für"와 "führ".

바이올린 연주가는 바 음을 언제나 올림 마 음보다 약간 더 높게 파악한다는 견해가 그것과 비교될 수 있다. 그런 경우들을 숙고해 보라!—묘사 수단이 어떤 공상을 산출하는 일은 그렇게 해서 일어날 수 있다. 그러니까 우리 이렇게는 생각하지 말자. 즉 "이해하다"란 동사가 있고 또 이해는 심리적 활동이라고 말해지기 때문에, 우리는 특유한 심리적 과정을 발견해야 할 것이라고 말이다.

447. 철학에서의 불안은 우리가 철학을 요컨대 (제한된) 가로줄 무늬 대신에 (무한한) 세로줄 무늬로 나뉘어 있다고 잘못 간주하기 때문에, 잘못 보기 때문에 온다고 말할 수 있을 것이다. 이렇게 뒤바뀐 파악이 가장 큰 난점을 만든다. 우리는 그러니까 말하자면 무한한 줄무늬를 파악하려 하고, 그 일이 토막토막 가능하지 않다고 불평한다. 하나의 토막으로 하나의 무한한 세로줄 무늬를 이해한다면, 물론 가능하지 않다. 그러나 그것으로 하나의 가로줄 무늬를 이해한다면, 가능하다.—그러나 그 경우 실로 우리는 다시 우리의 작업을 끝내지 못한다!—물론 못한다, 왜냐하면 그 일은 끝이 없기 때문이다.
　(소란스러운 억측들과 설명들 대신 우리는 언어적 사실들을 조용히 음미하고자 한다.)

448. 그리고 "비가 온다"란 문장에 대해, 그것은 '사정이 이러이러하다'란 말이라고 말하는 사람이 도대체 있는가? 도대체 어떤 것이 통상적 언어에서의 이 표현의 일상적 쓰임인가? 왜냐하면 실로 이 쓰임으로부터 당신은 그 표현을 배웠기 때문이다. 이제 당신이 그것을 그것의 원래 쓰임에 반해서 사용하면서, 그걸로 아직도 옛 놀이를 하고 있다고 생각한다면, 그것은 마치 당신이 바둑알들을 갖고 오목을 두면서, 그 놀이가 아직도 바둑의 어떤 정신을 갖고 있다고 공상하는 것과 같다.

449. 개념을 이론에서 확장하는 일. (예를 들어, '소원 성취 꿈'.[44])

450. 철학을 하는 자는 종종 언어 표현에 대해 잘못된, 걸맞지 않은 몸짓을 한다.

451. (우리들은 통상적인 것을 말한다,—잘못된 몸짓과 함께.)

452. 철학이 그처럼 복잡한 구조인 것은 어째서인가? 그것이 당신이 주장하는 바처럼 궁극적인 것, 모든 경험으로부터 독립적인 것이라면, 그것은 전적으로 단순해야 마땅할 것이다.—철학은 우리의 사유에서의 매듭들을 푼다: 그런 까닭에 그것의 결과는 단순해야 하지만, 철학을 하는 것은 그것이 푸는 매듭만큼 복잡해야 한다.[45]

453. (때때로 음악을 오직 내적인 귀로만 재생할 수 있고, 휘파람으로는 불 수 없는 것처럼—왜냐하면 휘파람 소리가 이미 내적인 소리를 지워 버리기 때문에—, 때때로 철학적 사고의 소리는 매우 낮아서, 우리들이 질문을 받고 이야기해야 한다면, 그것은 말해진 말의 소음에 의해 이미 지워지고, 더는 들리지 않게 될 수 있다.)

454. 플라톤: "—뭐요? 하고 그는 말했네, 그것[46]이 유익하지 않다고요? 일

---

44 (옮긴이주) '소원 성취 꿈(Wunschtraum)': 배고픔이나 갈증, 자유에 대한 갈망과 같이 가장 명백한 욕구들을 충족하는 꿈. 여기서는 이러한 꿈조차도 정식분석학적으로 성적인 욕망을 표현하는 꿈으로 확대해 보는 일(프로이트 자신은 이를 거부하고 있다고 보이지만)을 겨냥하고 있다고 할 수 있다.
45 (편집자주) 비트겐슈타인, 《철학적 소견들》 §2 참조.
46 (옮긴이주) '그것'='사려 분별'. 여기서 '사려 분별'로 번역한 독일어 'Besonnenheit'는 플라톤의 원문에서는 'σωφροσύνη'로, '지혜', '절제'라고 번역되기도 한다.

단 사려 분별이 앎의 인식이고, 다른 앎들을 관장한다면, 그것은 실로 선과 관계되는 이 앎도 관장해야 하고, 그래서 어쨌든 우리에게 유익해야 하지 않나요?—나는 말했네, 그것이 우리를 가령 건강하게도 만드는가? 의술이 아니라? 그리고 다른 기예들의 경우도 마찬가지일세; 그것이 이것들의 일을 관장하는가? 오히려 이것들 각각이 자기 일을 하지 않고? 또는, 우리는 이미 오래 전에, 그것은 오직 앎과 모름의 인식이며 다른 어떤 것의 인식이 아니라고 고백하지 않았는가?—틀림없이 그랬지요.—그러니까 그것은 우리에게 건강을 주지는 않겠지?—아마 그렇겠지요.—왜냐하면 요컨대 건강은 다른 기예에 속하기 때문이지?—예.—그러니까, 친구여, 그것은 또한 우리에게 유익함도 주지 않을 걸세. 왜냐하면 이제 우리는 이 일도 역시 다른 기예에 부여했기 때문일세.—물론이지요.—우리에게 아무런 유용성도 가져오지 않는다면, 자, 어떻게 사려 분별이 유익할 수 있는가?"[47]

455. (철학자는 어떤 한 사유(思惟) 공동체의 시민이 아니다. 그것이 그를 철학자로 만드는 것이다.)

456. 상당수의 철학자들(또는 그들을 어떤 이름으로 불러야 하건 간에)은 "문제들의 상실"이라고 할 수 있는 것을 겪는다. 그 경우 그들에게는 모든 것이 아주 단순하게 보이고, 깊이 있는 문제들이 더는 존재하지 않는 것으로 보이며, 세계는 넓고 평평하게 되고 모든 깊이를 잃어버린다; 그리고 그들이 글로 쓰는 것은 무한히 천박하고 사소하게 된다. 러셀[48]과 웰즈[49]는 이러한 질환을 갖고 있다.

---

47 (편집자주) 플라톤, 《카르미데스》(*Charmides*), 174d~175a.

457. ……발견보다는 탐구가 더 많이 말해 주므로……[50] (아우구스티누스.)

458. 철학적 탐구들: 개념적 탐구들. 형이상학에서 본질적인 것: 사실적 탐구와 개념적 탐구 사이의 차이를 지워 없애는 것.

459. 문법적으로 표현된 근본적인 것: "우리들은 같은 강물에 두 번 들어갈 수 없다"라는 문장은 어떠한가?

460. 어떤 뜻에서 철학적 오류들은 충분히 조심스럽게 다루어질 수 없다, 그것들은 매우 많은 진리를 포함한다.
"그렇지만 이 짜증나는 것들이 사고력을 자극하곤 한다." 사고는 짜증나는 것을 어떻게 제거하는가?[51]

461. 아무튼 나는 당신이 이렇게 말했으면 한다: "그렇다, 그건 참이다, 그런 일이 생각될 수 있을 것이다, 그런 일도 또한 일어날 수 있을 것이다!" 그러나 당신으로 하여금 당신이 이런 것을 상상할 수 있다는 점에 주목하도록 만드는 것이 내가 하고자 한 것이었는가?—나는 이런 그림을 당신에게 보여 주고자 했다. 그리고 이 그림에 대한 당신의 승인은 이제 당신이 주어진 경우를 달리 바라보는 경향, 즉 그것을 이 일련의 그림들과 비교하는 경향

---

48 (옮긴이주) 러셀(Bertrand Russell, 1872~1970): 영국의 논리학자이자 수학자이자 철학자. 또 사회 비평가와 평화 운동가로서도 활약했다. 주요 철학적 저서로 《수학 원리》(A. N. 화이트헤드와 공저), 《신비주의와 논리》, 《수리철학 입문》, 《외적 세계에 대한 우리의 지식》, 《마음의 분석》, 《의미와 진리에 관한 탐구》, 《인간의 지식: 그 범위와 한계》 등이 있다.
49 (옮긴이주) 웰즈(H. G. Wells, 1866~1946): 영국의 공상과학 소설가. 작품으로 《타임머신》, 《투명인간》, 《우주전쟁》 등이 있다.
50 라틴어: ... quia plus loquitur inquisitio quam inventio ...
51 (편집자주) 두 번째 단락은 원본의 타자본에 있는 것으로, 초판에는 빠져 있다.

이 있다는 점에 있다. 나는 당신의 **직관 방식**을 바꾸었다. (나는 어디선가 읽었는데, 인도의 어떤 수학자들에게는 명제의 증명을 위해 기하학적 도형이 다음과 같은 말과 함께 쓰인다고 한다: "이것을 바라보라!" 이러한 바라봄도 역시 직관 방식의 변화를 일으킨다.)[52]

462. (철학자와 심리학자의 분류: 그들은 구름을 형태에 따라 분류한다.)

463. 수학에 대해: "당신은 잘못된 개념을 갖고 있다.—그러나 그 문제는 내가 당신의 말을 꾸짖는 것으로는 해명될 수 없고, 오히려 내가 당신의 주의를 어떤 표현들, 도해들, 표상들에서 돌려 낱말들의 **사용**에 기울이도록 시도함으로써만 해명될 수 있다."

464. 심리학적 현상들의 계보: 내가 얻고자 힘쓰는 것은 엄밀성이 아니라 일목요연함이다.

465. 심리 생활의 이 모든 현상들에 대한 취급이 나에게 중요한 이유는, 나에게 완전성이 문제되기 때문이 아니다. 오히려, 각 현상이 모든 현상의 올바른 취급을 위해 나에게 빛을 던져 주기 때문이다.

466. 그리고 여기서 중요한 것은 징후들이 아니라, 논리적 기준들이다. 이것들이 늘 명확하게 분리되어 있지 않다는 점이, 그것들이 분리되는 것을 방해하지는 않는다.

---

52 (편집자주) 비트겐슈타인, 《철학적 탐구》 §144를 보라.

467. 우리의 탐구는 낱말들의 본래적인, 엄밀한 의미를 발견하려고 노력하지 않는다; 그렇지만 우리의 탐구의 진행 과정에서 우리는 종종 낱말들에 엄밀한 의미들을 준다.

468. "사람은 생각한다, 두려워한다, 등등, 등등." 이것은 가령, 심리학에 관한 책은 어떤 장(章)들을 포함해야 하는가를 물은 사람에게 주어지는 대답일 수 있을 것이다.

469. "사람은 희망한다", 이렇게 누군가가 말한다고 생각하라. 이 보편적인 자연사적 현상은 어떻게 기술되어야 했을까?—어린아이를 관찰하고, 아이가 어느 날 희망을 표명할 때까지 기다리는 사람이 있을 수 있을 것이다; 그 경우 그는 이렇게 말할 수 있을 것이다: "오늘 아이는 처음으로 희망했다." 그러나 이것은 아무래도 이상하게 들린다! 비록, "오늘 아이는 처음으로 '나는 희망한다'라고 말했다" 하고 말하는 것은 아주 자연스럽겠지만 말이다. 그리고 왜 이상한가?—좌우간 우리들은 젖먹이에 대해서는, 그것이 ……을 희망한다고 말하지 않으며, 그것이 ……을 희망하지 않는다고도 말하지 않는다. 그런 말은 어쨌든 성인에게 하는 것이다.—자, 삶은 점점, 희망을 위한 공간이 있는 그런 것으로 된다.
그러나 이제, 희망한다는 것은 내적 과정이기 때문에, 어린아이가 언제 희망하기를 실제로 시작하는지는 꼭 확신할 수 없다고 말하는 사람이 있다. 웬 헛소리인가! 왜냐하면 그렇다면 그는 자기가 무엇에 관해 이야기하는지는 도대체 어떻게 아는가?

470. 또는 그는 이렇게 예를 들어 보일 수 있는가? 즉 "나는, 예를 들어, 본다, 맹인이 아니다"라고. 이것도 역시 이상하게 들린다.

다음과 같이 말하는 것은 옳을 것이다: "그리고 나에게서도 역시 당신은 사유, 희망, 봄 등등의 현상을 관찰할 수 있다."

471. 보다, 믿다, 생각하다, 소망하다란 심리학적 동사들은 현상들을 지칭하지 않는다. 그러나 심리학은 봄, 믿음, 사유, 소망의 현상들을 관찰한다.

472. 심리학적 개념들의 취급을 위한 계획.
  심리학적 동사들은, 3인칭 현재는 관찰을 통해 검증될 수 있으나 1인칭은 그렇지 않다는 것으로 특징지어진다.
  3인칭 현재로 된 문장: 보고. 1인칭 현재로 된 문장: 표명[53]. ((완전히 맞지는 않다.))
  1인칭 현재는 표명과 근친적이다.
  감각들: 그것들의 내적 연관들과 유사성들.
  모두가 진정한 지속성이 있다. 시작과 끝의 진술 가능성. 동시성의, 동시 발생의 가능성.
  모두가 정도와 질적 혼합성이 있다. 정도: 거의 알아챌 수 없는—견뎌낼 수 없는.
  이런 뜻에서 위치감각이나 운동감각은 존재하지 않는다. 몸에서 감각의 장소: 봄과 들음을 압박-감각, 온도-감각, 맛-감각, 고통-감각과 구별한다.

473. 감각의 일반적인 개념을 소유하지는 않지만, 우리의 "보다", "듣다", "맛보다"에 해당하는 낱말들은 소유하는 언어 상태가 존재할 수 있다(그리

---

[53] (옮긴이주) 원말 'Äußerung'. §53의 옮긴이주 참조.

고 아마 존재해 왔다)는 것을 우리들은 명심해야 한다.

474. 우리는 봄, 들음, ……을 지각들이라고 부른다. 이 개념들 사이에는 유사성과 연관들이 존재한다; 그것들이 이러한 총괄에 대한 우리의 정당화이다.

475. 그러니까 다음과 같은 물음이 제기될 수 있다: 봄과 들음 사이에는 어떤 종류의 연관들과 유사성들이 존재하는가? 봄과 붙잡음 사이에는? 봄과 냄새 맡음 사이에는? 등등.

476. 그리고 이렇게 물음이 제기되면, 우리에게 감각들은 첫눈에 보였던 것보다 서로 즉시 더 멀리 떨어진다.

477. 감각 체험에 공통적인 것은 무엇인가?—감각 체험이 우리에게 외부 세계를 알게 가르쳐 준다는 대답은 잘못된 것이며 옳은 것이다. 그 대답은 그것이 논리적 기준을 가리켜야 하는 한에서는 옳다.

478. 감각의 지속. 음감(音感)의 지속을, 당신이 공을 손에 쥐고 있다고 당신에게 가르치는 촉감의 지속과 비교하라; 그리고 당신의 무릎이 굽혀 있다고 당신에게 가르치는 "느낌"과 비교하라.

479. 우리는 우리의 움직임들을 느낀다. 그렇다, 우리는 그것들을 실제로 느낀다; 그 감각은 맛이나 열에 대한 감각과 비슷하지 않고, 오히려 촉감과 비슷하다; 피부와 근육이 눌리고, 늘어나고, 변위(變位)될 때의 감각과 비슷하다.

480. 나는 나의 팔을 느낀다. 그리고 이상하게도, 이제 나는 이렇게 말했으면 한다: 나는 그것을 공간 속의 특정한 위치에서 느낀다; 요컨대, 마치 신체의 느낌이 공간 속에 팔의 형태로 분배되어 있어서, 내가 그것을 묘사하기 위해서는 팔을—가령 깁스해서—그것의 올바른 위치에서 묘사해야 할 것처럼 말이다.

481. 그렇다, 그것은 이상하다. 내 팔뚝은 지금 수평으로 놓여 있고, 나는 내가 그것을 느낀다고 말했으면 한다. 그러나 (가령 빈혈이나 충혈이 느껴지듯이) 내가 언제나 이 위치와 부합되는 느낌을 지니는 것처럼 느끼는 것이 아니라,—오히려 바로 팔의 '신체 느낌'이 수평적으로 정리되어 있거나 분배되어 있는 것처럼, 가령 내 팔의 표면에 있는 수증기나 티끌이 그렇게 공간 속에 분배되어 있는 듯이 느낀다. 그러므로 그것은 실제로는, 내가 내 팔의 위치를 느끼는 것과 같은 것이 아니라, 오히려 내가 내 팔을 느끼고, 그 느낌이 이러이러한 위치를 갖는 것과 같은 것이다. 즉 (그러나 단지): 나는 그것이 어떻게 놓여 있는지를 단순히 안다—왜 ……인지는 알지 못한 채. 나는 또한 내가 어디에서 고통을 느끼는지도 안다—그러나 왜 ……인지는 알지 못한 채.

482. 문자 그대로 우리에게 고통은 어떤 몸체가 있는 것처럼 보인다; 형태와 색을 지닌 사물, 물체인 것처럼 보인다. 왜? 그것은 고통스러운 신체 일부의 형태를 지니고 있는가? 사람들은 예컨대 이렇게 말했으면 한다: "만일 내가 필요한 말들과 요소 의미들만 더 갖고 있다면, 나는 고통을 기술할 수 있을 터인데." 사람들은, 우리에게는 단지 필요한 명명법이 결여되어 있을 뿐이라고 느낀다. (제임스[54].) 만일 다른 사람이 이 언어를 이해하기만 한다면, 고통을 심지어 그릴 수도 있을 것처럼 말이다.—그리고 실로 고통은 실

제로 시공간적으로 기술될 수 있다.

483. (감각들이 팔다리의 위치와 운동들을 특징짓는다면, 그것들의 장소는 어쨌든 관절이 아니다.)

    팔다리의 위치와 운동들을 우리들은 안다. 예를 들어, 질문을 받으면, 우리들은 그것들을 진술할 수 있다. 몸에서 감각(고통)의 장소를 또한 아는 것처럼 말이다.

    아픈 곳을 건드렸을 때의 반응.

    감각에 아무런 국지적 표지가 없음. 기억 상(像)에 시간적 표지가 없는 것처럼. (사진에서의 시간적 표지들.)

    특징적 표현에 의해 다른 감각들로부터 구별된 고통. 이로 인해 기쁨(이것은 감각이 아니다)과 근친적이다.

484. 기쁨, 즐거움, 환희가 감각이 아니라고 하는 것은 너무 자구를 꼬치꼬치 따지는 것인가?―우리 한번 물어보자: 환희와 우리가 예를 들어 "감각들"이라고 부르는 것 사이에는 얼마만큼의 유사성이 존재하는가?

485. 그것들 사이의 연결 고리는 고통일 것이다. 왜냐하면 고통의 개념은 예컨대 촉감의 개념과 (국지화, 진정한 지속, 강도, 질(質)의 표지들로 인해) 닮았고, 동시에 표현(표정들, 몸짓들, 소리들)으로 인해 감정들과 닮았기 때문이다.

---

54 (옮긴이주) W. 제임스, 《심리학 원리》 I권 9장 3절 중 "경향들의 느낌" 부분 참조. 제임스는 "우리의 심리학적 어휘는 …… 존재하는 차이들을 이름 짓기에는 전적으로 부적절하다"라고 말한다.

486. "나는 커다란 기쁨을 느낀다."―어디에서?―이것은 헛소리로 들린다. 그럼에도 불구하고 사람들은 또한 "나는 가슴속에서 즐거운 흥분을 느낀다"라고 말한다.―그러나 왜 기쁨은 국지화되지 않는가? 그건 기쁨이 몸 전체로 퍼져 있기 때문인가? 기쁨은 가령 그것을 불러일으키는 느낌이 국지화되어 있을 때조차도, 가령 우리가 꽃 냄새에 기뻐할 때조차도, 국지적이지 않다.―기쁨은 얼굴 표정에서, 행동에서 표출된다. (그러나 우리는 우리가 얼굴에서 기뻐한다고는 말하지 않는다.)

487. "그러나 나는 어쨌든 기쁨의 실제 느낌을 지니고 있다!" 그렇다, 당신이 기뻐한다면, 당신은 실제로 기뻐하는 것이다. 그리고 물론 기쁨은 기뻐하는 행동이 아니며, 입가와 눈가의 느낌도 아니다.

"그러나 '기쁨'은 어쨌든 내적인 어떤 것을 지칭한다." 아니다. "기쁨"은 전혀 아무것도 지칭하지 않는다. 내적인 것도, 외적인 것도.

488. 심리학적 개념들에 대한 분류의 계속.

감정들.[55] 그것들에는 진정한 지속, 경과가 공통적이다. (분노는 폭발한다, 누그러진다, 사라진다; 기쁨, 우울함, 두려움도 마찬가지이다.)

감각들과의 차이: 그것들은 국지화되어 있지 않다. (분산되어 있지도 않다!)

공통적: 그것들은 특징적인 표현 행동이 있다. (얼굴 표정.) 그리고 이로부터 이미, 특징적인 감각들도 따라 나온다. 그래서 슬픔은 종종 울음을 수반하며, 또 이것을 특징적인 감각들이 수반한다. (눈물 어린 목소리.) 그러나 이러한 감각들은 감정들이 아니다. (숫자 2는 수 2가 아니라는 것과 같은

---

[55] (옮긴이주) 원말은 '정서(情緒)' 또는 '정동(情動)'으로 옮길 수도 있는 'Gemütsbewegung'.

뜻에서.)

감정들 중에는 방향이 있는 것과 없는 것이 구별될 수 있을 것이다. 어떤 것에 대한 두려움, 어떤 것에 대한 기쁨.

이 어떤 것은 대상이지, 감정의 원인이 아니다.

489. "나는 두렵다"란 언어놀이는 이미 대상을 포함하고 있다.

불안의 표명들이 두려움의 표명들과 비슷하거나 같은 한, 불안은 방향이 없는 두려움이라 일컬어질 수 있을 것이다.

감정의 내용―이것으로 사람들은 그림과 같은 어떤 것을, 또는 그림이 그려질 수 있는 어떤 것을 상상한다. (어떤 사람에게 엄습한 우울함의 암흑, 분노의 불길.)

490. 사람의 얼굴도 역시 그러한 그림으로 불릴 수 있을 것이다. 그리고 열정의 경과는 그것의 변화들을 통해 묘사될 수 있을 것이다.

491. 감각들과의 차이에 대해: 그것들은 우리에게 외부 세계에 관해 알려주지 않는다. (문법적 소견.)

사랑과 미움은 심정의 성향들이라 불릴 수 있을 것이다: 특정한 뜻에서는, 두려움도 역시 그러하다.

492. 발작적인 두려움을 느끼는 것과 누군가를 '만성적으로' 두려워하는 것은 별개의 일이다. 그러나 두려움은 감각이 아니다.

'끔찍한 두려움': 그렇게 끔찍한 것이 감각들인가?

한편으로는 고통의 전형적인 원인들; 다른 한편으로는 우울, 슬픔, 기쁨. 이것들의 원인은 동시에 그것들의 대상이다.

고통의 행동과 슬픔의 행동.—이것들은 오직 그 외적 동인들과 더불어서만 기술될 수 있다. (어머니가 아이를 혼자 놔두면, 아이는 슬픔으로 인해 울지 모른다; 아이가 넘어지면, 고통으로 인해 울지 모른다.) 행동과 동인의 종류는 짝을 이룬다.

493. 두려운 생각들, 희망찬 생각들, 기쁜 생각들, 화나는 생각들 따위가 존재한다.

494. 감정들이 사고에서 표현된다. 어떤 사람이 말한다—화내면서, 두려워하면서, 슬퍼하면서, 기뻐하면서 등등; 요통으로 아파하면서가 아니라.
 생각은 나에게 신체의 고통이 아니라 감정들을 (두려움, 슬픔 등을) 불러일으킨다.

495. 나는 거의 이렇게 말했으면 한다: 봄이 눈에서 느껴지지 않는 것과 마찬가지로, 슬픔은 신체에서 느껴지지 않는다.

496. ((두려움에서 끔찍한 것은 두려움의 감각들이 아니다.)) 이 문제는 또한, 어떤 소음을 특정한 방향에서 듣는 것을 생각나게 한다. 그것은 거의 마치, 위(胃) 부위에서의 더부룩함을, 숨 가쁨을, 두려움의 방향에서 느끼는 것과 같다. 즉, 실은, "나는 두려움으로 언짢다"는 두려움의 원인을 진술하고 있지 않다는 것이다.

497. "당신은 어디서 고뇌를 감지하는가?"—마음속에서.—이러한 장소의 진술로부터 우리는 어떤 종류의 귀결들을 이끌어 내는가? 하나는, 우리가 고뇌의 신체적 장소에 관해 이야기하지 않는다는 것이다. 그러나 그럼에도 불

구하고 우리는 고뇌가 몸속에 있기나 한 듯이 우리의 몸을 가리킨다. 이는 우리가 신체적 불편을 감지하기 때문인가? 나는 그 원인을 알지 못한다. 그러나 왜 나는 그것이 신체상의 불편이라고 가정해야 하는가?

498. 다음과 같은 물음을 상상해 보라: 어떤 고통이—이를테면 류머티즘으로 인한 고통의 질을 지닌 고통이—그러나 장소성(場所性)은 없이 생각될 수 있는가? 그런 것이 상상될 수 있는가?

당신이 이에 대해 곰곰이 생각하기 시작하면, 당신은 얼마나 당신이 고통의 장소에 관한 앎을 느껴진 것의 한 표지로, 나의 마음 앞에 있는 감각 자료의, 사적인 대상의, 한 표지로 변화시켰으면 하는지를 보게 된다.

499. 불안이 두렵다면, 그리고 내가 불안 속에서 나의 호흡과 안면 근육들의 긴장을 의식한다면,—그것은 이 느낌들이 나에게 두렵다는 것을 말하는가? 그것들은 심지어 누그러짐을 의미할 수 없을까? ((도스토예프스키.))

500. 그러나 왜 "괴로워하다"란 낱말이 두려움에 대해서, 그리고 또 고통에 대해서 사용되는가? 자, 실로 충분한 결합들이 존재한다. —

501. "나는 그것을 두려움 없이는 생각할 수 없다……"란 발언에 대해서는 가령 다음과 같은 대답이 주어진다: "두려워할 아무런 이유가 없다, 왜냐하면……." 그것은 어쨌든 두려움을 제거하는 하나의 수단이다. 고통과의 대조.

502. (예컨대) 감각들, 사고들 등의 두려움 덩어리가 존재한다는 것이, 두려움이 어떤 덩어리(증후군)임을 뜻하지는 않는다.

503. 서재에서 슬픔을 시범해 보이는 사람은 물론 자신의 얼굴에서 긴장들을 쉽게 의식하게 될 것이다. 그러나 실제로 슬퍼하거나 영화 속의 슬픈 행위를 따라가라, 그리고 당신이 당신 얼굴을 의식했는지 자문해 보라.

504. 사랑은 느낌이 아니다. 사랑은 시험받으나, 고통은 시험받지 아니한다. 사람들은 이렇게 말하지 않는다: "그것은 진짜 고통이 아니었어, 그렇지 않다면 그것이 그렇게 빨리 수그러들지는 않았을 텐데."

505. 기분과 감각 인상 사이의 연관은, 우리가 기분의 개념들을 감각 인상들과 표상들의 기술을 위해 이용한다는 것이다. 우리는 어떤 주제, 어떤 풍경에 대해, 그것은 슬프다, 즐겁다 등등이라고 말한다. 그러나 우리가 사람의 얼굴, 행위, 행동을 온갖 기분의 개념들을 통해 기술한다는 것은 물론 훨씬 더 중요하다.

506. 다정한 입, 다정한 눈, 다정한 손은 어떻게 표상되는가?—아마도 펴진 모습으로, 주먹 쥔 모습으로서가 아니라.—사람의 머리털 색을 다정함의 표현으로서, 또는 그 반대로서 표상할 수 있을까?—그러나 이렇게 묻는다면, 이 물음은 우리가 그것을 해낼 수 있는가라는 물음처럼 보인다. 그 물음은 이런 말이라야 한다: 우리는 어떤 것을 다정한 머리털 색이라고, 또는 다정하지 않은 머리털 색이라고 부르고자 하는가? 우리가 이러한 말들에 뜻을 주고자 한다면, 우리는 가령 화가 날 때는 머리털이 어두워지는 사람을 상상하게 될 것이다. 그러나 어두운 머리털에서 성난 표현을 읽어 내는 일은 이전에 이미 완성되어 있는 관념을 매개로 하여 일어날 것이다.

　다정한 눈, 다정한 입, 개의 꼬리 흔듦은, 특히, 다정함의 일차적이고 서로 독립적인 상징들이라고 말할 수 있다; 내가 뜻하는 바는, 그것들은 다정함이라고 불리는 현상들의 일부라는 것이다. 우리들이 다른 현상들을 다정함의 표현으로서 생각하고자 한다면, 우리들은 그것들 속에 저 상징들을 투입해서 본다. 우리는 말한다, "그는 어두운 얼굴을 하였다"라고; 왜냐하면, 아마도, 눈썹으로 인해 눈이 더 강하게 그늘졌기 때문에. 그리고 이제 우리는 어두움의 관념을 머리털 색에다 옮긴다.

507. 즐거움이 감각인지 아닌지를 묻는 사람은 아마도 근거와 원인을 구별하지 않고 있다. 왜냐하면, 그렇지 않다면, 사람이 어떤 것에서 즐거움을 발견하지만, 이는 이 어떤 것이 우리 안에 어떤 감각을 야기한다는 것을 뜻하지는 않는다는 것이 그의 머리에 떠오를 터이기 때문이다.

508. 그러나 그럼에도 불구하고 즐거움은 어쨌든 어떤 얼굴 표정과 어울린다. 그리고 그 얼굴 표정을 우리는 우리 자신에게서 보지는 않지만, 어쨌든 감지하기는 한다.
    그리고 환하게 기쁜 표정을 하고서 매우 슬픈 어떤 것에 관해 곰곰이 생각하려고 한번 시도해 보라!

509. 슬픈 사람의 분비샘들은 기쁜 사람의 분비샘들과는 다르게 분비한다는 것이 실로 가능하다; 또한 이러한 분비물이 슬픔의 유일한 원인 또는 한 원인이라는 것 역시 가능하다. 그러나 이로부터, 슬픔은 이러한 분비물로 인해 발생하는 감각이라는 결론이 나오는가?

510. 그러나 그 생각은 여기서 이런 것이다: "아무튼 당신은 슬픔을 느낀다—그러니까 당신은 그것을 어디에선가 느낀다; 그렇지 않다면 그것은 망상일 것이다." 그러나 당신이 그렇게 생각하고자 한다면, 봄과 고통의 상이점

을 기억하라. 나는 상처에서 고통을 느낀다―그러나 눈에서 색깔을 느끼는가? 우리가 실제로 공통적인 것만을 기록하는 대신에 여기서 도식을 사용하려고 하자마자, 우리는 모든 것이 잘못 단순화되었음을 본다.

511. 그러나 만일 우리들이 고통의 장소와의 유사물을 발견하고자 한다면, 그것은 당연히 영혼이 아니라(실로 육체적 고통의 장소가 육체가 아니듯이) 후회의 대상일 것이다.

512. 유쾌함은 느낌이며 슬픔은 기쁘지 않다는 데 있을 것이다, 이렇게 누군가가 말했다고 생각하라.―느낌의 부재가 도대체 느낌인가?

513. 사람들이 확신의 느낌에 관해 이야기하는 것은, 확신의 어조가 존재하기 때문이다. 그렇다, 모든 '느낌들'의 특징은, 느낌의 표현, 즉 얼굴 표정, 몸짓이 존재한다는 것이다.

514. 그러나 이제 이렇게 말할 수 있을 것이다: 사람의 얼굴은 결코 언제나 동일한 형태가 아니다. 그것은 순간순간 변한다; 때로는 조금, 때로는 알아볼 수 없을 만큼. 그럼에도 불구하고 그의 관상을 그림으로 그리는 것은 가능하다. 물론, 웃음 짓는 얼굴을 그린 그림은 울 때의 모습을 보여 주지는 않는다. 그러나 그것은 어쨌든 이에 대한 추론들을 허용한다.―그리고 그렇게 해서 (예를 들어) 믿음에 대한 일종의 대략적 관상을 기술하는 것도 역시 가능할 것이다.

515. 나는 환희와 이해의 표시들을 한다.

516. '정통함'을 체험이라고 할 수 있는가? 분명 아니다. 그러나 정통함과 정통하지 못함의 상태에 특징적인 체험들은 존재한다. (정통하지 못함과 거짓말함.)

517. 그러나 이런 모든 바꿔 말하기가 존재한다는 것은 어쨌든 중요하다! "영원한 어둠이 내려앉고"[56]라는 말로 근심이 기술될 수 있다는 것. 아마 나는 이런 바꿔 말하기의 중요성을 결코 충분히 강조한 게 아닐 것이다.

518. 왜 개는 두려움은 느낄 수 있으나 후회는 느낄 수 없는가? "왜냐하면 개는 말할 수 없기 때문에"라고 말하는 것은 옳을까?

519. 오직 과거에 관해 숙고할 수 있는 자만이 후회할 수 있다. 그러나 이는, 경험상 오직 그러한 자만이 후회의 느낌을 지닐 수 있다는 뜻은 아니다.

520. 어떤 개념들은 예를 들어 언어를 소유하고 있는 존재에게만 적용될 수 있어야 할 것이라는 점은 실로 전혀 놀라운 일이 아니다.

521. "개는 꼬리를 흔듦으로써 어떤 것을 뜻한다."―이것이 어떻게 정당화될까? 사람들은 다음과 같이 말하기도 하는가: "식물은 잎사귀들을 축 늘어뜨림으로써 물이 필요하다는 것을 뜻한다"?―

522. 악어가 아가리를 벌리고 사람을 향해 다가갈 때, 우리는 그것이 그렇게 함으로써 뭔가를 뜻하는지를 거의 묻지 않을 것이다. 그리고 우리는 이

---

56 (옮긴이주) 괴테, 《파우스트》 2부 5막 중 '근심'의 말.

렇게 설명할 것이다. 즉 악어는 생각할 수 없으며, 그 때문에 뜻함은 여기서 본래 논외라고 말이다.

523. 두려워하는 자의 심리 상태가 우리의 관심을 끈다는 것을 우리 한번 완전히 잊어 보자. 어떤 상황에서는 그의 행동도 미래의 행동에 대한 조짐으로서 우리의 관심을 끌 수 있다는 것은 확실하다. 그러므로 그것에 대해 우리가 어떤 낱말을 가져서는 왜 안 될까?

　이제 이 낱말이 실제로 단순히 행동에, 단순히 신체의 변화에 관계될지를 물을 수 있을 것이다. 그리고 우리는 그것을 부정할 수 있다. 이 낱말의 쓰임을 그런 식으로 단순화하는 것은 우리에게는 실로 아무런 중요성이 없다. 그것은 어떤 외적 상황들 속에서의 행동에 관계된다. 우리가 이러한 상황들과 저러한 행동을 관찰한다면, 우리는 말한다, 어떤 사람이 ……이라고, 또는 ……을 갖고 있다고.

524. 오직 짐승들에게만 적용될 터인, 그러니까 오직 관찰을 통해서만 적용될 터인 두려움의 개념이 존재할 수 있을 것이다.―그럼에도 불구하고 당신은 그러한 개념이 아무 소용이 없을 거라고는 말하고 싶지 않을 것이다. 그 경우 "두려워하다"란 낱말에 대충 대응할 동사는 일인칭 형식을 지니지 않을 것이며, 그런 형식의 어떤 것도 두려움의 표출이 아닐 것이다.

525. 이제 나는 그러한 개념을 사용하는 사람들이 그것의 쓰임을 기술할 수 있어야 하는 것은 아닐 것이라고 말하고 싶다. 그리고 그들이 그 일을 시도한다면, 그들이 아주 불충분하게 기술을 하는 일도 가능할 것이다. (돈의 사용을 올바로 기술하는 일을 시도하려 할 때, 대부분의 사람들이 그러하듯이 말이다.) (그들은 그런 종류의 과제에 임할 각오가 되어 있지 않다.)

526. 이러이러한 상황에서 이러이러하게 행동하는 자에 대해, 우리는 그가 슬프다고 말한다. (또한, 개에 대해서도.) 그런 한, 그 행동이 그 슬픔의 원인이라고는 말할 수 없다; 그것은 슬픔의 조짐이다. 그것을 슬픔의 결과라고 부르는 것도 역시 이론의 여지가 없지 않을 것이다.—그가 자기에 대해 그렇게(자기가 슬프다고) 말한다면, 그는 일반적으로 그것에 대한 근거로서 자신의 슬픈 얼굴 따위를 제시하지는 않을 것이다. 그러나 다음은 어떠할까: "경험은 나에게, 내가 슬프게 앉아 있는 등등의 일을 하자마자 내가 슬퍼진다는 것을 가르쳐 주었다." 이것은 두 가지를 말할 수 있을 것이다. 첫째로, "내가, 가령 어떤 가벼운 경향에 따라, 나의 몸가짐을 이러이러하게 하고 행동하도록 허용한다면, 나는 이러한 행동에 머물러야 하는 상태에 빠진다." 실로, 치통이 신음으로 인해 더 심해지는 일도 가능할 수 있다.—그러나 둘째로, 저 문장은 사람의 슬픔의 원인에 관한 사변을 포함할 수 있을 것이다; 그 어떤 방식으로 어떤 신체 상태들을 야기할 수 있는 사람은 그 사람[자신]을 슬프게 하리라는 내용의 사변을. 그러나 여기에, 우리가 모든 상황에서 슬프게 보이고 행동할 터인 사람을 슬프다고 부르지는 않을 것이라는 난점이 있다. 그렇다, 만일 우리가 그와 같은 사람에게 "나는 슬프다"란 표현을 가르쳤고, 그가 언제나 계속해서 슬픔의 표정을 하고서 그 말을 한다면, 이 말은 그 밖의 기호들과 마찬가지로 그것의 정상적인 뜻을 상실했을 것이다.

527. 그것은 마치 파악하기 힘든 점차적인 변화들은 할 수 없고, 이를테면 다섯 개의 포즈만을 취할 얼굴 표정—그것이 변할 적에는 그 다섯 포즈 중 하나가 다른 하나로 홱 바뀔 것이다—을 상상하고자 하는 것과 같지 않은가? 자, 그런데 예를 들어 이 고정된 웃음이 실제로 웃음일까? 그리고 왜 아닐까?—우리는 정상적인 얼굴 표정의 움직임 속에서의 얼굴 표정을 "웃음"이라 이른다.—아마 나는 그 고정된 웃음을 웃음을 대하듯 대할 수 없을 것

이다. 예를 들어, 그것은 나를 저절로 웃게 만들지 않을 것이다. "놀라운 일은 아니다"—라고 사람들은 말하고 싶어 한다—"우리가 이런 개념을 이런 상황들 속에서 갖고 있다는 것이."

528. 하나의 보조 작도(作圖). 우리가 노예로 만들고자 하는 어떤 종족이 있다. 정부와 과학은 이 종족의 사람들이 영혼을 갖고 있지 않다고, 그러니까 그들은 임의의 모든 목적을 위해 쓰일 수 있다고 발표한다. 물론 그럼에도 불구하고 그들의 언어는 우리에게 관심거리이다; 왜냐하면 우리는 그들에게 실로 (예를 들어) 명령을 하고 그들로부터 보고를 받고자 하기 때문이다. 우리는 또한 그들이 서로 무슨 이야기를 하는지도 알고자 한다; 왜냐하면 그것은 그들의 나머지 행동과 연관되어 있기 때문이다. 그러나 또한 그들에게서 무엇이 우리의 '심리학적 발언들'에 해당하는지도 틀림없이 우리의 관심거리이다. 왜냐하면 우리는 그들을 노동 능력이 있게 유지하고자 하기 때문이다; 그렇기 때문에 우리에게 그들의 고통, 불편, 낙담, 생명욕 등등의 표출들은 중요하다. 그렇다, 우리는 또한 이 사람들이 생리학과 심리학 실험실에서 시험 대상들로서 충분히 성공적으로 쓰일 수 있다는 것도 발견했다. 왜냐하면 그들의 반응들—그들의 언어 반응들을 포함하여—은 전적으로, 영혼을 부여받은 사람들의 반응이기 때문이다. 이 존재들은 우리의 '교육'과 매우 비슷한 방법에 의해 그들의 언어 대신에 우리의 언어를 배울 수 있다는 것도 역시 발견되었다.

529. 이제 이 존재들은 예컨대 계산하기를—필기로 또는 구두로 계산하기를—배운다. 그러나 우리는, 그 어떤 방식으로, 그들이 글을 쓰거나 말하지 않고 잠시 '숙고하는' 자세로 행동한 후에 우리에게 곱셈의 결과를 말할 수 있게 만든다. 그들이 이러한 '속셈'을 배우는 방식과 그것을 둘러싼 현상들

을 우리들이 바라본다면, 계산 과정은 말하자면 잠수해 있고 이제 수면 아래에서 일어나고 있다는 그림이 쉽게 머리에 떠오른다.

우리는 물론 상이한 목적들을 위해, "이것을 머릿속으로 계산하라!"와 같은 종류의 명령, "너 그것을 계산했느냐?"라는 물음, 또 심지어 "너 어디까지 나갔느냐?"라는 물음, "나는 …… 계산했다"라는 자동기계의 진술 등이 있어야 한다. 간단히 말해서, 속셈에 관해 우리가 우리끼리 하는 모든 말은, 그들이 그런 말을 할 때도 우리에게 관심거리이다. 그리고 속셈에 대해 적용되는 것은 또한 다른 모든 사유 형식들에 대해서도 적용된다.—우리 가운데 어떤 한 사람이, 이 존재들은 어쨌든 이러저러한 것이 그 속에서 일어나는 그 어떤 종류의 영혼을 가져야만 할 것이라고 발언한다면, 우리는 그를 놀려댄다.

530. 노예들도 또한 말한다: "내가 '은행'이라는 말을 들었을 때, 그것은 나에게 ……을 의미했다." 물음: 어떤 언어기술(技術)의 배경 위에서 그들은 그런 말을 하는가? 왜냐하면 거기에 모든 것이 달려 있기 때문이다. 우리는 그들에게 무엇을 가르쳤는가, "의미한다"라는 낱말의 어떤 이용을 가르쳤는가? 그리고 우리는 그들의 발언으로부터 무엇을—그것이 도대체 그 어떤 것이라고 한다면—끄집어내는가? 왜냐하면 우리가 그들의 발언을 가지고 전혀 아무것도 착수할 수 없다면, 우리에게 그것은 호기심으로서 흥미를 줄 수 있을 것이기 때문이다.—꿈이라고는 아무것도 모르는 어떤 종족의 사람들이 우리의 꿈 이야기들을 듣는다고 상상해 보자. 우리 가운데 한 사람이 이 꿈꾸지 않는 사람들에게로 와서, 점차 그들과 의사소통하는 법을 배웠다고 하자.—우리들은 아마도, 그들은 "꿈꾸다"란 낱말을 결코 이해하지 못할 것이라고 생각할 것이다. 그러나 그들은 곧 그 낱말에 대해 어떤 사용을 발견하게 될 것이다. 그리고 그들의 의사들은 그 현상에 대해 무척 흥미를 느

끼고, 이방인의 꿈들로부터 중요한 결론들을 이끌어 낼 수 있을 것이다. — 또한 우리들은, 이 사람들에게는 "꿈꾸다"라는 동사가 '꿈을 이야기하다' 이외의 다른 어떤 것도 의미할 수 없을 것이라고도 말할 수 없다. 왜냐하면 이방인은 실로 "꿈꾸다"와 "꿈을 이야기하다"란 두 표현을 사용하게 될 것이고, 저 종족의 사람들은 "나는 꿈꾸었다……"와 "나는 꿈을 이야기했다……"를 혼동해서는 안 될 것이기 때문이다.

531. "나는 그에게 어떤 그림이 떠오른다고 가정한다." — 나는 이 난로에게 어떤 그림이 떠오른다고 가정할 수 있을까? — 그리고 왜 이것은 불가능하게 보이는가? 그러니까 그렇게 가정하기 위해서는 인간적 형태가 필요한가? —

532. 고통의 개념은 우리의 삶에서 그것이 지니는 특정한 기능에 의해 특징 지어진다.

533. 고통은 우리의 삶 속에 이렇게 있다, 이러한 연관들을 지니고 있다. (즉; 삶 속에서 이렇게 있는 것, 이러한 연관들을 지니는 것만을 우리는 "고통"이라 부른다.)

534. 어떤 정상적인 삶의 표출들의 한가운데에서만 고통의 표출은 존재한다. 훨씬 더 포괄적인 특정한 삶의 표출들의 한가운데에서만 슬픔 또는 애정 따위는 존재한다.

535. 내가, 그리고 다른 사람이, 어떤 고통을 상상할 수 있다면, 또는 어쨌든 그렇게 할 수 있다고 말한다면, — 사람들은 우리가 그것을 올바로 상상했는지, 그리고 얼마나 정확히 상상했는지를 어떻게 알아낼 수 있는가?

536. 나는 그가 고통이 있다는 것을 알지 모르지만, 나는 결코 그의 고통의 정확한 정도를 모른다. 그러니까 여기에 그가 아는, 그리고 그 고통의 표출이 나에게 전달하지 못하는 어떤 것이 있다. 순전히 사적인 어떤 것이.

그는 자신의 고통이 얼마나 심한지 정확히 아는가? (그것은 어떤 사람이 자기는 자신이 어디에 있는지를 언제나 정확히 안다고 말하는 것과 비슷하지 않은가? 즉 여기에.) 도대체 정도의 개념이 고통과 함께 주어져 있는가?

537. 당신은 말한다. 당신이 이러이러한 것을 느낄 때 당신 자신이 신음한다는 것을 경험이 당신에게 가르쳐 주었기 때문에 당신은 신음하는 사람을 돌본다고. 그러나 당신은 실로 그러한 어떤 추론도 하지 않으므로, 우리는 유추에 의한 그 정당화를 생략할 수 있다.

538. 다음과 같이 말하는 것도 아무런 뜻이 없다: "나는 나 자신의 신음에 대해 근심하지 않는다. 왜냐하면 내가 고통이 있다는 것을 나는 알기 때문이다."—또는 "왜냐하면 나는 나의 고통을 느끼기 때문이다."

그러나 물론 이것은 참이다:—"나는 내 신음에 대해 근심하지 않는다."

539. 나는 그의 행동의 관찰로부터 그가 의사에게 가야 한다고 결론 내린다; 그러나 나는 나에 대해서는 이러한 결론을 나의 행동의 관찰로부터 이끌어 내지 않는다. 또는 차라리: 나는 그런 일도 때때로 하지만, 유사한 경우들에 하지는 않는다.

540. 여기서, 자기 자신만이 아니라 다른 사람의 고통스러운 곳을 돌보고 치료하는 것은—그러니까, 자기 자신의 고통 행동에 주의를 기울이지 않는 것과 마찬가지로, 다른 사람의 고통 행동에 주의를 기울이는 것은—하나의

원초적 행동이라는 것을 숙고한다면 도움이 된다.

541. 그러나 여기서 "원초적"이란 낱말은 무엇을 말하려는 것인가? 그야 물론, 그 행동 방식이 전(前) – 언어적이라는 것이다; 언어놀이가 그것에 의거하고 있다는 것, 그것은 사유 방식의 원형(原型)이지 사유의 결과가 아니라는 것이다.

542. 우리는 남도 역시 고통을 체험한다는 것을 우리 자신의 경우와의 유추에 따라 믿기 때문에 남을 돌보는 거라는 식의 설명에 대해서는 "본말전도"라고 말할 수 있다.—인간 행동의 이 특수한 장(章)으로부터—이러한 언어 사용으로부터—그러니까 새로운 측면을 배우라고 말하는 대신에 말이다.

543. 여기서 나의 개념에는 현상에 대한 나의 관계가 속해 있다.

544. 우리가 의사에게 우리가 고통스러웠음을 알릴 때—그가 고통을 상상하는 것은 어떤 경우에 유용한가?—그리고 그것은 매우 다양한 방식으로 일어나지 않는가? (고통을 회상하기처럼 다양한.) (어떤 사람이 어떻게 보이는지를 알기.)

545. 어떤 사람이 어린아이가 "고통"이란 낱말의 쓰임을 어떻게 배우는지를 다음과 같은 방식으로 설명한다고 가정하자: 아이가 특정한 기회에 이러이러하게 행동한다면, 내 생각에, 아이는 내가 그러한 경우 느낄 것을 느낀다; 그리고 그렇다면, 아이는 그 낱말을 자신의 느낌과 연합하고, 그 느낌이 다시 출현할 때 그 낱말을 사용한다.—이러한 설명은 무엇을 설명하는가? 자문해 보라:—그것은 어떤 종류의 무지를 제거하는가?—다른 사람이 고통스

러워한다고 확신하는 것, 다른 사람이 고통스러워하는지를 의심하는 것 등은 다른 사람들에 대한 대단히 많은 자연적인 본능적 행동 방식들이다. 그리고 우리의 언어는 이러한 행동의 단지 보조 수단이며 또 다른 확장이다. 우리의 언어는 원초적 행동의 확장이다. (왜냐하면 우리의 언어놀이는 행동이기 때문이다.) (본능.)

546. "나는 그가 고통이 있는지 확신이 없다."—이제 어떤 사람이 "고통"이란 낱말의 의미를 (상상으로 만족해서는 안 되고) 생생하게 마음에 지니기 위해, 자신이 다른 사람에게서 **무엇을** 의심하고 있는지를 알기 위해, 그 말을 할 때 언제나 바늘로 찌른다면!—그러면 그의 진술의 뜻이 확보될까?

547. 그는 그러니까 진짜 고통이 있다; 그리고 그가 다른 사람에게서 의심하는 것은, 이것의 소유 여부이다.—그러나 도대체 어떻게 그는 그런 의심을 하는가?—그것은 마치 어떤 사람이 나에게 다음과 같이 말하는 것과 같다: "여기 하나의 의자가 있다. 당신은 그것을 정확히 보고 있는가?—좋다, 이제 그것을 프랑스어로 번역하라!"

548. 그는 그러니까 실제의 고통이 있다; 그리고 이제 그는 다른 사람에게서 무엇을 의심해야 하는지를 안다. 그는 그 대상을 자기 앞에 갖고 있다, 그리고 그것은 '행동'과 같은 따위의 것이 아니다. (그러나 자!) 다른 사람이 고통이 있는지를 의심하기 위해서는, 그는 고통이 아니라 '고통'이란 개념이 필요하다.

549. 감각의 표명을 하나의 주장이라 부르는 것은, "주장"이라는 낱말과 함께 주장의 '시험', '정당화', '확증', '논박'이 언어놀이에서 결합되어 있다는 점

때문에 오해의 소지가 있다.

550. "나에게 고통이 있다면, 나는 어쨌든 어떤 것을 갖고 있다"라는 진술은 가령 무엇에 도움이 되는가?

551. "냄새가 굉장하군!" 그 굉장한 것이 냄새라는 것에 대해 의심이 있는가?
그럼 그것은 냄새의 한 속성인가?—왜 아닌가? 2로 나뉠 수 있다는 것, 그리고 또 나의 손가락 수라는 것은 10의 한 속성이다.
그러나 사람들이 오직 눈을 감고서만 "오, 이 냄새!"라고 말하고 그것과 등가인 주어-술어 문장은 존재하지 않는 그런 언어가 존재할 수 있을 것이다. 그것은 그야말로 '특유한' 반응이다.

552. 우리들은 이렇게 말했으면 한다—즉 "그는 고통스러워한다"라는 말을 지닌 언어놀이에는 행동의 그림뿐 아니라 고통의 그림도 또한 속한다고.—그러나 여기서 주의를 해야 한다: 놀이에 속하지 않는 사적(私的) 일람표에 관한 나의 예를 상기하라.—놀이에서의 '사적 일람표'란 인상은 일람표의 부재로 인해, 그리고 그 놀이와 일람표를 가지고 하는 놀이와의 유사성으로 인해 생긴다.[57]

553. 숙고하라. 우리는 '나는 모른다'란 말을 종종 이상한 방식으로 사용한다. 예를 들어 우리가, 이 사람이 다른 사람보다 실제로 더 많이 느끼는지, 또는 그것을 단지 더 강하게 표현하는 것인지 우리는 모른다고 말할 때. 그

---

[57] (편집자주) 비트겐슈타인, 《철학적 탐구》 §300 참조.

경우 어떤 종류의 탐구가 그 문제를 결정할 수 있을지 분명하지 않다. 물론 그 발언이 전적으로 무익하지는 않다. 우리는 우리가 A와 B의 느낌들을 서로 비교할 수는 있지만 사정은 우리가 A와 C의 비교에서 어찌할 바를 모르게 한다고 말하고자 한다.

554. 우리는 증거가 타자의 느낌((말하자면 내면))을 단지 개연적으로 만든다는 것에 주시하지 않는다. 우리가 주시하는 것은 오히려, 우리가 이것을 그 어떤 (중요한) 것에 대한 증거로서 간주한다는 것, 우리가 이런 엉클어진 종류의 증거 위에다 판단의 기초를 둔다는 것, 그러니까 그런 증거가 우리의 삶에서 특수한 중요성을 지니고 있고 개념을 통해 부각된다는 것이다. (('내면적인 것'과 '외면적인 것', 하나의 그림.))

555. '불확실함'은 꼭 특수한 경우와 관계되지 않고, 방법과, 증거의 규칙들과 관계된다.

556. 불확실함은 그가 자신의 고통을 저고리 바깥에 드러나게 달고 다니지 않는다는 데 그 근거를 갖고 있지 않다. 그리고 모든 특수한 경우에 불확실함이 있는 것도 결코 아니다. 두 나라 사이의 경계가 논란이 될 때, 이로부터 모든 개별 거주자의 국적이 문제라는 결론이 나오게 될까?

557. 다른 사람 속에 있는 신경계(系)의 기능을 사람들이 관찰할 수 있다고 생각하라. 그 경우 그들은 진정한 감각과 위선적인 감각을 확실한 방식으로 구별할 것이다.—또는 그럼에도 불구하고 그들은 다른 사람이 이러한 표시를 할 적에 어떤 것을 감지한다는 것을 다시 의심할 수 있을까?—어쨌든, 그들이 거기서 보는 것이 그들의 행동을 아무 주저 없이 결정한다는 것은 쉽

게 상상될 수 있을 것이다.

그리고 이제 이것은 외적 행동으로 전이될 수 있다.

이러한 관찰은 다른 사람에 대한 그들의 행동을 완벽하게 결정하며, 의심은 발생하지 않는다.

558. 물론 어떤 사람이 자신의 가장 내면적인 것을 나중에 고백을 통해 나에게 열어 보이는 경우가 존재한다; 그러나 그렇다고 해서 그것이 나에게 외면과 내면의 본질을 설명할 수는 없다. 왜냐하면 나는 실로 그 고백에 믿음을 보내야 하기 때문이다.

실로 고백도 외면적인 어떤 것이다.

559. 이런 상황에서조차 의심하는 사람들을 주시하라; 그리고 의심하지 않는 사람들을.

560. 오직 신만이 가장 비밀스런 사고들을 본다. 그러나 왜 이것이 그렇게 중요하단 말인가? 어떤 것들은 중요하지만, 모든 것이 중요하지는 않다. 그리고 모든 사람들이 그것들을 중요하다고 여겨야 하는가?

561. 한 종류의 불확실함은 우리가 미지의 메커니즘에 대해서도 나타낼 수 있을 터인 그런 것일 것이다. 다른 종류의 경우에, 우리는 아마도 우리의 삶에서 일어난 일을 상기하게 될 것이다. 예를 들어, 어떤 사람이 죽음의 불안으로부터 막 벗어나서는 파리를 때려잡는 것을 꺼리지만, 그렇지 않은 경우에는 주저 없이 그 일을 하는 것이 가능할 수 있을 것이다. 또는 한편으로, 그가 그러한 체험을 마음에 두고서 그렇지 않은 경우에는 망설임 없이 할 터인 일을 망설이며 하는 일이 가능할 수 있을 것이다.

562. 내가 '나의 동정심에 확실하게 머물고 있지 않은' 경우에도, 내가 그의 장래의 행동의 불확실성에 관해 생각해야 하는 것은 아니다.

563. 하나의 불확실함은 말하자면 당신으로부터 나오고, 다른 하나는 그로부터 나온다.
    그 하나에 대해서는 그러니까, 그것은 유추와 관련이 있다고 말할 수 있을 것이다; 다른 하나에 대해서는 그렇게 말할 수 없을 것이다. 그러나 마치 내가 그 유추로부터 어떤 결론을 이끌어 내는 것처럼 관련이 있는 것은 아니다!

564. 그러나 거미가 참으로 고통을 느끼는지를 내가 의심한다면, 그것은 내가 무엇을 기대해야 하는지를 내가 알지 못하기 때문은 아니다.

565. 그러나 우리는 심리적 과정에 관한 그림을 만들지 않을 수 없다. 그리고 그것은 우리가 그 과정을 우리 자신으로부터 알고 있기 때문은 아니다!

566. 신뢰의 태도, 행동이 어떤 집단의 사람들 속에서 아주 보편적으로 존재할 수 있지 않을까? 그래서 느낌의 표출들에 대한 의심은 그들에게 아주 낯설 수 있지 않을까?[58]

567. 인간의 행위 방식은 어떻게 기술될 수 있을까? 아무튼, 상이한 사람들의 행위들을 그것들이 뒤섞여 붐비는 바대로 묘사하는 한에서만. 어떤 한 사

---

[58] (편집자주) 타자 원고에는 여기서 다음의 소견이 뒤따른다: "'고통을 가장하다', '고통이 있는 척하다'가 무엇을 뜻하는지를 당신은 어떻게 설명할 수 있을까?"

람이 지금 행하는 개별적 행위가 아니라, 인간 행위들의 북적거림 전체, 우리가 각각의 행위를 보는 배경이 우리의 판단을, 우리의 개념들과 반응들을 결정한다.

568. 만일 삶이 하나의 융단이라면, 이 무늬(예를 들면, 위장)는 늘 완전하지 않고 다양하게 변화한다. 그러나 우리는, 우리의 개념 세계에서, 같은 것이 편차들을 갖고 반복됨을 되풀이해서 본다. 우리의 개념들은 그것을 그렇게 파악한다. 개념들은 실로 일회적인 쓰임을 위한 것이 아니다.[59]

569. 그리고 한 무늬는 융단의 다른 많은 무늬들과 섞여 짜여져 있다.

570. "그렇게 위장할 수는 없다."—그리고 이것은 하나의 경험일 수 있다— 즉 이렇게 행동하는 사람은 누구도 나중에 이러이러하게 행동하지 않을 것이라는 것일 수 있다. 그러나 그것은 또한 하나의 개념적 확정일 수도 있다. ("그것은 더는 위장이 아닐 것이다.") 그리고 그 둘은 연관되어 있다.
    그것은 더는 "위장"이라고 할 수 없다.
    (왜냐하면 만일 행성들이 공전하는 것이 사실로 보이지 않았더라면, 그것들이 공전해야 한다고 말해지지는 않았을 것이기 때문이다.)
    ((비교하라: "사람이 그렇게 생각 없이 말할 수는 없다.", "사람이 그렇게 자기도 모르게 행위할 수는 없다."))

571. "그것조차도 여전히 위장으로 해석될 수 있을 터인 그 밖의 환경을 생각해 볼 수 없을까?" 모든 행동은 각각 그렇게 해석될 수 있어야 하지 않는가?

---

[59] (편집자주) 비트겐슈타인, 《철학적 탐구》 II 부 i [2] 및 xi [362] 참조.

그러나 모든 행동이 여전히 위장일 수 있을 것이라는 것은 무엇을 뜻하는가? 그것을 도대체 경험이 우리에게 가르쳤는가? 그리고 어떻게 우리가 위장에 관해 달리 교육받을 수 있는가? 아니, 그것은 '위장'이란 개념에 대한 하나의 소견이다. 그러나 그렇다면 실로 이 개념은 사용될 수 없을 것이다, 왜냐하면 그 위장은 행동에서 아무런 기준들도 갖지 않을 터이므로.

572. 여기에는 유클리드 기하학과 감각 경험의 관계와 비슷한 어떤 것이 있지 않은가? (내 말은, 깊숙한 유사성이 현존한다는 것이다.) 왜냐하면 실로 유클리드 기하학조차도 전적으로 쉽게 이해될 수 없는 방식으로만 경험에 대응하고, 가령 단지 더 엄밀한 것이 덜 엄밀한 것에 대응하는 것처럼 대응하지는 않기 때문이다.

573. 그럼에도 불구하고 행동에는 신뢰와 불신이 존재한다!
  예를 들어, 어떤 사람이 슬퍼한다면, 나는 완전한 확신을 가지고, 전폭적으로 신뢰하면서 반응하거나, 아니면 불확실해 하면서, 의혹을 지니고 있는 사람처럼 반응할 수 있을 것이다. 이를 위해서는 말도 사고도 필요 없다.

574. 그 어떤 관찰로부터 추론하는 일 없이, 그가 자신에게 있다고 말하는 것과 내가 나에게 있다고 말하는 것,—그것은 우리가 다른 사람의 행동의 관찰로부터 그리고 그의 확신의 **표명**으로부터 추측하는 것과 동일한 것인가?

575. 나는 그가 **자기**가 행위하려고 의도하는 바와 같이 행위할 것이라고 **추론**한다, 이렇게 말할 수 있는가?
  ((거짓된 몸짓의 경우.))

576. 왜 나는 결코 나의 말을 근거로 나의 개연적 행위들을 추론하지 않는 가? 내가 나의 얼굴 표정으로부터 나의 개연적 행동을 추론하지 않는 것과 동일한 이유에서이다. —왜냐하면 흥미 있는 것은 내가 나의 감정 표현으로부터 나의 감정을 추론하지 않는다는 것이 아니라, 내가—나를 관찰하는 타자들이 하는 것처럼—그러한 표현으로부터 나의 나중 행동을 추론하지도 않는다는 것이기 때문이다.

577. 의도, 학습, 시도, 행위의 정상적 환경을 지닌 어떤 동작들은 수의적이다. 때때로 수의적이고 때때로 불수의적이라고 말하는 것이 뜻이 있는 동작들은 특별한 환경에서 하는 동작들이다.

578. 어떤 사람이 이제 우리에게, 자기는 불수의적으로 먹는다고 말한다면, —나로 하여금 이것을 믿게 할 증거는 어떤 것일까?

579. 우리들은 재채기나 기침을 불러일으키지만, 수의적 동작을 불러일으키지는 않는다. 그리고 의지는 재채기를 불러일으키지 않으며, 또한 걷기를 불러일으키지도 않는다.

580. 나의 표현[60]은 내가 의욕을 어떤 일으킴으로 생각한 데에서, —그러나 인과적으로 야기함이 아니라—나는 이렇게 말했으면 하는데—어떤 직접적인, 비인과적인 일으킴으로 생각한 데에서 기인한 것이다. 그리고 이러한 관념의 근저에는 인과적 연관이 어떤 기계 장치에 의한, 가령 일련의 톱니바퀴

---

60 (편집자주) 비트겐슈타인, 《철학적 탐구》 §613을 보라. (옮긴이주) 거기서 '나의 표현'은 §611 첫째 단락의 '내가 의욕을 일으킬 수는 없다'를 가리킨다. 여기서는 앞 절의 끝 문장을 가리킬 것이다.

들에 의한 두 개의 기계 부분의 결합이라는 표상이 놓여 있다.

581. "나는 나의 최선을 다한다"는 체험의 표명인가?―하나의 차이: 사람들은 "너의 최선을 다하라"라고 말한다.

582. 어떤 사람이 길거리에서 나와 마주치자 "어디 갑니까?" 하고 묻는데 내가 "모르겠습니다"라고 대답한다면, 그는 내가 특정한 의도를 지니고 있지 않다고 가정하지, 내가 나의 의도를 수행할 수 있을지를 모른다고 가정하지 않는다. (헤벨.[61])

583. 다음 둘 사이의 차이는 무엇인가: 어떤 선을 불수의적으로 뒤따르다―어떤 선을 의도를 가지고 뒤따르다.
   다음 둘 사이의 차이는 무엇인가: 어떤 선을 신중하게 그리고 매우 주의해서 따라 그리다―어떤 선을 내 손이 어떻게 뒤따라가는지를 주의 깊게 관찰하다.

584. 어떤 차이들은 쉽게 진술될 수 있다. 하나의 차이는, 손이 무엇을 하게 될지를 예견함에 있다.

585. 새로운 경험을 알게 된다는 경험. 가령 글을 쓸 적에. 새로운 경험을 알게 되었다는 말은 언제 하는가? 그런 문장은 어떻게 사용되는가?

---

61 (편집자주) 헤벨(Johann Peter Hebel, 1760~1826: 독일의 종교가, 교육자, 작가), *Schatzkästlein, Zwei Erzählungen* 참조.

586. 글쓰기는 확실히 수의적 동작임에도 불구하고 자동적인 동작이다. 그리고 이는 물론 모든 글쓰기 동작의 느낌에 관한 이야기는 아니다. 어떤 것이 느껴지지만, 그 느낌은 분해하기가 불가능하다. 손은 글을 쓴다; 손은 우리들이 의욕하기 때문에 글을 쓰는 것이 아니라, 손이 쓰는 글을 우리들이 의욕하는 것이다.

글을 쓸 적에 우리들은 손을 경탄하면서 바라보거나 흥미를 지니고 바라보지 않는다; "이제 손은 무엇을 쓸 것인가"라고 생각하지 않는다. 그러나 손이 이것을 써야 한다고 우리들이 소망하기 때문은 아니다. 왜냐하면 손이 내가 소망하는 것을 쓴다는 것은 과연 나를 심히 놀라게 할 수 있을 것이기 때문이다.

587. 어린아이는 걷고, 기고, 노는 것을 배운다. 어린아이는 수의적으로 노는 것과 불수의적으로 노는 것을 배우지 않는다. 그러나 무엇이 놀이의 동작을 수의적 동작들로 만드는가?—만일 그것들이 불수의적이라면 대체 어떠할까?—나는 똑같이 잘 물을 수 있다: 이 동작을 놀이로 만드는 것은 대체 무엇인가?—그것의 성격과 그것의 환경.

588. 능동적으로 그리고 수동적으로. 우리들은 그것을 명령할 수 있는가, 없는가? 이것은 아마도 억지스러운 구별처럼 보이겠지만, 그러나 그렇지 않다. 그것은 "우리들은 그것을 하려고 결심할 수 있는가(**논리적 가능성**), 없는가?"라고 하는 것과 비슷하다.—그리고 이것은, 그것이 사고들, 느낌들 등에 의해 어떻게 둘러싸여 있느냐 하는 것이다.

589. "내가 노력을 한다면, 나는 어쨌든 어떤 것을 하는 거다, 단지 감각을 지니는 게 아니다." 그리고 그건 역시 그렇다; 왜냐하면 우리들은 어떤 사람에

게 "노력하라!"라고 명령하고 그는 "이제 노력하겠습니다"라고 의도를 표명할 수 있기 때문이다. 그리고 그가 "나는 더는 못하겠어!"라고 말한다면—그것은 "나는 내 팔다리에서의 느낌—예컨대 고통—을 더 견딜 수 없다"를 뜻하지 않는다.—그러나 또 한편으로, 우리들은 고통에 시달리는 것처럼 노력에 시달린다. "나는 완전히 녹초가 되었다."—이 말을 하면서 그러나 여전히 매우 팔팔하게 움직이는 사람을 우리들은 이해하지 못할 것이다.

590. 우리의 주된 문제와 의욕의 인식론적 문제 사이의 결합은 예전에 이미 내 눈에 띄었다.[62] 심리학에서 그런 고집스런 문제가 등장한다면, 그것은 결코 사실적 경험에 대한 문제(이런 것은 언제나 훨씬 더 다루기가 쉽다)가 아니라, 논리적인, 그러니까 문법적인 문제이다.

591. 나의 행동은 때때로—그러나 드물게—바로 나의 관찰 대상이다. 그리고 그것은 내가 나의 행동을 의도한다는 것과 연관되어 있다. 비록 배우가 거울 속에서 자기 자신의 얼굴 표정을 관찰하지만, 또는 음악가가 정확히 자기가 연주하는 모든 음 하나하나에 주의하고 그것을 판단하지만, 이는 그의 행위를 거기에 따라 맞추기 위해서 일어난다.

592. 예를 들어 자기 관찰이 나의 행위를, 나의 동작을, 불확실하게 만든다는 것은 무엇을 뜻하는가?

나는 나를 관찰되지 않은 채 관찰할 수 없다. 그리고 나는 다른 사람을 관찰하는 것과 같은 목적으로 나를 관찰하지 않는다.

---

62 (옮긴이주) 《논리-철학 논고》 4.1121의 "인식론은 심리학의 철학이다"를 두고 말하는 듯하다.

593. 어린아이가 성이 나서 발을 구르고 울부짖을 때,—그것이 이런 일을 불수의적으로 하는 거라고 누가 말할까? 그리고 왜? 왜 우리들은 아이가 그런 일을 불수의적으로 하지 않는다고 가정하는가? 수의적 행위의 **표**시는 무엇인가? 그런 표시들이 존재하는가?—도대체 불수의적 동작의 표시는 무엇인가? 그것은 수의적 행위처럼 명령에 따르지를 않는다. "이리 와!", "저리로 가!", "이렇게 팔을 움직여!"는 존재한다; 그러나 "가슴이 두근거리게 하라!"는 존재하지 않는다.

594. 동작들, 말들, 얼굴 표정들의 특정한 상호 작용이 언짢음이나 각오의 표출들—그것들이 보통 사람의 수의적 동작들을 특징짓는다—처럼 존재한다. 우리들이 어린아이를 부를 때, 아이는 자동적으로 오지 않는다, 예를 들어 "싫어요!" 하는 몸짓이 존재한다. 또는 기쁘게 옴, 오려는 결심, 두려움을 표시하면서 도주함, 권유의 효과들, 놀이의 그 모든 반응들, 숙고함의 표시들과 숙고함의 효과들이 존재한다.

595. 내가 내 팔을 수의로 움직일 수 있다는 것을 나는 어떻게 나에게 증명할 수 있을까? 가령, 내가 나에게 "나는 지금 내 팔을 움직일 것이다"라고 말하고, 이제 그것이 움직임으로써? 또는 "단순히, 내가 내 손을 움직임으로써"—라고 나는 말해야 하는가? 그러나 그것이 단지 우연에 의해 움직인 것이 아니라 내가 그것을 움직였다는 것을 나는 어떻게 아는가? 어쨌든 결국 나는 그것을 느끼는가? 그런데 만약 이전의 느낌들에 대한 나의 기억이 착각이고, 그래서 그것이 올바르고 결정적인 느낌들이 전혀 아니라면 어찌되는가?! (그리고 어떤 것이 올바른 것들인가?) 그리고 내가 팔을 수의로 움직였다는 것을 다른 사람은 도대체 어떻게 아는가? 나는 그에게 아마도 이렇게 명령할 것이다: "당신이 원하는 어떤 동작이든 내게 명령하라, 그러면 나

는 당신을 설득하기 위해 그 동작을 해낼 것이다."—그리고 당신의 팔에서 당신은 도대체 무엇을 느끼는가? "그야, 통상적인 것을." 그 느낌들에 통상적이지 않은 것은 아무것도 없다. 예를 들어 그 팔은 ('마비되어' 있을 경우처럼) 무감각하지가 않다.

596. 나의 신체의 동작이 일어나고 있는지, 또는 일어났는지를 내가 모른다면, 그 동작은 불수의적이라고 일컬어질 것이다.—그러나 내가 어떤 무게를 들어 올리려고 단순히 시도한다면, 그러니까 동작이 일어나지 않는다면 어떠한가? 만일 어떤 사람이 불수의적으로 어떤 무게를 들어 올리려고 노력한다면, 그것은 어떠할까? 이러한 행동은 어떤 상황에서 '불수의적'이라고 일컬어질까?

597. 휴식은 동작과 마찬가지로 수의적일 수 없는가? 동작의 중지는 수의적일 수 없는가? 어떤 더 좋은 논변이 신경 자극의 느낌에 반(反)할 수 있는가?

598. '시도하다', '노력하다'.—이 무슨 진기한 개념인가; 대체 무엇을 '하려고 노력'할 수 있는가! (기억해 내다, 어떤 무게를 들어 올리다, 주의하다, 아무것도 생각하지 않다.) 그러나 그렇다면 이렇게도 말할 수 있을 것이다: '하다'는 얼마나 진기한 개념인가! '말함'과 '생각함' 사이의 근친 관계, '말함'과 '자기 자신에게 말함' 사이의 근친 관계는 어떤 것인가? (수(數)의 종류들 사이의 근친 관계들을 비교하라.)

599. 불수의적 동작으로부터는 수의적 동작으로부터와는 전혀 다른 결론들이 나온다: 그것이 수의적 동작을 특징짓는다.

600. 그러나 이 동작이 수의적이었음을 나는 어떻게 아는가?—나는 그것을 알지 못한다; 나는 그것을 표출한다.

601. "나는 가능한 한 세게 끌어당기고 있다." 나는 그것을 어떻게 아는가? 나의 근육의 느낌이 나에게 그것을 말해 주는가? 그 말은 하나의 신호이다; 그리고 그것은 하나의 기능을 지니고 있다.

그러나 나는 도대체 아무것도 체험하지 않는가? 나는 도대체 어떤 것을 체험하지 않는가? 특유한 어떤 것을? 노력과 더-이상-할-수-없음의, 한계에 도달함의 특유한 느낌을? 물론, 그러나 이 표현들은 "나는 가능한 한 세게 끌어당기고 있다"보다 더 많이 말하지 않는다.

602. 그것과 이 경우를 비교하라: 어떤 사람의 손바닥 위에 어떤 무게가 놓일 때, 그는 자기가 느끼는 것을 말해야 한다. 나는 이제 여기서 어떤 분열이 생기는 것을 상상할 수 있다. 한편으로 그는 자신에게 말한다, 자기가 느끼는 것은 손바닥에 대한 압박과 자기의 팔 근육의 긴장이라고. 다른 한편으로 그는 이렇게 말하고자 한다: "그렇지만 이것이 다는 아니다; 나는 그 무게가 아래로 끌어당김을, 인력(引力)을 지각한다!"—대체 그는 그러한 '인력'을 지각하는가? 그렇다: 요컨대 그가 '인력'에 대해 생각한다면 말이다. 여기서 "인력"이란 낱말과 더불어 특정한 그림, 몸짓, 어투가 나온다; 그리고 이것에서 당신은 인력의 체험을 본다.

(이것에 대해서도 생각하라: 어떤 사람들은 이러이러한 사람으로부터 '기운이 나온다'고 말한다.—그로부터 우리에게는 또한 '영향'이란 낱말이 떠오른다.)[63]

---

63 (옮긴이주) '기운'은 독일어로 'Fluidum'이고 '영향'은 'Einfluß'이다.

603. 인간 행동의 예견 불가능성. 그런 것이 현존하지 않는다면,―그 경우에도 우리들은 '다른 사람 속에서 무엇이 일어나는지를 결코 알 수 없다'고 말할까?

604. 그러나 만일 인간의 행동이 예견 불가능하지 않다면 어떨까? 이것을 어떻게 상상해야 하는가? (즉, 그 세부를 어떻게 그려야 하는가, 어떤 결합들을 가정해야 하는가?)

605. 철학적으로 가장 위험한 관념들 중의 하나는, 진기하게도, 우리가 머리로 또는 머릿속에서 생각한다는 것이다.

606. 머릿속이라는 완전히 폐쇄된 공간에서 일어나는 과정으로서의 사유란 관념은 사유란 것에 어떤 신비스러움을 준다.

607. 사유는 말하자면 영혼의 특유하게 유기적인 과정―이를테면 영혼 속에서 씹고 소화하기―인가? 그렇다면 그것은 같은 목적을 달성하는 무기적 과정으로 대체될 수 있는가? 말하자면 사유가 의족으로 처리될 수 있는가? 사유의 의족을 어떻게 상상해야 할까?

608. 두뇌 속의 어떠한 과정도 연상 작용이나 사유와는 상관이 없다는 것, 그래서 두뇌 과정들로부터 사유 과정들을 읽어 내는 것은 불가능하다는 것, ―나에게는 이보다 더 자연스러워 보이는 가정은 없다. 내가 뜻하는 바는 다음과 같다: 내가 글을 읽거나 쓴다면, 말해지거나 씌어진 나의 사고와 병렬적인 충격들의 한 체계가―나는 이렇게 가정한다―나의 두뇌로부터 출발한다. 그러나 왜 그 체계가 중추 방향으로 더 계속되어야 할까? 왜, 말하

자면, 이러한 질서가 혼돈으로부터 나와서는 안 되는가? 사정은 다음 경우와 비슷할 것이다. 즉 어떤 종류의 식물들은 씨앗들을 통해 번식하여, 하나의 씨앗은 언제나 그 씨앗을 낳은 동일한 종류의 식물을 낳는다, ─그러나 그 씨앗 속의 어떤 것도 그 씨앗으로부터 생긴 식물에는 대응하지 않아서, 그 씨앗으로부터 나온 식물의 속성들이나 구조를 추론하는 것은 불가능하다, ─이러한 추론은 오직 그 씨앗의 역사로부터만 가능하다. 그러므로 전적으로 무정형(無定型)한 어떤 것으로부터 하나의 유기체가, 말하자면 원인 없이, 생겨날 수 있다; 그리고 이것이 우리의 사고에 대해서, 그러니까 우리의 말과 글 등에 대해서, 실제로 성립해서는 안 될 이유는 없다.

609. 그러므로 어떤 심리학적 현상들은 생리학적으로 탐구될 수가 없다. 왜냐하면 생리학적으로는 그것들에 아무것도 대응하지 않기 때문에.

610. 나는 이 사람을 수년 전에 본 적이 있다; 이제 나는 그를 다시 보고, 그를 인지하며, 그의 이름을 기억해 낸다. 그런데 이제 이러한 기억해 냄에 대한 원인이 나의 신경계 속에 존재해야 하는가? 왜 그 어떤 것인가가, 그것이 무엇이건 간에, 그 어떤 형식으론가 거기에 저장되어 있어야 하는가? 왜 그가 어떤 흔적을 남겼어야 하는가? 왜 아무런 생리학적 법칙성에도 대응하지 않는 심리학적 법칙성이 존재해서는 안 되는가? 만일 그것이 우리의 인과성 개념들을 파기한다면, 그렇다면 그것들이 파기될 때가 온 것이다.

611. 심물 병행론(心物竝行論)을 위한 선입견은 우리의 개념들에 대한 원시적인 파악의 산물이다. 왜냐하면 심리학적 현상들 사이에 생리학적으로 매개되어 있지 않은 인과관계가 허용된다면, 이로써 우리들은 신체와 나란히 영혼이, 유령 같은 영적 존재가 존재한다고 인정하는 게 된다고 생각하기 때

문이다.

612. 다음과 같은 현상을 생각해 보라: 내가 낭독하는 텍스트를 누군가가 기억하여 나중에 그것을 나에게 반복할 수 있기를 내가 원한다면, 나는 그에게 종이와 연필을 주지 않으면 안 된다; 그리고 내가 말을 하는 동안에 그는 그 종이 위에 선들을, 기호들을 적는다; 나중에 그가 그 텍스트를 재생해야 한다면, 그는 저 선들을 눈으로 좇으면서 그 텍스트를 암송한다. 그러나 나는 그의 기록은 글이 아니라고, 그의 기록은 규칙들을 통해 그 텍스트의 낱말들과 연관되어 있지 않다고 가정한다; 그런데 그럼에도 불구하고 그는 이러한 기록 없이는 그 텍스트를 재생할 수 없다; 그리고 그 기록에서 어떤 것이 변화된다면, 그 기록이 부분적으로 파괴된다면, 그는 그 텍스트 '읽기'에서 막히거나, 그 텍스트를 불확실하게 또는 미심쩍게 말하거나, 도대체 말을 발견할 수가 없다.—이런 것이 좌우간 생각될 수 있을 것이다!—내가 '기록'이라 부른 것은 그 경우 그 텍스트의 **재현**, 말하자면 다른 상징체계로의 번역이 아니다. 그 텍스트는 그 기록 속에 **저장**되어 있지 않을 것이다. 그런데 그것이 왜 우리의 신경계 속에 저장되어 있어야 한단 말인가?

613. 어째서 자연 법칙이 한 체계의 시작 상태와 종료 상태를 결합하되 그 둘 사이의 상태를 무시해서는 안 될까? (제발 인과 **작용**은 생각하지 말기를!)

614. "내가 내 머리를 옆으로 기울이면 망막의 상은 말하자면 비스듬하게 서 있는 나무 상인데도 불구하고, 내가 나무를 똑바로 보는 것은 어째서인가?" 그러니까, 내가 이러한 상황에서도 나무를 똑바로 서 있는 것으로 간주하는 것은 어째서인가?—"자, 나는 내 머리의 기울기를 의식하고 있고, 그러니까 나는 나의 시각 인상들의 파악에 필요한 교정 장치를 가져온다."—

그러나 그것은 일차적인 것을 이차적인 것과 혼동함을 뜻하지 않는가? 우리가 눈의 내적 상태에 관해 전혀 아무것도 알지 못한다고 생각하라,―도대체 이 문제가 떠오를까? 사실은 여기서 우리는 아무런 교정도 하지 않는다, 그것은 단지 하나의 설명일 뿐이다.

자―그러나 이제 어차피 눈의 구조는 알려져 있다―우리가 그렇게 행위하는 것, 그렇게 반응하는 것은 어째서인가? 그러나 여기에 생리학적인 설명이 있어야 하는가? 우리가 그것들을 그냥 내버려 둔다면 어떻게 될까?―그러나 만일 당신이 기계의 행동을 검사한다면, 당신은 분명 그렇게 말하지 않을 것이다!―자, 누가 이런 뜻에서 생물이, 짐승의 몸이, 기계라고 말하는가?

615. (우리들이 한 눈을 감고 "오직 한 눈으로만 볼" 때, 우리들은 감은 눈으로 동시에 깜깜함(암흑)을 보지 않는다는 점에 관한 소견을 나는 아직까지 한 번도 읽어본 적이 없다.)

616. 시야의 무제한성은 우리가 아무것도 보지 않을 때, 완전한 어둠에서 가장 분명하다.[64]

617. 맹인의 경우 사정은 어떠한가; 그에게는 언어의 일부가 설명될 수 없는가? 또는 차라리, 기술될 수 없는가?

618. 맹인이, 자기는 눈이 멀었고 자기 주위의 사람들은 보고 있다고 말할 수 있다. "그렇다, 그렇지만 그는 '눈이 멀었다'와 '보고 있다'라는 말로, 보는

---

64 (편집자주) 비트겐슈타인, 《철학적 소견들》 §224 참조.

사람과는 다른 어떤 것을 뜻하지 않는가?" 이런 말을 하고자 하는 것은 무엇에 기인하는가? 자, 어떤 사람이 표범이 어떻게 생겼는지 모른다고 해도, 그는 "이곳은 매우 위험하다, 거기엔 표범들이 있다"라고 말하고 이해할 수 있을 것이다. 그러나 아마 우리들은, 그는 표범이 무엇인지를 모른다고, 그러니까 그러한 짐승이 언젠가 그에게 보이기 전까지는, "표범"이란 낱말이 무엇을 의미하는지를 알지 못하거나 단지 불완전하게 안다고 말할 것이다. 이제 맹인들의 경우도 우리에겐 비슷해 보인다. 그들은 말하자면 본다는 것이 어떠한지를 알지 못한다.—그럼 '두려움을 모른다'는 '표범을 한 번도 본 적이 없다'와 유사한가? 나는 이를 당연히 거부할 것이다.

619. 예를 들어, 내가 그의 머리를 때린다면 그는 붉은 어떤 것을 본다고 나는 도대체 가정할 수 없을까? 보는 사람들의 경우 그것은 실로 하나의 경험에 대응할 수 있을 것이다.

그렇게 가정하더라도, 그는 실천적 삶에 대해서는 눈이 멀었다. 즉 그는 정상적 인간처럼 반응하지 않는다. 그러나 만일 어떤 사람이 눈은 멀었는데, 그 대신 손바닥으로 본다고 해야 할 것처럼 그렇게 행동한다면(이런 행동은 쉽게 그려 볼 수 있다), 우리는 그를 보는 사람으로서 대우할 것이다. 그리고 여기서 우리는 '붉은'이란 낱말을 도표로 설명하는 것도 가능한 것으로 여길 것이다.

620. 당신이 어떤 것을 상상한다면, 당신은 누군가에게 신호를 한다; 당신은 상이한 표상들에 대해 상이한 신호들을 이용한다.—각각의 신호가 무엇을 의미해야 하는지 당신들은 어떻게 합의하는가?

621. 청각표상, 시각표상,—그것들은 감각들과 어떻게 구별되는가? "생생

함"에 의해서는 아니다.

　표상들은 우리에게 외부 세계에 관해 옳게도 그르게도 알려주지 않는다. (표상들은 환각들이 아니며, 공상들도 아니다.)

　내가 대상을 보는 동안에는, 나는 그것을 상상할 수 없다.

　언어놀이의 상이점: "도형을 바라보라!"와 "도형을 상상하라!"

　상상은 의지에 종속되어 있다.

　표상은 그림이 아니다.[65] 나는 내가 어떤 대상을 상상하는가를 그 대상과 심상[66]의 유사성에서 알아보지 않는다.

　"당신은 무엇을 상상하는가?"란 물음에 대해 우리들은 그림으로 대답할 수 있다.

622. 사람들은 말했으면 한다. 상상된 소리는 들리는 소리와는 다른 공간에 있다고. (물음: 왜?) 보이는 것은 상상된 것과는 다른 공간에 있다고.

　들음은 귀 기울임과 결합되어 있다: 소리를 상상함은 그렇지 않다.

　그렇기 때문에, 들리는 소리는 상상된 소리와는 다른 공간에 있다.

623. 나는 어떤 이야기를 읽는다. 그리고 읽는 동안에, 그러니까 주의 깊게 바라보는 동안에, 온갖 가능한 것을 상상한다.

624. "어떤 것을 내적인 눈앞에서 본다"라는 표현이나 그 비슷한 표현을 결코 사용하지 않는 사람들이 존재할 수 있을 것이다. 그럼에도 불구하고 이들은 '상상으로' 혹은 기억에 따라 그림을 그리고, 모형을 만들고, 다른 사람들

---

65 (옮긴이주) 《철학적 탐구》 §§300~301 참조. ('표상'의 원말은 '상상'이란 뜻도 있는 'Vorstellung'.)
66 (옮긴이주) 《철학적 탐구》 §367 참조: "심상(Vorstellungsbild)은 어떤 사람이 자신의 상상을 기술할 때 기술되는 그림이다."

을 흉내 내는 등등의 일을 할 수 있을 것이다. 그런 사람들 중에 어떤 사람은 어떤 것을 기억으로 그리기 전에, 눈을 감거나 또는 맹인처럼 자기 앞을 응시할지도 모른다. 그럼에도 불구하고 그는 자기가 나중에 그리는 것을 자기 앞에서 본다는 것을 부인할 수 있을 것이다. 그러나 이러한 발언에 나는 얼마만큼 의미를 부여해야 할까? 그가 시각표상을 지니고 있는지가 그것에 따라 판단될 수 있는가? (단지 그것에 따라서는 아니다. "지금 나는 그것을 내 앞에서 본다―이제 더는 보지 못한다"라는 표현을 생각하라. 거기엔 진정한 지속이 존재한다.)

625. 이전에 나는 이렇게도 말할 수 있었을 것이다. 즉 상상함과 봄 사이의 연관은 밀접하다, 그러나 유사성은 존재하지 않는다고 말이다.
　이 개념들을 사용하는 언어놀이들은 근본적으로 상이하다,―그러나 연관된다.

626. '어떤 것을 보려고 노력하다'와 '어떤 것을 상상하려고 노력하다' 사이의 차이. 첫 번째 경우에 우리들은 가령 '정확히 바라보라!'고 말하고, 두 번째 경우에는 "눈을 감아라!"라고 말한다.

627. 상상은 의지 행위이기 때문에, 그것은 우리에게 외부 세계에 관해 꼭 가르쳐 주지는 않는다.

628. 상상된 것은 보이는 것과 같은 공간에 있지 않다. 봄은 바라봄과 결합되어 있다.

629. "봄과 상상함은 상이한 현상이다."―"보다"와 "상상하다"는 상이한 의

미를 지니고 있다! 그것들의 의미는 인간 행동의 다수의 중요한 종류들과 방식들에, 인간 삶의 현상들에 관련되어 있다.

630. 자기가 "시각표상"이라고 부르는 것은 시각 인상과 비슷하다고 어떤 사람이 고집한다면, 당신은 이렇게 다시 말하라: 그는 아마도 오류를 범하고 있다!라고. 또는: 그가 거기서 오류를 범하고 있다면 어찌 되는가?라고. 즉: 그의 시각 인상과 그의 시각표상의 유사성에 관해 당신은 무엇을 아는가?! (나는 다른 사람에 관해 이야기하는데, 왜냐하면 그에게 적용되는 것은 나에게도 적용되기 때문이다.)

당신은 그러니까 이러한 유사성에 관해 무엇을 아는가? 그 유사성은 그가 사용하는 경향이 있는 표현들에서만 표출된다; 그가 이러한 표현들로 말하는 것에서가 아니라.

631. "시각표상과 시각 인상은 동일한 종류이다! 거기엔 전혀 의심의 여지가 없다." 당신은 그것을 당신 자신의 경험으로부터 아는 게 틀림없다; 그리고 그렇다면 그것은 그러니까 당신에 대해서는 맞고, 다른 사람에 대해서는 맞지 않을지도 모르는 어떤 것이다. (그리고 내가 그것을 말한다면, 그것은 물론 나에 대해서도 역시 유효하다.)

632. 우리가 어떤 것을 상상할 때, 우리는 관찰하지 않는다. 그림들이 나타나고 사라지는 일은 우리에게 일어나지 않는다. 우리는 이들 그림들에 놀라서 "여기를 보라! ……" 하고 말하지 않는다. (잔상들과의 대조.)

633. 우리는 시각 인상들이 아니라 표상들을 '축출한다'. 그리고 우리는 전자에 관해서도, 우리가 그것들을 축출할 수 없을 것이라고는 말하지 않는다.

634. 어떤 사람이 실제로 "나는 내가 지금 나무를 보는 것인지, 또는 나무를 상상하는 것인지 모르겠다"라고 말한다면, 처음에 나는 그가 뜻하는 것이 "……또는 내가 저기에 나무가 하나 있다고 단지 공상하는 것인지 모르겠다"라고 믿을 것이다. 그가 그것을 뜻하지 않는다면, 나는 그를 도무지 이해할 수 없을 것이다―그러나 만일 누군가가 나에게 이 경우를 설명하고자 하여 말하기를, "그는 대단히 생생한 표상들을 지니고 있어서 그것들을 감각 인상들로 여길 수 있었다"라고 한다면―이제 나는 그것을 이해할까?

635. 그러나 여기서 (a)와 (b)는 구별되어야 하는가? (a) 예를 들어 내가 한 친구의 얼굴을 상상하지만, 나를 둘러싸고 있는 공간 속에서 상상하지는 않는다. (b) 이 벽 저기에서 그림 하나를 상상한다.
  "저편에서 둥근 반점을 하나 상상해 보라"라고 하는 요청에 대해 우리들은, 실제로 거기서 둥근 반점을 보는 것을 공상할 수 있을 것이다.

636. '심상'은 우리들이 그것을 추측했으면 하는 곳에서 언어놀이에 들어오지 않는다.

637. 나는 '본다'는 개념을 내가 보는 것을 기술하기와 함께 배운다. 나는 관찰하기와 관찰된 것을 기술하기를 배운다. 나는 '상상한다'라는 개념을 다른 결합 속에서 배운다. 보이는 것의 기술과 상상된 것의 기술은 물론 동일한 종류이며, 기술은 그 하나일 수도 다른 하나일 수도 있을 것이다. 그러나 그 외에는 그 개념들은 전적으로 상이하다. 상상함의 개념은 받아들임의 개념보다는 오히려 행위의 개념과 같다. 상상한다는 것은 창조적 행위라고 할 수 있을 것이다. (그리고 그것은 실로 그렇게 일컬어진다.)

638. "그렇다, 그러나 표상 자체는, 시각 인상과 마찬가지로, 어쨌든 내적인 그림이다. 그런데 당신은 단지 그 그림의 생산, 유래, 취급의 차이들에 대해서만 이야기한다." 표상은 그림이 아니며, 시각 인상도 그림이 아니다. '표상'도 '인상'도 그림 개념이 아니다. 비록 그 두 경우에 그림과의 연관이 발생하고, 또 매번 다른 연관이 발생하지만 말이다.[67]

639. 당신은 무엇을 봄의 "체험 내용"이라고 부르는가? 무엇을 상상의 "체험 내용"이라고 부르는가?

640. "그러나 시각적 표상과 같은 종류인, 그러나 의지에는 종속되지 않는, 그러니까 이 점에서는 시각 인상과 같은 체험 내용을 나는 생각할 수 없을까?"

641. (요컨대 상상한다는 의지 행위가 신체의 움직임과 비교될 수 없다는 것은 분명하다. 왜냐하면 그 움직임이 일어났는지는 다른 사람도 역시 판단할 능력이 있기 때문이다. 반면 나의 표상들의 움직임의 경우에는, 다른 사람이 무엇을 보건 간에, 내가 무엇을 본다고 주장하는가만이 언제나 중요하다. 그러므로 스스로 움직이는 실제의 대상들은 고찰에서 탈락된다. 왜냐하면 그것들은 전혀 중요하지 않기 때문이다.)

642. 그러니까 만일 어떤 사람이, "표상들은 나의 의지에 종속되어 있을 뿐, 나의 시각 인상들과 비슷하거나 완전히 같은 내적인 그림들이다"라고 말한다면,—우선 그것은 아직 아무런 뜻도 없을 것이다.

---

67 (옮긴이주) 비트겐슈타인, 《철학적탐구》 §301 참조.

왜냐하면 어떤 사람이 자기가 거기서 보는 것을, 또는 거기에 있다고 자기에게 보이는 것을 보고하는 법을 배웠다면, 그가 이제 그것을 거기서 보아야 한다거나 그에게 이제 그것이 거기에 있는 것으로 보여야 한다고 하는 명령이 무엇을 의미하는지는 분명하지 않기 때문이다.

643. "순전한 의지로 움직인다"―이것은 무엇을 뜻하는가? 가령, 심상들은 언제나 나의 의지에 정확히 따르는데, 그림 그리는 나의 손, 나의 연필은 그러지 않는다는 것인가? 여하튼 그 경우 그럼에도 불구하고 실로 다음과 같이 말하는 것이 가능할 것이다: "통상적으로 나는 내가 원하는 것을 아주 정확하게 상상한다; 오늘은 그게 다르게 되어 버렸다." 도대체 '상상의 실패'라는 것이 존재하는가?

644. 언어놀이는 실로 여러 낱말의 쓰임을 포함한다.

645. 봄과 상상함이 상이한 활동이라고 말하는 것보다 더 잘못된 것은 아무 것도 없을 것이다. 그것은 마치 체스에서 말을 움직임과 패배함이 상이한 활동이라고 말하는 것과 같다.

646. 어린아이로서 우리가 "보다", "바라보다", "상상하다"란 말들을 사용하기를 배운다면, 이 훈육에서는 의지 행위들과 명령들이 역할을 한다. 그러나 그 역할은 그 세 낱말들 각각에 대해 다르다. "바라보라!"와 "……을 상상하라!"라고 하는 언어놀이―나는 그것들을 도대체 어찌 비교해야 하는가? ―우리가 어떤 사람이 "……을 바라보라!"라고 하는 명령에 반응하도록 훈육하고, 덧붙여 그가 "……을 상상하라!"라고 하는 명령을 이해하도록 훈육하기를 원한다면, 우리는 그에게 어쨌든 명백히 전혀 다른 것을 가르쳐야 한

다. 이 언어놀이에 속하는 반응들이 저 언어놀이에는 속하지 않는다. 그렇다, 거기에는 당연히 언어놀이들의 밀접한 연관이 있다. 그러나 유사성이 있는가?―그 한편의 조각들은 다른 한편의 조각들과 유사하다. 그러나 유사한 조각들이 상동적(相同的)인 것은 아니다.

647. 나는 실제의 놀이들에 대해서도 유사한 어떤 것을 상상할 수 있을 것이다.

648. 다른 언어놀이의 일부와 유사한 언어놀이. 한 공간의 제한된 조각들에로 투사된 공간. "구멍이 많은" 공간. ("내부와 외부"에 관하여.)

649. 테니스놀이의 한 변형을 상상해 보자. 놀이하는 자는 어떤 놀이 행위를 할 적에 이러이러한 것을 *상상해야 한다*(!)는 규칙이 이 놀이의 규칙들에 수용된다. (이 규칙의 목적은 놀이를 어렵게 하는 것이라고 해두자.) 첫 번째로 제기될 반대는, 이 놀이에서는 너무 쉽게 속임수를 쓸 수 있다는 것이다. 그러나 이 반대는, 정직하고 신뢰할 수 있는 사람들만이 그 놀이를 할 것이라는 가정으로써 대처된다. 여기서 우리에게는 그러니까 내적인 놀이 행위들이 있는 놀이가 있다.―

그런데 그 내적인 놀이 행위는 어떤 종류의 것인가, 그것은 무엇에 있는가? 그가 ……을―놀이 규칙에 따라서―상상한다는 데 있다.―그러나 이렇게도 말할 수 있지 않을까? 즉: 그가 규칙에 따라 수행하는 그 내적인 놀이 행위가 어떤 종류의 것인지, *우리는 알지 못한다*; 우리는 단지 그것의 표출들만을 안다. 내적인 놀이 행위는, 그 본성을 우리가 알지 못하는 X일 것이다. 또는: 여기에도 또한 오직 외적인 놀이 행위들만이 존재한다. 즉 놀이 규칙의 보고와 "내적 과정의 표출들"이라고 불리는 것 말이다.――자, 그

놀이는 그 세 방식 모두에서 기술될 수 있지 않은가? '미지의' X를 가지고 하는 놀이조차도 전적으로 가능한 하나의 기술 방식이다. 한 사람은 이른바 '내적인' 놀이 행위가 통상적인 뜻에서의 놀이 행위와는 비교될 수 없다고 말한다—다른 사람은 그것이 그런 것과 비교될 수 있다고 말한다—세 번째 사람은, 그것이 비밀리에 일어나는, 그리고 행위자 말고는 아무도 알지 못하는 행위와만 비교될 수 있다고 말한다.

우리가 "내적인 놀이 행위"라는 표현의 위험들을 보는 것은 우리를 위해 중요하다. 그것은 혼란들을 야기하기 때문에 위험스럽다.

650. 회상: "나는 우리가 아직도 저 식탁 앞에 앉아 있는 것을 본다."—그러나 실제로 나는 내가 그 당시 지녔던 것과 같은 시각 상을 (또는 시각 상들의 하나를) 지니고 있는가? 또한 나는 확실히 그 식탁과 나의 친구를 그 당시와 같은 관점에서 보는가? 그러니까, 나 자신을 안 보는가?—그 당시에 찍혀, 이제 나에게 그 당시 상황이 그러했음을 증거하는 사진과는 달리, 나의 기억 상은 저 과거 상황에 대한 증거가 아니다. 기억 상과 회상의 말은 같은 단계에 있다.

651. 어깨를 으쓱 추켜올림, 머리를 가로저음, 고개를 끄덕임 등등을 우리가 기호라고 부르는 이유는 무엇보다도, 그것들이 우리의 낱말 언어의 사용에 편입되어 있기 때문이다.

652. 사람이 공상을 즐긴다는 것이 자명한 것으로 여겨진다면, 공상은 회화나 조각, 또는 영화에 대응하지 않고, 이질적 구성 성분들—기호들과 그림들—로 이루어진 복합적 구조물임을 고려하라.

653. 상당수의 사람들은 악보의 그림이 그들 머리에 떠오르고 그들은 그것을 읽어 내려가는 방식으로 음악적 테마를 기억해 낸다.

우리가 어떤 사람에게 있어서 "기억해 냄"이라고 부르는 것은 그가 마음속에서 어떤 책을 참조해 보는 데 있으며, 그가 이 책에서 읽는 것은 기억해 낸 바로 그것이라고 생각될 수 있을 것이다. (기억에 대해서 나는 어떻게 반응하는가?)

654. 기억 체험이 기술될 수 있는가?—그렇고말고.—그러나 이 체험에서 기억의 성질을 지닌 것이 기술될 수 있는가?—그것은 무슨 뜻인가? ((뭐라 형언할 수 없는 향취.))

655. "동경의 그림(심상, 기억 상)". 우리들은 '그림'에 관해 이야기함으로써 이미 모든 것을 했다고 생각한다; 왜냐하면 동경은 바로 의식의 내용이며, 그것의 그림은 비록 원본보다 뚜렷하지는 않을지라도 그것과 (매우) 유사한 어떤 것이기 때문이다.

그리고 연극에서 동경을 연기하는 사람에 대해서 우리들은 실로, 그는 동경의 그림을 체험한다고, 또는 갖고 있다고 말할 수 있을 것이다. 즉 그의 행위의 설명으로서가 아니라 그것의 기술을 위한 것으로서 말이다.

656. 생각을 부끄러워하기. 우리들은 이러이러한 문장을 상상 속에서 자기 자신에게 말했다는 것을 부끄러워하는가?

언어는 정말 여러 가지의 뿌리를 갖고 있다. 하나의 뿌리가 아니라, 뿌리들을. 〔방주: ((생각을, 의도를 기억하기.)) 맹아.〕

657. "그것은 정확히 설탕 같은 맛이 난다." 내가 그것을 그렇게 확신할 수

있는 것은 어째서인가? 심지어, 그리고 나서 그것이 거짓으로 판명되는 경우에조차도 말이다.—그리고 무엇이 나를 그것에 대해 놀라게 하는가? 내가 설탕이라는 개념을 맛의 감각과 매우 확고하게 결합한다는 것. 내가 설탕이라는 실체를 직접 맛에서 인식하는 것으로 보인다는 것.

그러나 "그것은 정확히 ······같은 맛이 난다"라는 표현 대신에 나는 실로 더 원초적으로, "설탕!"이라고 외칠 수 있을 것이다. 그리고 그 말을 할 적에 '설탕이란 실체가 내 눈앞에 어른거린다'고 도대체 말할 수 있는가? 어떻게 그것이 그러는가?

658. 이 맛은 강제적으로 "설탕"이란 이름을 동반한다고 나는 말할 수 있는가? 그렇지 않으면 설탕 조각의 그림을? 그 둘 중 어느 것도 옳다고 보이지 않는다. 그렇다, '설탕'이란 개념에 대한 요구는 물론 강제적이며, 더욱이 우리에게 보이는 것을 기술하기 위해 우리가 사용하는 '붉은'이란 개념에 대한 요구처럼 강제적이다.

659. 나는 설탕의 맛이 이러했다는 것을 기억해 낸다. 그 체험이 나의 의식 속으로 되돌아온다. 그러나 물론: 그것이 이전의 체험이라는 것을 나는 어떻게 아는가? 기억은 거기서 나에게 더는 도움이 되지 않는다. 그렇다, "그 체험이······되돌아온다"라는 이 말은 말을 돌려 표현하는 것이지, 기억해 낸다는 것의 기술이 아니다.

그러나 내가 "그것은 정확히 설탕과 같은 맛이 난다"라고 말할 때, 하나의 중요한 뜻에서는 전혀 아무런 기억해 냄도 일어나지 않는다. 나는 그러니까 나의 판단에, 또는 나의 외침에, 근거를 대지 않는다. 누군가가 나에게 "당신은 '설탕'으로 무엇을 뜻하는가?"라고 묻는다면,—그에게 나는 물론 설탕 한 조각을 가리키려고 노력할 것이다. 그리고 누군가가 "설탕이 그런 맛이 난다는 것을 당신은 어떻게 아는가?"라고 묻는다면, 나는 물론 "나는 설탕을 수천 번 먹어 봤다"라고 대답할 것이다―그러나 그것은 내가 나 자신에게 하는 정당화가 아니다.

660. "이건 설탕 맛이다." 우리들은 설탕이 어떤 맛이 나는지를 정확히 그리고 확실히 기억해 낸다. 나는 "설탕이 이런 맛이 난다고 나는 믿는다"라고는 말하지 않는다. 얼마나 주목할 만한 현상인가! 기억이라는 바로 그 현상은 말이다.―그러나 그것을 주목할 만한 현상이라고 부르는 것은 옳은가?

그것은 실로 조금도 주목할 만하지 않다. 저 확실함은 불확실함이 주목할 만했을 것보다 실로 (털끝만큼도) 더 주목할 만하지 않다. 도대체 무엇이 주목할 만한가? 내가 확실하게 "이것은 설탕 맛이 난다"라고 말한다는 것? 또는 그것이 그 경우 실제로 설탕이라는 것? 또는 다른 사람들이 똑같은 것을 발견한다는 것?

설탕의 확실한 인식이 주목할 만하다면, 인식하지 못함도 그러니까 그에 못지않을 것이다.

661. "얼마나 이상하고 두려운 소리인가. 나는 그것을 결코 잊지 못할 것이다." 그리고 우리들이 처음으로 과거를 들여다보았을 때, 그 기억해 냄에 관해서 우리들이 왜 그런 말("얼마나 이상한……경험인가……")을 해서는 안 될까?―

662. 기억해 냄: 과거를 들여다봄. **꿈을 꿈**은, 만일 그것이 과거의 것을 우리에게 보인다면, 그렇게 불릴 수 있을 것이다. 그러나 기억해 냄은 그렇게 불릴 수 없을 것이다. 왜냐하면 설령 그것이 우리에게 장면들을 환상적으로 명료하게 보여 준다 해도, 이것이 과거의 것이라는 것은 어쨌든 그것이 비로소

우리에게 가르쳐 주기 때문이다.

663. 그러나 이제 기억이 우리에게 과거를 보여 준다면, 그것이 과거임을 그것은 어떻게 우리에게 보여 주는가?
　그것은 우리에게 과거를 보여 주지 않는다. 우리의 감각들이 현재를 보여 주지 않는 것과 마찬가지로 말이다.

664. 우리들은 기억이 우리에게 과거를 전달한다고도 말할 수 없다. 왜냐하면 기억이 우리에게 말을 하는, 들을 수 있는 소리라고 할지라도,—어떻게 우리가 그것을 이해할 수 있을까? 그것이 예를 들어 "어제는 날씨가 좋았다"라고 우리에게 말한다면, "어제"가 무엇을 의미하는지를 나는 어떻게 배울 수 있는가?

665. 내가 어떤 것을 다른 사람들에게도 역시 제시해 보이는 것처럼, 오직 그렇게 나는 어떤 것을 나 자신에게 제시해 보인다.

666. 나는 다른 사람에게 나의 좋은 기억력을 제시해 보일 수 있고, 또 나 자신에게도 제시해 보일 수 있다. 나는 나 자신에게 캐물을 수 있다. (어휘들, 날짜들.)

667. 그러나 나는 기억해 냄을 어떻게 나에게 제시해 보이는가? 자, 나는 "내가 오늘 아침을 어떻게 보냈더라?"라고 자문하고는, 거기에 대해 대답한다.—그러나 나는 실제로 무엇을 나에게 제시해 보였는가? 기억해 냄이었는가? 즉, 어떤 것을 기억해 낸다는 것이 어떤 것인지를 제시해 보였는가? —그로써 나는 기억해 냄을 다른 사람에게 제시해 보인 걸까?

668. 어떤 낱말의 의미를 망각함—그것을 다시 기억해 냄. 여기에는 어떤 종류의 과정들이 존재하는가? 어떤 사람이 "perhaps"란 영어 단어가 무엇을 뜻하는지를 다시 기억해 낸다면, 그가 기억해 낸 것은 무엇인가, 그때 그의 머리에 떠오르는 것은 무엇인가?

669. "당신은 ABC를 압니까?"라는 질문을 받고 내가 "예"라고 대답한다면, 나는 지금 내 마음속에서 ABC가 통과하고 있다거나, 내가 ABC를 암송하는 것과 그 어떤 식으로 등가인 특별한 심성 상태에 있다고 말하는 게 아니다.[68]

670. 우리들은 거울을 소유할 수 있다; 그 경우 우리들은 거울에서 보이는 거울상도 역시 소유하는가?

671. 어떤 것을 말한다는 것은 하나의 활동이다. 어떤 것을 말하는 경향이 있다는 것은 하나의 상태이다. "그러나 그 상태는 무엇에 있는가?"—그 표현이 어떻게 사용되는가에 관해서 해명해 보라!

672. "막대의 온도가 …… 이하로 내려가지 않는다면, 우리들은 그것을 버릴 수 있다." 그러니까 다음과 같이 말하는 것은 뜻이 있다: "나는 그것을 5시에서 6시까지 버릴 수 있다." 또는: "나는 5시에서 6시까지 체스를 둘 수 있다", 즉 나는 5시에서 6시까지 시간이 있다. —"나의 맥박이 …… 아래로 떨어지지 않는다면, 나는 그 계산을 해낼 수 있다." 이 계산은 1분 30초를

---

68 (편집자주) 타자본에는 다음 말이 뒤따른다: "우리들은 혼자서 나직이 읽는 법을 어떻게 어떤 사람에게 가르치는가? 그가 언제 그렇게 할 수 있는지를 우리들은 어떻게 아는가? 그 자신은 우리들이 그에게 요구하는 것을 자기가 하고 있다는 것을 어떻게 아는가?"(《철학적 탐구》 §375)

요한다; 그러나 그것을 수행할 수 있음은 얼마 동안을 필요로 하는가? 그리고 당신이 그것을 1시간 동안 계산할 수 있다면, 그때 당신은 언제나 다시 새로이 시작하는가?

673. 주의(注意)는 정태적이 아니라 역동적이다—라고 우리들은 말했으면 한다. 나는 주의함을 응시함과 먼저 비교한다: 그러나 그것은 내가 주의라고 부르는 것이 아니다; 그리고 이제 나는, 우리들이 정태적으로 주의할 수 없음을 내가 발견한다고 말하고자 한다.

674. 내가 특정한 경우에 말하기를, 주의는 드러날지 모르는 가장 작은 모든 움직임을 뒤따라갈 준비가 되어 있음에 있다고 한다면,—당신은 이미 주의는 고정된 응시가 아니라 다른 종류의 개념임을 본다.

675. 상태들: '산을 등반할 수 있음'은 나의 신체의 한 상태라고 일컬어질 수 있다. 나는 말한다: "나는 올라갈 수 있다—내 말은, 나는 그러기에 충분히 건강하다는 것이다." 이것과 다음의 할 수 있음의 상태를 비교하라: "그렇다, 나는 거기까지 갈 수 있다—내 말은, 나는 그럴 시간이 있다는 것이다."

676. 잘못된 문장들은 언어놀이에서 어떤 역할을 하는가? 상이한 경우들이 존재한다고 나는 믿는다.
 (1) 어떤 사람이 사거리에서 신호등을 관찰하고, 그것이 어떤 색깔을 가리키는지를 다른 사람에게 말해야 한다. 그때 그가 말을 잘못하여, 잘못된 색깔을 말한다.
 (2) 기상 관측들이 행해지고, 그것들로부터 어떤 규칙들에 따라 다음날의 날씨가 예보된다. 예보는 들어맞거나 들어맞지 않는다.

첫 번째 경우에 그 사람은 놀이를 잘못하고 있다고 말할 수 있다; 두 번째 경우에는 그럴 수 없다―내가 예전에 믿었던 것처럼.
여기서 (요컨대) 가령 다음과 같은 내용의 물음이 우리들을 괴롭힌다: 검증은 아직도 언어놀이의 일부인가?

677. 나는 주장한다: "이것이 일어난다면, 그것이 일어날 것이다. 내가 옳다면, 당신은 나에게 1실링을 지불한다. 내가 옳지 않다면, 내가 당신에게 1실링을 지불한다. 미정인 채로 남는다면, 아무도 지불하지 않는다." 이는 또한 이렇게 표현될 수 있을 것이다: 전제가 들어맞지 않는 경우는 우리에게 흥미가 없다, 우리는 그 경우에 관해서는 이야기하지 않는다. 또는 이렇게도 표현될 수 있을 것이다: "예"와 "아니오"란 낱말을 우리가 실질적 함축[69]에 관심이 있는 경우(그리고 이런 경우는 존재한다)에 사용하는 것처럼 사용하는 것은 여기서 우리에게 자연스럽지 않다. "아니오"로써 우리는 여기서 "p이고, q는 아니다"를, "예"로써는 단지 "p이고 q이다"를 말하고자 한다. '당신은 내기에 이기거나 진다―제3의 것은 존재하지 않는다'고 하는 이런 내용의 배중률은 존재하지 않는다.

678. 어떤 사람이 주사위놀이에서 5를 던진 다음 4를 던지고서 말한다, "내가 그저 5 대신에 4를 던졌더라면, 나는 이겼을 텐데"! 그 조건은 물리적인 것이 아니라 단지 수학적인 것이다. 왜냐하면 다음과 같은 대꾸가 가능할 것이기 때문이다: "만일 당신이 처음에 4를 던졌더라면,―당신이 그다음 무엇을 던지게 되었을지 누가 아는가!"

---

69 (옮긴이주) '실질적 함축': 'p이면 q이다'란 조건문은 p이고 q가 아닐 경우에만 거짓이고, 그 밖의 경우―p가 아니거나 q일 경우―에는 다 참이라고 (즉 p가 q를 함축한다고) 보는 것.

679. 이제 당신이 "접속법의 사용은 자연법칙에 대한 믿음에 의거하고 있다"라고 말한다면,—우리들은 이렇게 대꾸할 수 있다: "그것은 이러한 믿음에 의거하지 않는다; 그것과 이 믿음은 같은 수준에 있다." (나는 영화에서 한 아버지가 자기 딸에게, 자기는 다른 여자를 부인으로 택했어야 했다고 말하는 것을 들었다: "그녀가 네 엄마가 됐어야 하는 건데"! 왜 이것은 옳지 않은가?)

680. 운명은 자연법칙과 대립한다. 우리들은 자연법칙을 구명하고 사용하려고 하지만, 운명을 그렇게 하려고 하지는 않는다.

681. "p가 일어난다면, q가 일어난다"는 조건적 예언이라고 할 수 있을 것이다. 즉, p가 아닌 경우에 대해서는 나는 아무런 예언도 하지 않는다. 그러나 그 때문에, 내가 말하는 것은 "p가 아니며 q가 아니다"에 의해 참이 되지도 않는다.

또는 이렇게도 말할 수 있을 것이다: 조건적 예언들이 존재하는데, "p가 q를 함축한다"는 조건적 예언이 아니다. (Q권[70] 14쪽으로.)

682. "p가 일어난다면, q가 일어난다"라는 문장을 나는 "S"라고 부르고자 한다.—"S이거나 S가 아니다"는 동어반복이다. 그러나 그것은 (또한) 배중률인가?—또는 심지어: 내가 "S"라는 예언이 옳거나, 틀리거나, 미정일 수 있다고 말하고자 한다면, 그것은 "(S이거나 S가 아니다)가 아니다"란 문장으로 표현되는가?

---

70 (편집자주) 비트겐슈타인의 MS. 136을 가리킴.

683. 한 문장의 부정은 배제되지 않은 경우들의 선접(選接)과 동일한가? 상당수의 경우에는 그러하다. (예를 들어 이런 경우: "그가 기입한 요소 A, B, C의 순열은 ACB가 아니었다.")

684. 프레게[71]의 주장 기호가 지니는 중요한 뜻은, '그것은 문장의 시작을 뚜렷이 지칭한다'라고 말하면 아마 가장 잘 파악될 것이다. ─이것은 중요하다: 왜냐하면 '부정'과 '사유'의 본질에 관한 우리의 철학적 난점들은, 문장 "⊢p가 아니다"나 "⊢나는 p임을 믿는다"가 명제 "p"는 포함하지만 "⊢p"는 포함하지 않는다는 점과 연관되기 때문이다. (왜냐하면 어떤 사람이 "비가 온다"라고 말하는 것을 내가 듣기는 하지만, 내가 들은 것이 문장의 시작이었는지 여부를 내가 모른다면, 나는 그가 무엇을 말했는지를 모르기 때문이다.)[72]

685. 모순은 나로 하여금 언어놀이에서 행위에 이르는 것을 방해한다.

686. 그러나 언어놀이는 하나의 결단으로부터 대립되는 결단으로 계속해서 나를 내모는 바로 그 점에 있다고 가정하자!

687. 모순은 재앙으로서가 아니라, 우리가 여기서 그 이상 나아갈 수 없음

---

71 (옮긴이주) 프레게(Gottlob Frege, 1848~1925): 독일의 수학자이자 철학자로 예나 대학에서 가르쳤다. 현대 기호논리학의 창시자로 일컬어진다. 주요 저서로 《개념 표기법》, 《산수의 기초》, 《산수의 근본 법칙》이 있고, 주요 논문으로 "뜻과 지시체에 관하여"가 있다. 프레게의 주장 기호란 기호 "⊢"를 말하는데, 이는 그것 다음에 어떤 판단 내용을 나타내는 표현이 덧붙여지면 그 판단 내용이 '관념들의 단순한 복합체'로서 머물러 있는 것이 아니라 주장되었다는 표시이다. 즉 프레게에 의하면, 어떤 판단을 실제로 내리는 것(주장)과 그 판단의 (주장되지 않은) 내용 자체는 구별되어야 하며, 그것이 이 기호에 의해 표시된다.
72 (편집자주) 비트겐슈타인, 《철학적 탐구》 §22를 보라.

을 우리에게 알려 주는 하나의 장벽으로서 파악될 수 있다.

688. 내가 물었으면 하는 것은, "모순을 피하려면 우리는 무엇을 해야 하는가?"라기보다 "우리가 모순에 도달했다면, 우리는 무엇을 해야 하는가?"이다.

689. 왜 동어반복보다 모순을 더 두려워해야 하는가?

690. "마법에 걸리지 맙시다!" 이것이 우리의 모토일 수 있을 것이다.

691.[73] "크레타 섬의 거짓말쟁이".[74] "나는 거짓말하고 있다"라고 말하는 대신, 그는 "이 문장은 거짓이다"라고 적을 수도 있을 것이다. 이에 대한 대답은 이러할 것이다: "그래, 그러나 당신은 어떤 문장을 뜻하는가?"—"자, 이 문장."—"이해하네, 그러나 그 문장으로 어떤 문장을 이야기하고 있는 건가?"—"이 문장."—"좋아, 그런데 이 문장은 어느 문장을 암시하는가?" 등등. 그가 하나의 완전한 문장으로 넘어가기 전에는, 그는 자기가 뜻하는 것을 우리에게 설명할 수 없을 것이다.—이렇게도 말할 수 있다: 근본적인 잘못은, 낱말이, 예를 들어 "이 문장"이, 그것의 대상을 반드시 대신하지 않고도, 말하자면 암시할(먼 곳에서 가리킬) 수 있다고 생각하는 데 있다.

---

73 (편집자주) 비트겐슈타인, 《철학적 탐구》 §16을 보라.
74 (옮긴이주) "크레타 섬의 거짓말쟁이": 옛날 그리스 크레타 섬 출신의 한 사람이 "크레타인은 언제나 거짓말만 한다"라고 말했는데, 이 말대로라면 이 말도 거짓말일 것이기 때문에 믿을 수 없고, 이 말이 거짓말이라면 이는 그의 말이 참일 가능성을 높여 주기 때문에 믿어야 할 것 같은 역설적 상황을 가리키는 말. "나는 거짓말하고 있다"는 이른바 거짓말쟁이 역설의 한 변형이자 강화된 형태로, 만일 이 말이 참이라면 이 말은 거짓이고, 이 말이 거짓이라면 이 말은 참이 된다는 이율배반이 발생한다.

692. 이런 문제를 제기해 보자: 러셀의 유형 이론[75]은 어떤 실천적 목적에 도움이 될 수 있는가?—러셀은 일반성 표현으로부터 바람직하지 않은 귀결들을 이끌어 내는 것을 피하기 위해서는 우리가 때때로 일반성의 표현을 제한해야 한다는 점에 우리의 주의를 환기시킨다.

693. 무한 소급에 이르는 추리는, '그렇게 해서는 우리가 결코 목표에 도달할 수 없기 때문에' 포기되어야 하는 것이 아니라, 여기에는 목표가 존재하지 않기 때문에, 그래서 "우리가 목표에 도달할 수 없다"라고 말하는 것이 전혀 아무런 뜻도 없기 때문에 포기되어야 한다.

우리는 걸핏하면 이렇게 생각한다. 즉 우리는 몇 단계 더 소급해 나간 다음에, 말하자면 절망해서 소급을 포기해야 하는 거라고. 하지만 소급의 목표 없음(계산법에서 목표의 결여)은 시작 위치에서 미루어 알 수 있다.

694. 칸토르[76]의 대각선 증명의 한 변형:

$N=F(k,n)$이 소수(小數)들의 전개를 위한 법칙의 형식이라고 하자. N은 k번째 전개의 n번째 소수 자리이다. 그러면 대각선의 법칙은, $N=F(n,n)=$ Def. $F'(n)$이다.

$F'(n)$은 $F(k,n)$이란 규칙들 가운데 하나일 수 없다는 것이 증명될 수 있다. 그것이 100번째 것이라고 가정하자. 그러면 $F'(1)$의 형성 규칙은 $F(1,1)$

---

[75] (옮긴이주) '유형 이론': 명제 함수가 유의미한 명제가 될 수 있게 하는 논항들의 어떤 범위가 있으며, 이는 일정한 위계 구조, 즉 개별자들의 집합(제1유형), 제1유형의 집합들의 집합(제2유형), 제2유형의 집합들의 집합(제3유형) 등등을 이룬다는 러셀의 이론. 러셀에 의하면, 이른바 '러셀의 역설'과 같은 바람직하지 않은 결과를 피하려면 우리는 유형 이론에 따라 명제 함수가 의의를 지닐 수 있는 범위에 엄격히 제한을 가해야 한다고 한다.

[76] (옮긴이주) 칸토르(Georg Cantor, 1845~1918): 러시아 페테르부르크 태생의 독일 수학자. 그의 대각선 논법은 실수의 집합이 자연수의 집합에 대응되지 않는다는 것을 보이기 위한 하나의 방법이었다.

이고, F′(2)의 형성 규칙은 F(2,2)이고, 등등이다. 그러나 F′(n)의 100번째 자리의 형성을 위한 규칙은 F(100,100)이 된다; 즉 그것은 우리에게 단지, 100번째 자리는 자기 자신과 같아야 한다, 그러니까 n=100에 대해서는 규칙이 아니다라고 말할 뿐이다.

그 놀이 규칙은 "……과 같은 것을 행하라!"란 내용으로 되어 있다—그런데 특별한 경우에 그것은 "당신이 행하는 것과 같은 것을 행하라!"가 된다.

695. 수학적 물음의 이해. 어떻게 우리는 우리가 수학적 물음을 이해하는지를 아는가?

물음은 하나의 주문이라고 말할 수 있다. 그리고 주문을 이해한다는 것은 무엇을 해야 하는지를 안다는 것을 뜻한다. 주문은 물론 전적으로 막연할 수 있다—예를 들어, 내가 "그에게 좋은 일이 될 어떤 것을 그에게 가져오라!"라고 말할 때처럼 말이다. 그러나 이것은 그의 상태 등에 관해서 우호적인 방식으로 생각하고 나서, 그를 향한 당신의 마음씨에 상응하는 어떤 것을 그에게 가져오라는 것을 뜻할 수 있다.

696. 수학적 물음은 하나의 도전이다. 그리고 그것이 우리로 하여금 수학적 활동을 하도록 고무한다면, 그것은 뜻이 있다고 말할 수 있을 것이다.

697. 그렇다면 또한, 수학적 상상을 자극한다면 수학에서의 물음은 뜻이 있다고 말할 수 있을 것이다.

698. 한 언어로부터 다른 언어로의 번역은 하나의 수학적 과제이다. 그리고 예를 들어 하나의 서정시를 외국어로 번역하는 것은 수학적 문제와 전적으로 유사하다. 왜냐하면 "어떻게 (예를 들어) 이 농담이 다른 언어로 번역될

수 있는가?"(즉 대체될 수 있는가?) 하는 문제가 제기될 수 있고, 또 해결될 수도 있지만, 그것의 해결을 위한 하나의 방법, 하나의 체계는 존재하지 않기 때문이다.

699. '극도로 복잡한' 숫자들을 가지고 계산하는 사람들을 생각해 보라. 이 기호들은 그러나 우리의 숫자들을 겹쳐 적을 때 생기는 모양들로서 나타난다. 그들은 예를 들어 π를 다섯 번째 자리까지 다음과 같이 쓴다: 그들을 바라보는 사람이 있다면, 그는 그들이 무엇을 하는지 추측하기 어렵다는 것을 발견할 것이다. 그리고 그들 자신도 아마 그것을 설명할 수 없을 것이다. 실로 이 숫자는, 조금 다른 문자로 쓰이면, (우리가) 못 알아볼 정도로 그 모습을 바꿀 수 있다. 그리고 그 사람들이 무엇을 하는 것일지는 우리에게 순전히 직관적으로 나타날 것이다.

700. 왜 우리는 셈을 하는가? 그것이 실용적인 것으로 증명되었는가? 우리는 우리의 개념들을, 예를 들어 심리학적 개념들을, 그것이 유익한 것으로서 실증되었기 때문에 갖고 있는가?—그렇지만 우리는 어떤 개념들을 바로 그 때문에 갖고 있다, 그 때문에 그것들을 도입했다.

701. 그건 그렇고, 수학 명제들이라 불리는 것과 경험 명제들 사이의 차이는, "2×2가 5라면 좋을 텐데!"라고 말하는 것이 뜻이 있는지가 고려된다면 백일하에 드러난다.

702. 2+2=4라는 등식이 "짝수들이 존재한다"란 명제의 증명임을 고려한다면, 여기서 우리들은 "증명"이라는 낱말이 얼마나 느슨하게 사용되어 있는가를 본다. 등식 2+2=4로부터 "짝수들이 존재한다"란 명제가 나와야 한

다?!―그리고 무엇이 소수(素數)들의 존재에 대한 증명인가?―소인수 분해의 방법. 그러나 이 방법에서는 실로 전혀 아무것도, 심지어 "소수"에 관해서조차 이야기되지 않는다.

703. "초등학교의 계산을 이해하기 위해서는, 어린아이들은 상당한 철학자이어야만 할 것이다; 그것이 결여되어 있으므로 그들은 훈련을 필요로 한다."[77]

704. 러셀과 프레게는 개념을 마치 사물의 속성처럼 파악한다. 그러나 "사람", "나무", "논문", "원"이란 말들을 기체(基體)의 속성처럼 파악하는 것은 매우 부자연스럽다.[78]

705. 함수에 관한 디리클레[79]의 견해는 그것이 무한 법칙을 어떤 목록에 의해서 표현하려고 하지 않는 곳에서만 가능하다. 왜냐하면 무한한 목록은 존재하지 않기 때문이다.

706. 수(數)는 수학에 근본적이지 않다.

707. 예를 들어 유리수들의 '배열' 개념과, 무리수들을 그렇게 배열하는 것의 '불가능성' 개념. 그것을 숫자들의 '배열'이라고 부르는 것과 비교하라. 같

---

[77] (편집자주) 타자 원고에는 다음의 말이 이어진다: "우리가 어떤 설명을 읽을 때, 가령 논리적 귀결의 설명을 읽을 때, 우리는 그가 쓰는 글에 의지한다. 우리는 말에 의지한다: 기호에((나의 경우!) 계산법에)."
[78] (편집자주) 비트겐슈타인, 《철학적 소견들》 §96을 보라.
[79] (옮긴이주) 디리클레(L. Dirichlet, 1805~1859): 수론, 해석론, 역학 분야에 기여한 독일의 수학자. 브레슬라우와 베를린 대학에서 강의했고, 1855년에는 괴팅겐 대학에서 C. F. 가우스를 승계하였다.

은 식으로, 한 숫자(또는 호두)와 다른 한 숫자(또는 호두)의 '짝짓기'와 모든 정수와 짝수들의 '짝짓기' 사이의 차이 등등. 도처에 개념의 전위(轉位)들.

708. 곧은 자를 만들어 내는 방법이 명백히 존재한다. 이 방법은 어떤 이상(理想)을 포함한다—내 말은, 무제한의 가능성을 지닌 접근 절차를 포함한다. 왜냐하면 바로 이 절차가 이상이기 때문이다.

또는 차라리: 무제한의 가능성을 지닌 접근 절차가 있을 경우에만, 이런 절차의 기하학은 유클리드적일 수 있다('이어야 한다'가 아니라).[80]

709. 계산을 장식으로 간주하는 것도 역시 형식주의이다; 그러나 좋은 종류의 형식주의이다.

710. 계산은 장식으로 간주될 수 있다. 평면상의 한 도형은 다른 한 도형에 걸맞거나 걸맞지 않을 수 있다; 다른 것들과 상이한 방식으로 통합될 수 있다. 더욱이 그 도형이 채색되어 있다면, 색깔과 관련해서 또 하나의 걸맞음이 존재한다. (색깔은 단지 그 밖의 차원이다.)

711. 전기 기계들과 장치들(발전기들, 방송국들 등등)에 대해, 말하자면 미리 받아들인 이해 없이 이 대상들을 구리, 철, 고무 등의 공간상에서의 배치로 보는 고찰 방식이 존재한다. 그리고 이러한 고찰 방식은 상당수의 흥미로운 결과에 이를 수 있을 것이다. 그것은 수학적 명제를 장식으로 보는 고찰 방식과 아주 유사하다.—그것은 물론 전적으로 엄격하고 올바른 파악이다; 그리고 그것에서 특징적인 점과 어려운 점은, 그것이 대상을 일체의 선입견

---

[80] (편집자주) 비트겐슈타인, 《철학적 소견들》 §178을 보라.

에 사로잡힌 관념 없이 (말하자면 화성인의 관점으로부터) 고찰한다는 것이다. 또는 아마도 더 올바르게는: 정상적인 선입관, 설명을 파괴한다(지워 없앤다)는 것이다.

712. (나의 문장 스타일은 프레게로부터 대단히 강하게 영향 받고 있다. 그리고 만일 내가 원한다면, 나는 이 영향을 첫눈에는 아무도 그것을 볼 수 없을 터인 곳에서 잘 확립할 수 있을 것이다.)

713. "그것을 여기에 놓아라"(이때 나는 손가락으로 그 장소를 지칭한다)—이것은 절대적인 장소의 진술이다. 그리고 공간이 절대적이라고 말하는 사람은 그것에 대한 논거로서 다음을 제시할지도 모른다: "어쨌든 장소가 존재한다: 여기에."〔방주: ((아마도 최초의 언어놀이들에 속하는 것.))〕

714. 어떤 사람이 이름들을 오직 그 보유자들이 있는 경우에만 사용하고 이해할 수 있는 그런 정신병이 생각될 수 있을 것이다.

715. 보유자가 존재하기를 그치자마자 기호들이 소용없게 되는 (그것들이 절멸되는) 방식으로 기호들이 사용될 수 있을 것이다.
　이 언어놀이에서는 말하자면 이름이 대상을 끈에 달고 있다; 그리고 대상이 존재하기를 그친다면, 그것과 함께 일을 한 이름은 내던져 버려질 수 있다. (고유명사에 대해 "손잡이(handle)"라는 낱말.)

716. "이 꽃잎은 붉다"와 "이 꽃잎은 한국어로 '붉다'고 하는 색을 지니고 있다"라는 두 문장은 어떠한가? 그 둘은 **동일한 것을 말하는가**?
　그것은 어떤 색이 한국어로 '붉다'고 불리는 데 대한 기준이 무엇이냐에 달려 있지 않은가?

717. "당신은 신(神)이 다른 사람과 이야기하는 것을 들을 수 없다. 오직 신이 당신에게 말을 걸어 왔을 때만 당신은 그의 말을 들을 수 있다." 이것은 하나의 문법적 소견이다.

《쪽지》(Z)와 《심리학의 철학에 관한 소견들 1, 2》(BPP 1, BPP 2) 상관표

Z	BPP 1	BPP 2	Z	BPP 1	BPP 2
1	173	575	87		46
6		259	88		253b
39	1136		89b		212
40	1137		90		236
44		582	91		237
45		178	92a		263a
49	830		93		248
50		258	94		249
72		57	95		233
75	972		96		257b
76-77	973		98	559	203
78		722	99		205
79		4	100		183
80		729	101		184
81		50	102		186
82		51	103		187
83		52	104		224
84		48	105		225
85		45	106		226
86	793		107		227

Z	BPP 1	BPP 2	Z	BPP 1	BPP 2
109		214	168		500
110		220	169, 170		501
111	554		171		502
112-113		194	172		503
113		20	173		504
114		200	173		687
115		206	174		505
116		207	175	433	
117		201	178	688	
118		202	179		531
119		331	180		573
120		332	181		574
121	556		182		557
122		215	183a		71a
124		261	183a		578
129		192	183b		79
136a	245		184		572
157		695	185		548b
158	660		188		264
159		497	189	734	
160-162	888		190	735	
162		466	191	736	
163		467	192		598
164		468	204	1111	
165		469	205	1112	
166		470	206	1119	
167		471	208	1	355

Z	BPP 1	BPP 2	Z	BPP 1	BPP 2
212	2		312	637	
213	5		318		413
216		521	319		414
217		522	323	587	
220	927		328		720
221	929		330		395
222	1100		332	644	
223	1101		333	620	
225		570	338	605	
240	893		339	606	
248	397		340	607	
259	827		341	615	
274	825		342-343	616	
275	826		344	617	
293	409		345	618	
295	588		346	624	
300		403	350		392
301		404	351		393
302		405	352		727a
303		406	353		437b
304		407	354		423
305		408	355		424
306		409	356		425
307		410	357		426
308		411	358		427
310	635		359		428
311	636		360	856	

Z	BPP 1	BPP 2	Z	BPP 1	BPP 2
361	857		392		622
362		429	393		605
363		431	394	930	
364		432	395	931	
365		433a	396	932	
366		348	397	933	
367		349	398	934	
368	603		399	935	
369	604		400	937	
370	1105		401	938	
371	957		402	939	
372	646		403		645
373		693	404		646
374		683	405	1099	737
375		679	406	300	737
378		680	408		303
379-380		681	409-410		343
380		638	411		336
381		640	412		337
382		641	413		338
383		706	414		339
384		710	415		340
387		707	416		341
388		708	418		326
389		631	419		327
390		700	420		330
391		632	421		312

Z	BPP 1	BPP 2	Z	BPP 1	BPP 2
422		315	488-492		148
423		316	495		325
424		317	496		172
425, 417		318	497	439	
427	1086		498	440	
432		313	499	730	
433	444		500		158
439, 527		614	501		161a
450	706		502		174
451	791		503	925	
458	949		504	959	152
464	895		505	926	
465		311	507	800	
468		16	508	801	
469a		15	509	802	
472, 483, 621		63	510	803	
473		58	511		307a
474		59	512		159
475		60	513		320
476		61	515, 484		498
477	702		516		721
478	948		517	853	
479	796		518		308
480	784		519		309
481	786		520		310
482	693		523		166
485		499	524		333

Z	BPP 1	BPP 2	Z	BPP 1	BPP 2
525		167	561		669
526		324	562		670
528	96		563		671
529	97		564		667
530	101		565		668
532-3		150a	566		712
534		151	567		629
535		143	568		672
537		719	569		673
539	914		570a, c		609
540	915		571		633
541	916		572		634
542	917		573		662
543		617	574	810	
545	151		575	811	
545	146		576	705	
546	152		577	776	
547	153		578	764	
548	154		579	806	
551	809		581	757	
553		647	582	707	
554		709	583	755	
555		682	584	756	
556		621	587		269
557a, b		702	588	956	
558		703	589	878	
560		648	591	838	

Z	BPP 1	BPP 2	Z	BPP 1	BPP 2
592	839		629		77a
593	840		630-631		87
594	841		632		88b
595	843		633		89
596	844		634		98
597	845		635		100
598	849		636		110
599	850		637		111
600	851		638		112
601	852		640		113
603		663	641		123
604		664	642		124
608	903		643		119b
609	904		644		137
610	905		645		138
611	906		646		139b
612	908		647		140
613	909		650	1131	
614	918		655	726	
618		26	656	891	
622a		64	657		351
623		65	658		352
624		66	659		353
625a		70	660		346
625b		71	661		583
626		72	661		592
627		80a	663		593

Z	BPP 1	BPP 2
664		594
665		595
666		596
667		597
673		512
674		520
677		105
678	940	
679	941	
680	942	
681		731
682		732
694	1097	
698	778	
699	330	
700	951	
707	1098	
713	591	
713	946	
715	592	

비트겐슈타인 연보

1889년   4월 26일 저녁 8시 30분, 합스부르크 제국의 수도였던 오스트리아의 빈에서 출생하다. 루트비히 요제프 요한(Ludwig Josef Johann)이란 이름으로 세례를 받다. 집안은 외할머니를 제외하고는 모두 유태계였으나, 부계(父系)는 개신교로 개종했고 어머니는 가톨릭을 믿었다. 아버지 카를(Karl)은 자수성가하여 철강 재벌이 된 사업가였고, 어머니 레오폴디네(Leopoldine)는 음악 후원자이자 그 자신도 재능 있는 피아니스트였다. 루트비히는 5남 3녀의 막내였다.

1903년   가을에 린츠 국립실업고등학교에 입학하다. (같은 학교에 그와 동갑인 히틀러가 1년 후에 입학한다.) 그때까지는 아버지의 교육 방침에 따라 학교에 다니지 않고 여러 명의 가정교사에게 개인 교수를 받았다. 고등학교 시절, 급우들과 잘 어울리지 못했으며 성적도 종교 과목을 제외하고는 좋지 않았다. 이 시절에 카를 크라우스의 풍자적 잡지인 《횃

불》, 쇼펜하우어의 《의지와 표상으로서의 세계》, 바이닝거의 《성과 성격》, 헤르츠의 《역학 원론》, 볼츠만의 《대중적 저술들》 등을 읽은 것으로 알려져 있다.

1904년 음악에 재능이 있었으나 아버지와의 갈등으로 집을 나갔던 맏형 한스(Hans)가 1902년 미국 체사피크 만에서 실종(자살로 추정됨)된 데 이어, 연극에 관심이 있던 셋째 형 루돌프(Rudolf)가 베를린에서 청산염을 마시고 자살하다.

1906년 가을. 고등학교 졸업과 함께 기계공학 공부를 위해 지금의 베를린 공대의 전신인 베를린-샤를로텐부르크 기술전문대학에 등록하다. (원래는 빈에서 볼츠만에게 물리학을 공부하려 했으나 이 해 여름 볼츠만이 자살하는 바람에 계획을 변경했다.) 이 시절부터 철학 노트를 작성하기 시작한 것으로 알려져 있다.

1908년 봄. 아버지의 권고에 따라 영국의 맨체스터 대학으로 유학 떠나다. 연을 이용한 항공학 실험들을 하다가, 가을에 기계공학부 연구생으로 등록하여 비행기 제트엔진과 프로펠러 제작을 연구하다. (그 연구 결과는 1911년 8월에 특허를 취득한다. 그리고 이 연구에 나타난 엔진 방식은 약 30년 후 헬리콥터 개발로 이어진다.) 동시에, 연구와 관련된 수학 문제들, 특히 수학 기초의 문제들에 점점 더 강한 흥미를 가지게 되어, 러셀의 《수학의 원리들》과 프레게의 《산수의 근본 법칙》을 읽게 되다.

1911년 여름. 나름대로의 철학적 구상을 가지고 예나의 프레게를 방문하다. 아마도 이때 프레게의 권유로, 가을 이후에는 러셀과 함께 공부하기 위해 (맨체스터 대학에 등록된 상태에서) 케임브리지 대학으로 옮기다. 러셀의 강의를 청강하며 그와 논리-철학적인 문제들을 토론하기 시작하다. 첫 학기가 끝난 후, 자신이 철학적 재능이 있는지를 고민하던 비트겐슈타인은 러셀에게 판단을 요청했고, 러셀은 방학 동안 글을 써서 제출해 볼 것을 요구한다. 러셀은 제출된 논문의 첫 문장에서 비트겐슈타인의 천재성을 확신하고, 그에게 철학자의 길을 가도록 권한다.

1912년 2월에 케임브리지 대학교 트리니티 칼리지에 정식 입학하다. 러셀 외에도 무어 등의 강의를 들었고, 제임스의 《종교적 경험의 다양성》을 읽다. 또 러셀과 함께 《수학 원리》를 쓴 화이트헤드, 경제학자 케인스, 그리고 나중에 《논리-철학 논고》를 헌정하게 되는 친구 핀센트를 알게 되다. 케임브리지 대학 도덕학 클럽의 멤버가 되어 활동하고, 11월에는 '사도들'이라는 모임의 회원으로 뽑히다. 12월에 도덕학 클럽에서 '철학이란 무엇인가?'라는 주제로 발표하고, 빈으로 돌아가는 길에 예나에 있는 프레게를 방문하다.

1913년 1월. 부친이 사망하다. 그리고 막대한 유산을 상속받다. 3월. 코피의 《논리의 과학》에 대한 비판적 서평을 《케임브리지 리뷰》에 기고하다. 이후 프레게의 《산수의 근본 법칙》의 부분들을 주르댕과 함께 영역하다. (이 번역은 후자의 이름만을 번역자로 하여 나중에 《모니스트》지에 발표되었다.) 9월. 방해받지 않고 논리학을 연구할 수 있는 곳을 찾기 위해 핀센트와 함께 노르웨이를 방문하다. 10월 초. 노르웨이로 이주하기 전 러셀과 핀센트를 각각 만나 그동안의 연구를 구술하다. (이것의 속기본과 타자본이 나중에 《노트북 1914~1916》의 부록인 〈논리학 노트〉로 출판된다.) 10월 말. 노르웨이의 베르겐 근처 작은 마을로 이주하다.

1914년 3월 29일~4월 14일. 노르웨이의 비트겐슈타인을 방문한 당시 지도교수 무어에게 그동안 작업한 '논리학'의 핵심 내용을 구술하다. (무어가 받아 적은 내용은 《노트북》의 두 번째 부록으로 출판된다.) 비트겐슈타인은 자신의 글 '논리학'으로 학사 학위를 취득할 수 있기를 바랐으나, 통상적인 논문 형식을 갖추지 않으면 안 된다는 규정이 있음을 알리는 무어의 편지에 감정적으로 대응하고 학사 학위를 포기하다. (이 일로 둘의 우정은 금이 가고 15년 동안 회복되지 못한다.) 6월. 빈에 돌아와 있던 중 1차 대전 발발하다. 7월. 당시로서는 거액인 10만 크로네를 재능이 있으나 가난한 오스트리아의 예술가들에게 지원할 것을 《횃불》지 편집인 루트비히 폰 피커에게 일임하여 기부하다. (수혜자는 트라클, 릴케, 달라고, 코코슈카 등이었다.) 8월. 자원입대하여 크라카우의 한 초계정에서 복무하다. 《논리 – 철학 논고》를 위한 노트 작성을 시작하다. 한 서점에서 발견한 단 한 권의 책인 톨스토이의 《성경》에 매혹되어 늘 품고 다니다. 그 외 니체의 《안티크리스트》를 구입해 읽다. 12월. 크라카우 요새 포병공창 사무소에서 복무하다.

1915년 7월. 포병대 정비소에서 일어난 폭발 사고로 가벼운 부상을 입다. 8월 소속 부대 이동으로. 르보프 근처 소콜에 있는 포병공창 열차에서 복무하다. 《논리 – 철학 논고》 작업 계속하다.

1916년 3월 초. 최전선에 보내 달라는 본인의 계속된 희망에 따라 러시아 쪽 갈리치아 전선에 착탄관측병으로 배치되다. 여러 번 훈장을 받은 끝에 9월에는 하사로 진급하다. 곧이어 올뮈츠 포병사관학교에 입교하다. 여기서 로스의 제자인 건축가 엥겔만을 알게 되다.

1917년 1월. 소위로 연대 복귀하다. 7월. 전투에서의 뛰어난 공로로 훈장을 받다.

1918년 2월. 중위로 진급하다. 3월. 이탈리아 전선으로 이동하여, 아시아고에서 전투하다. 5월. 영국에서 핀센트가 비행기 사고로 사망하다. 7월. 이전 달 전투에서의 공로로 훈장을 받다. 그 이후 두 달 동안의 휴가 중 《논리 – 철학 논고》의 최종 원고를 완성하다. 9월 말. 전선으로 귀환하다. 10월. 둘째 형 쿠르트(Kurt)가 전선에서 자살하다. 11월 초. 이탈리아군의 포로가 되다.

1919년 6월. 포로수용소 생활 중, 《논리 – 철학 논고》의 원고 사본을 러셀과 프레게에게 보내다. 8월. 포로 석방으로 빈의 집으로 귀환하다. 9월. 자신이 상속받은 막대한 재산 전부를 포기하고 첫째 누이와 둘째 누이, 그리고 전쟁에서 오른팔을 잃은 막내 형 파울(Paul)에게 양도하다.

	(파울은 피아니스트였는데, 그를 위해 M. 라벨이 '왼손을 위한 피아노 협주곡'을 써준다.) 교사가 되기 위해 교원 양성소에 등록하다. 12월. 헤이그에서 러셀과 만나 《논고》에 대해서 설명하다. 러셀은 출판에 어려움을 겪고 있는 이 작품에 서론을 써주기로 하다.
1920년	7월. 교원 양성소 졸업하다. 4월에 받은 러셀의 서론에 결국 실망하고 그것을 자신의 작품에 싣기를 거부하는 바람에, 《논리 – 철학 논고》의 출판이 무산되다. 이후 비트겐슈타인은 출판 문제를 러셀에게 위임하다. 8월. 빈 근처의 한 수도원에서 보조 정원사로 일하다. 9월. 오스트리아 동북부에 있는 시골 마을 트라텐바흐의 초등학교 교사로 부임하다.
1921년	여름. 노르웨이를 여행하다. 11월. 오스트발트가 편집자로 있는 잡지 《자연철학 연보》의 최종호에 《논리 – 철학 논고》가 교정이 매우 불충분한 상태로, 러셀의 서론과 함께 출판되다.
1922년	8월. 인스부르크에서 러셀과 만나 《논리 – 철학 논고》 등에 관해 논의하다. 둘의 우정에 금이 가다. 가을. 잠시 하스바흐라는 작은 시골 마을을 거쳐 역시 작은 시골 마을인 푸흐베르크로 근무지를 옮기다. 영국의 케건 폴 출판사에서 《논고》의 독영 대역본이 무어가 제안한 라틴어 제목 "*Tractatus Logico-Philosophicus*"로 출판되다.
1923년	9월. 《논고》의 영어 번역 작업에서 실질적 역할을 한 당시 케임브리지 대학생 램지가 푸흐베르크의 비트겐슈타인을 방문하다. 둘이 《논고》를 같이 읽으며 대화하다.
1924년	3~10월. 케임브리지 대학의 교수로 예정된 램지가 빈에 머물면서 정기적으로 푸흐베르크의 비트겐슈타인을 방문하다. 9월. 오터탈이란 마을로 근무지를 옮기다. 12월. 빈 대학의 교수 슐리크가 만남을 원하는 편지를 보내다.
1925년	4월. 《초등학교 낱말사전》을 위한 서문을 작성하다. (비트겐슈타인이 교사가 된 이후 학생들과 함께 작업한 이 사전은 1926년에 빈에서 출판된다.) 7월. 프레게가 사망하다. 8월. 영국을 방문하여 케인스 등을

만나다.

1926년 4월. 한 학생을 체벌한 사건으로 인해 스스로 교사직을 포기하다. 휘텔도르프의 수도원 보조 정원사로 일하다. 6월. 모친이 사망하다. 가을. 막내 누이 마르가레테(Margarethe)를 위한 집의 건축에 엥겔만과 공동 작업하게 되다.

1927년 2월. 슐리크와 처음 만나다. 이후 바이스만, 카르납, 파이글 등 빈 학단의 일부 회원들과도 접촉하다. 철학적 성찰을 다시 시작하다. 그리고 틈틈이, 골턴에 의해 고안된 합성사진의 방법을 실험하다.

1928년 3월. 수학의 기초에 관한 브라우어의 강연들을 듣고 철학에 몰두할 새로운 자극을 얻다. 가을. 누이의 집을 완성하다. (이 집은 현재 '비트겐슈타인 하우스'로 불리며, 1970년대에 빈의 문화재로 지정되었다.)

1929년 1월. 공부를 계속하기 위해 케임브리지로 돌아가다. 2월. 약 300쪽짜리 대형 노트 18권을 구입해 철학적 사유들을 기입하기 시작하다. (이 일은 1940년까지 계속되며, 그 기록들은 현재 15권으로 기획되어 《빈 판본》(Wiener Ausgabe)으로 출판되고 있다.) 6월. 《논리-철학 논고》의 영역본을 학위논문으로 하여 박사 학위를 취득하고, 연구를 위한 장학금을 받다. 7월. 〈논리적 형식에 관한 몇 가지 소견〉이 《아리스토텔레스 학회보》에 발표되다. (《논고》를 제외하면 비트겐슈타인 생전에 출판된 유일한 글인 이 논문은 영국 철학자들의 연례 합동 모임에서의 발표를 위해 제출되었으나, 이 논문에 만족하지 못한 비트겐슈타인은 실제 모임에서는 수학에서의 일반성과 무한성이라는 다른 주제로 발표하였다.) 이탈리아 출신의 경제학자 스라파와 알게 되어 정기적으로 토론을 하게 되다. 11월. 케임브리지의 이교도 협회에서 윤리학에 관한 강의를 하다. (이 강의는 비트겐슈타인의 유일한 대중적 강의로, 사후에 〈윤리학에 관한 강의〉로 출판된다.) 크리스마스 이후 빈의 슐리크를 만나 자신의 생각들을 구술하다. (이것과 그 이후 비트겐슈타인이 빈을 방문할 때 슐리크와 바이스만에게 구술한 견해들이 바

	이스만에 의해 기록되어 비트겐슈타인 사후에 《비트겐슈타인과 빈 학단》으로 출판된다.)
1930년	1월. 램지가 26세의 나이로 요절하다. 케임브리지에서 철학 강의 시작하다. 아울러 언어, 논리, 수학의 문제들에 관한 세미나 진행하다. 무어가 회장인 도덕학 클럽의 모임에도 다시 참여하여, 〈타자의 마음의 존재에 관한 증거〉라는 짧은 논문을 발표하다. 12월. 그동안의 작업을 토대로 봄에 제출한 《철학적 소견들》을 근거로 5년 기한의 연구교수로 선출되다.
1931~32년	강의와 세미나, 그리고 나중에 《철학적 문법》 등으로 출판되는 원고의 작성과 수정 작업을 수행하다. (이때까지의 강의 기록들은 사후 편집되어 《비트겐슈타인의 강의 : 케임브리지, 1930~1932》로 출판된다.)
1933~34년	《청색 책》과 《갈색 책》을 학생들에게 강의 대용으로 구술하다. 또 그동안의 작업을 바탕으로 이른바 《대(大) 타자 원고》를 작성하다. (이 원고의 수정된 부분과 수정되지 않은 일부로부터 《철학적 문법》이 구성된다. 《대 타자 원고》는 최근에 따로 출판되었다.)
1935년	가을. 연구교수 기간 만료 이후의 일자리를 알아보기 위해 소련을 방문하다. 레닌그라드 대학, 카잔 대학, 모스크바 대학에서의 철학 강의를 제의받았으나, 노동자로 살아가기를 원했던 비트겐슈타인은 포기하고 되돌아오다. 철학적 심리학에 관한 최초의 세미나를 하다. 이 해의 강의를 위해 '사적 경험'과 '감각 자료'에 관한 강의를 위한 노트들을 작성하다. (1933년부터의 강의 기록들은 사후 편집되어 《비트겐슈타인의 강의 : 케임브리지, 1933~1935》로 출판된다.)
1936년	연구교수 기간 만료 후 더블린을 방문하다. 이 기간(6월) 중 슐리크가 사망했다는 소식을 듣다. 8월. 노르웨이에 있는 자신의 오두막집으로 가서 수개월 동안 머물다. 이 기간 중 《갈색 책》을 독일어로 개작하다 포기하고, 《철학적 탐구》에 착수하여 대략 지금의 1~188절에 해당하는 부분을 집필하다.

1937년	케임브리지, 빈 등을 거쳐 8월에 다시 노르웨이의 집으로 돌아가 《수학의 기초에 관한 소견들》의 일부, 〈원인과 결과〉 등이 포함된 철학적 작업을 계속하다.
1938년	3월. 오스트리아가 나치 독일에 합병됨으로 인해 독일 국민이 되기를 거부하고 영국 국적을 신청하다. 《수학의 기초에 관한 소견》과 《철학적 탐구》 등의 작업을 계속하다. 여름. 미학과 종교적 믿음에 관한 강의들을 하다. (이 강의들은 그 후의 관련 강의들과 대화들과 합쳐져 사후에 《미학, 심리학, 종교적 믿음에 관한 강의와 대화》로 출판된다.) 9월. 《철학적 탐구》의 초기 형태를 독영 대역으로 케임브리지 대학 출판부에서 출판하기로 했으나, 몇 가지 문제로 출판을 보류하다. 10월. 무어의 퇴임으로 공석이 될 교수직에 지원하다.
1939년	2월. 무어의 자리를 이어받아 케임브리지 대학 철학교수가 되다. 4월. 영국 시민권을 얻다. 6월. 여권이 나오자 유태 혈통으로 곤란에 처한 가족들의 문제를 해결하기 위해 빈, 베를린, 뉴욕으로 동분서주하다. (결국 비트겐슈타인 가족의 재산이 문제를 해결한다.) 이 해에 3학기에 걸쳐 수학의 기초에 관한 강의를 하다. (이 강의 기록은 사후 편집되어 《수학 기초에 관한 비트겐슈타인의 강의 : 케임브리지, 1939》로 출판된다.) 10월부터 《철학적 탐구》에 관한 세미나를 하다.
1940년	2월. 도덕학 클럽과 수학 협회에서 논문 발표와 강의. 가을. 《철학적 탐구》에 관한 세미나.
1941년	10월. 비트겐슈타인의 인생에서 큰 의미가 있었던 제자이자 친구인 스키너가 병사하다. 11월부터 런던의 가이 병원에서 잡역부를 거쳐 실험실 조수로 일하다. (그는 2차 대전 발발 이후 줄곧, 학교에서 가르치는 일 말고 전쟁과 관련된 의미 있는 노동을 하고 싶어 했다.) 이때부터 1944년까지 교수로서의 정규 강의는 중단하고 주말에 케임브리지에서 사적인 세미나만 계속하다.
1942년	4월. 담석 제거 수술을 받다.

1943년	4월 이후 뉴캐슬의 병원 의학연구실로 옮겨 일하다. 9월. 《철학적 탐구》를 《논리-철학 논고》와 합쳐 출판하려고 하다. (이 계획은 케임브리지 대학 출판사에서 승인받지만, 《논고》를 발행한 케건 폴 출판사와의 저작권 문제로 결국 실행되지 못한다.)
1944년	2월. 케임브리지로 돌아가다. 3~9월. 스완시에 있는 제자이자 친구인 리스의 집에서 대부분의 시간을 보내며 《철학적 탐구》를 다듬다. (지금의 《탐구》 189~421절이 추가되었다.) 10월. 케임브리지 대학 교수로 복귀하다. 11월. 무어에 이어 도덕학 클럽의 회장이 되다.
1945년	1월. 《철학적 탐구》의 머리말을 새로 쓰다. 그리고 이 해에 현재 《탐구》의 421~693절을 이루는 부분을 추가하여 제1부를 완성하다. 또 심리학의 철학에 관한 2시간짜리 세미나를 매주 2회 진행하고, 사후 《심리학의 철학에 관한 소견들》 제1권으로 출판되는 타자 원고들을 작성하다.
1946년	심리철학에 관한 고찰들을 계속하며 사후 《심리학의 철학에 관한 소견들》 제2권으로 출판되는 내용들을 작성하기 시작하다. 아울러 수학 기초에 관한 세미나와 심리학의 철학에 관한 세미나를 진행하다. (후자의 세미나는 사후에 《철학적 심리학에 관한 비트겐슈타인의 강의 1946~1947》로 출판된다.) 10월. 철학적 문제의 존재 여부를 놓고 도덕학 클럽에서 포퍼와 충돌하다. 11월. 도덕학 클럽에서 '철학이란 무엇인가?'에 관해 강의하다. 이 해에 벤 리처즈라는 의대 학부생에게 사랑을 느끼다.
1947년	5월. 옥스퍼드의 조웨트 학회에서 초청받아 토론하다. 여름. 이전부터 염증을 내던 교수직(특히 영국에서의 교수직)을 그만두고 《철학적 탐구》의 완성에 전념하기로 결심하다. 종전 후 처음으로 오스트리아를 방문하다. 10월. 사직서를 제출하다. (사직서는 12월에 수리된다.) 12월. 아일랜드에서의 1년 반 동안의 체류를 시작하다.
1948년	아일랜드의 외진 시골에서 절대적 고독 속에서 생활하며 철학에 몰두

	하다. 9월. 암에 걸린 큰누이 헤르미네(Hermine)를 만나기 위해 빈을 방문하다. 10월. 케임브리지에서 그동안 아일랜드에서 작업한 원고들을 구술하다. 11월. 더블린에 머물며 사후 《심리학의 철학에 관한 마지막 글》로 출판되는 글들을 쓰다. 12월. 유언장을 작성하다.
1949년	4월. 임종이 가까운 큰누이를 보기 위해 빈을 방문하다. 7월. 제자이자 친구인 맬컴의 오래전부터의 초청으로 미국을 방문하다. 확실성에 관한 토론과 대화들을 나누다. 이 기간 동안 심한 병을 앓다. 10월. 영국으로 되돌아가 전립선암으로 진단받다. 12월. 크리스마스 무렵에 빈의 가족들을 방문하다. 이 해에 《철학적 탐구》 제2부 최종판에 해당하는 내용을 구술해 타자 원고를 만들다.
1950년	1월. 괴테의 색채론을 읽고 사후 《색채에 관하여》의 일부로 출판되는 소견들을 쓰다. 2월. 큰누이가 숨지다. 3월. 영국으로 돌아와 런던에 머물다. 4월 초에 케임브리지에서 제자이자 그의 후임자인 폰 브리크트의 집에 머물다가, 4월 말부터는 옥스퍼드에 있는 제자 앤스콤의 집으로 옮겨 머물다. 여름. 확실성의 문제에 관한 고찰을 재개하다. 10월. 벤 리처즈와 몇 주간 노르웨이를 여행하다. 11월. 케임브리지에 있는 주치의 베반 박사의 집으로 거처를 옮기다. 12월. 크리스마스를 빈의 가족들과 함께 보내다.
1951년	1월. 옥스퍼드에서 리스를 유언집행관으로 하고, 리스, 앤스콤, 폰 브리크트를 문헌관리자로 하는 새 유언장을 작성하다. 2월 8일 이후 케임브리지의 베반 박사 집에서 지내며 색채의 문제와 확실성의 문제에 관하여 작업하다. 4월 27일에 《확실성에 관하여》의 마지막 부분을 쓰고 다음 날 의식을 잃다. 4월 29일 아침에 사망하다. 5월 1일. 케임브리지의 성(聖) 자일즈 교회 묘지에 묻히다.

찾아보기[1]

ㄱ

가능성 138, 253, 588, 708
가르치다 115~116, 300, 310, 318, 412~413, 418, 422, 426
가리키다 11~12, 21~22, 24, 28, 443
가상 259, 422
가정 220, 251
가족 26
가지고 있다 550
간헐적 46~47
갈색 69, 198
감각 인상 427, 505, 634
감각 자료 498
감각 체험 477
감각(들) 28, 45, 47, 134, 151, 165, 168~170, 184, 215, 236, 271, 360, 426, 434~435, 472~473, 476~479, 483~484, 488, 491~492, 496, 502, 507, 509, 549, 557, 589, 621, 663
　―대 감정 488, 491
　―대 표상 621
　―로 내적인 눈길 보내기 426
　―에 표현을 주다 151, 168, 549
　―을 드러내 보일 수 없다 134
　"―을 명명하다" 434
　―의 연관들과 유사성들 472
　―의 일반적인 개념 473
　―의 지속 478
　기쁨 등은 ―이 아니다 484, 509
　음악의 이해는 ―이 아니다 165, 169
　즐거움의 ― 170
감정 45, 225, 485, 488~489, 494
감지하다 168, 403, 497, 508, 557
강물 459
강조 287
개 389, 390, 518, 521, 526
개념 109~110, 223, 225, 325~326, 332~333, 350~351, 373~374, 376, 380, 387~388, 412, 423, 464, 472, 488, 543, 554, 568, 700
　가르침의 ―, 의미의 ― 412
　감정의 ― 225
　―은 사실들의 골격에 의해 제약된다 350
　―을 도입한 이유 700
　―을 통해 부각되는 증거 554

---

1 숫자들은 본문의 절 번호들을 가리킨다.

—의 전위(轉位)들 707
　　고통의 — 543
　　반복적으로 사용되는 — 568
　　봄의 — 223
　　"빨강"이란 — 333
　　사유의 — 109~110
　　색깔의 — 332, 351
　　생물의 — 326
　　시각의 — 423
　　심리학적 — 464, 472, 488
　　"언어", "문장"의 — 325
　　우리의 —과 다른 — 373, 380, 387~388
　　전형의 존재와 전형의 — 376
　　확고하게 한정된 — 374
개념적 427, 458, 570
거미 564
거울 670
거짓된/잘못된 133, 259, 320, 398, 676
거짓말, —하다 189~190, 516, 691
걸맞다 7, 54, 100, 450, 710
검사, —하다 272, 309, 426, 438, 614
검증, —하다 331, 436, 472, 676
검증할 수 없는 259
겨냥하다 23, 40
견본 316, 333
결론 563
결의 36
결합 289, 291, 412, 426, 500, 580, 604, 637, 657
결합하다 9, 336, 549, 613, 622, 628
결혼하다 11

겸손 378
겹침 472
경계 556
경과 75, 488, 490
경향 33, 344, 444
경험 96, 256, 260, 309, 352, 359, 452, 537, 570~572, 585
　　"가능한 모든 —을 벗어난" 260
　　—이 가르친다 309, 352
　　사유는 —이 아니다 96
　　새로운 —을 알게 됨 585
경험상 267, 519
계산, —하다 51, 89, 109, 273, 299, 347, 366, 393, 410, 529, 672, 693, 699, 703, 709~710
　　—상의 오류 393
　　—에 대한 입장 299
　　극도로 복잡한 숫자들을 가지고 하는 — 699
　　기호 없이 하는 — 109
　　머릿속으로 — 206, 529
　　어떤 개념들을 가지고 하는 — 347
　　장식으로서의 — 709~710
계산 전문가 89
계수 106
고뇌 497
고백 39, 558
고양이 187
고통 75, 77, 84, 380, 383, 389, 481~483, 485, 492, 498, 500~501, 504, 510~511, 532~536, 538, 540, 542, 544~548, 550, 552, 556, 564

—대 두려움, 사랑 501, 504
　　—대 믿음, 지식 등 75
　　—대 봄 510
　　—행동에 대한 반응들 540
　　—에 대해 "괴로워하다"의 사용 500
　　—은 감각 및 감정 모두와 닮았다 485
　　—은 몸체를 가지고 있는 것처럼 보인다 482
　　—을 가지고 있다 550
　　'—'을 이야기하지 않는 언어 383
　　—의 개념 485, 532~533
　　—의 그림 552
　　—의 장소 483, 498, 510~522
　　—의 표출과 삶의 표출 534
　　나의 — 538
　　다른 사람의 —을 믿음, 의심함 545~548, 556, 564
　　다른 사람의 —을 상상하다 535~536, 544
곱셈, —하다 280, 299, 324
공간 269, 469, 480, 622, 628, 648, 713
공상 446, 621, 652
공통적 72, 477, 488, 510
과거 519, 661~664
과거형 80, 178
과정 21, 25~26, 28, 53, 57, 63, 65, 88, 90~91, 100, 136, 163, 192, 211, 236~237, 278, 316, 340, 369, 436, 445~446, 467, 469, 529, 565, 606~608, 649, 668
　　기대의 — 53
　　내적 — 192, 340, 469

　　머릿속 —으로서의 사유 606~608
　　이해는 —이 아니다 163, 445~446
　　정신적 — 21, 26, 211, 445~446, 565
　　지향의 — 236
관념주의자 413~414
관상 514
관심(사) 124, 220, 388
관찰, —하다. 76~77, 124, 470~472, 524, 539, 557, 574, 591~592, 632, 637
괴로워하다 500
괴테(J. W. v. Goethe) 184, 347
교습 319
교육 359, 387
교육자 419
교통 440
구성 요소들 342
국지적 483
국지화, —하다 485~486, 488
궤도 349, 375
귀납 278
귀먹은 371
규명하다 680
규칙 목록 440
규칙 137, 147~148, 157, 279~280, 293~296, 299~303, 305~308, 318, 320~321, 331, 440~441, 555, 649, 694
　　—에 따른 표현의 인식 157
　　—에 의한 완벽한 유도 296
　　—을 따르다 299
　　—을 문장에 첨가함 321
　　—을 정당화하다 331
　　—을 파악하다 303

―의 적용 305~306, 308
―이 암시하다 280
설명된 ― 302
어떤 ―도 주어지지 않은 295
완전한 ― 목록 440
자의적 ― 320
한 놀이의 ― 293
"확정된 ―" 441
그 9, 14, 18~19, 27, 31
그러나-느낌 188
그림 27, 145, 147, 194~195, 197, 204, 209~210, 214, 226, 231~234, 236, 238~246, 249, 251~252, 254, 274~277, 291, 293, 336, 341, 370, 372, 381, 408, 444, 461, 489~490, 514, 531, 552, 554, 565, 602, 621, 624, 632, 636, 638, 642, 652~653, 655
　고통의 ― 552
　―으로서의 가정 251~252
　―으로서의 문장, 명제 244~246, 444
　―으로서의 얼굴 490
　―의 영혼 147
　―의 적용 274
　―의 해석 231, 234
　'내적인 것'과 '외적인 것'의 ― 554
　동경의 ― 655
　마음속 ― 14, 32, 239~240, 531
　시간 구분의 ― 254
　심리적 과정의 ― 565
　이상한 ― 276
　잘못된 ― 111, 408
　지향된 ― 233

　지향의 ― 233, 236
　직관 방식으로서의 ― 461
　표상(상상)은 ―이 아니다 621, 638, 642
그림 그리다 341, 370
그림 언어 231, 241~242
그림 이야기 241, 243
그림자 70, 138, 233, 288, 290
근거/이유 301, 310, 319, 437, 507
근거를 대다 659
근심 517
근원 391
기계 304, 327, 580, 614, 711
기계적 99, 103, 107~108, 296
기능, ―하다 20, 48, 201, 211, 345, 400, 435, 532, 557, 601
기대, ―하다 53~54, 56~58, 60, 63, 65~68, 71, 334
기본색 331
기분 45, 505
기쁨 307, 483~484, 486~488, 492
기술(技術) 119, 308, 338, 418, 530
기술(記述), ―하다 23, 26, 40, 78, 111, 114~115, 119, 204, 220, 244, 310~311, 314, 318, 432, 482, 525, 637
　고통을 ― 482
　규칙의 사용을 ― 318
　―하는 대신 가정들을 하기 220
　"문장들을 ―하는 데 쓰인다" 244
　상황들의 ―을 배우지 않는다 114~115, 119
　언어놀이의 ―, 개념 사용의 ― 432, 525
　의도를 ― 23

기억 상 483, 650, 655
기억 체험 654
기억(력) 34, 44, 624, 650, 653, 659~660, 663~664, 666
기억해 냄 610, 653, 659, 660~662, 667~668
기준 22, 136, 245, 263, 433, 438, 466, 477, 571, 716
기체(基體) 704
기호 24, 109, 140, 145~146, 228~229, 231, 651~652, 715
기호 언어 231~232
길 356
꿈 233, 396~399, 530, 662
끌어당기다 601
끔찍한 492, 496
끝없는 272

ㄴ

나무 614
나비 199
낱말 150, 154, 336~337
낱말 언어 651
내기 677
내면/내부 558, 648
내부적 53
내성 86, 212
내용 87, 124, 489
내적 90, 136, 140, 192, 340, 369, 426, 453, 469, 472, 487, 554, 624, 638, 642, 649

냄새 551
노동 100~103, 106, 108
노래 부르다 246
노력 589
노예 108, 528, 530
논리적 124, 231, 258, 466, 477, 588, 590
논리(학) 188, 258, 444
논박 549
놀이 35, 94, 134, 143, 194, 293~294, 320, 327, 330, 415, 428, 441, 448, 522, 587, 594, 647, 649
놀이 행위 649
뇌/두뇌 304, 608
눈 222~224, 614~615
느끼다 84, 479~481, 495, 510, 518, 602
느낌 84, 188, 487, 504, 512~513, 554, 557, 589, 595, 601
   그러나—— 188
   근육에서의 — 601
   기쁨의 — 487
   —은 표현을 갖는다 513
   "—"을 "의식의 상태"로 대체함 84
   사랑은 —이 아니다 504
   유쾌함의 — 512
   타자의 — 554
   팔에서의 — 595
능력 77, 82, 190, 421

ㄷ

다른 387
'다른 사람 속에서' 340

다수 429, 431
다의적 224
다정한 506
단순화하다 439, 510, 523
닻을 내리다 58
대각선 증명 694
대립되는 686
대상 58, 153, 381, 413, 427, 434~435,
　　442, 488~489, 492, 511, 621, 641,
　　691, 715
대신하다 154, 691
대학 언어 299
대화 135
던지기 230
도로용 롤러 248
도스토예프스키(F. M. Dostojevski) 499
도시 121
도출 292
동경 655
동반물 99, 101, 124
동사 49, 113, 471~472
동어반복 682, 689
동인 492
동일성 142, 290
동일한 141~142, 305, 330, 514, 574, 631,
　　637, 716
동작 28~30, 33, 210, 577, 579, 586~587,
　　592~597, 599~600
두려움 488~489, 491~492, 494, 496,
　　500~502, 518, 524, 594, 618
듣다 11, 83, 208
등등 276, 278, 308

디리클레(L. Dirichlet) 705
따르다 279, 282, 299, 308, 320
떠오르다 531
뜻 11, 70, 131~133, 139, 152, 154, 245,
　　247, 251, 260, 272, 284, 287, 321, 328
　　규칙이 첨가되어도 변하지 않는 — 321
　　그림자나 에테르처럼 보이는 — 70, 287
　　—, 그러니까, 사용 154
　　—과 의미는 막연한 개념 154
　　—과 진리 131~133
　　—을 묘사하다 245
　　—을 추측함 152
　　—이 있거나 아무 —도 없음 247, 251,
　　　260, 272, 328
　　메타논리적인 — 284
　　문장의 —이 문장을 동반한다는 관념 139
　　상이한 — 11
뜻이 없는 120, 201, 440
뜻이 있는 201
뜻하다, 뜻함 3~6, 12, 15~16, 19~22,
　　24~27, 29~30, 37, 51, 181, 236~237,
　　247, 297, 397, 521~522
　　—은 정신적 작용, 과정 등이 아니다 12,
　　　16, 20~22, 236~237
　　뜻하라는 명령 51, 181
　　어떤 것을 — 3~6, 29~30, 247, 297,
　　　397, 521
　　어떤 사람을 — 19, 21~22, 24~27

ㄹ

라스텔리(Rastelli) 271

램지(F. P. Ramsay) 272
러셀(B. Russell) 456, 692, 704
로서 보다 208, 265~266, 281

ㅁ

마법을 걸다 690
마음씨 695
마취 396, 403
마치 ……처럼 261
"막 ……하려고 하다" 42~44
막스(Max) 15
막연한 154, 695
만족 54, 57, 68
말소리 287
말을 잘못하다 676
말하다 3~4, 195
맛 366, 472, 657~660
망각 81, 668
매개 316
매달리다 274
매듭 452
매체 273
맥락 17, 311
맹아 656
맹인 251, 265~267, 470, 617~619, 624
머리 605~606
머리에 떠오르다 166~167
메타-논리적 284
멜로디 162, 171
명령 52, 70, 283~284, 286~290, 292
명령법 51

명명법 263
명명하다 360, 434
명제 401, 427, 437, 684, 701, 711
명확한 392~393, 439
모든 571
모른다 553
모방하다 34, 97, 389
모순 685, 687~689
모음 185
목록 194, 197, 705
목적 23, 48, 78, 87, 178, 243, 272, 311, 320, 322, 342, 394, 528~529, 592, 607, 649, 692
목표 693
몸짓 28, 100, 158, 161, 177, 215, 219, 227~228, 238, 310, 450~451, 485, 513, 575, 594, 602
묘한 39~40, 43, 362, 445
무늬 568~569
무제한성 616
무책임하게 282
무한한 273~276, 447, 693, 705
문 5
문법적 55, 149, 208, 236, 297, 320, 331, 427, 437, 459, 491, 590, 717
문장 1, 73~74, 153, 241, 243~244, 248, 325
문장의 소리 149
문제 456
문화 164
물리(학)적 354~356, 678
물음 695~697

미묘한 27, 39~40, 422
믿다 79, 407, 437, 471
믿음 75, 85, 471, 514, 558, 679

ㅂ

바라보다 204, 344, 646
바꿔 말하기 517
반응하다 39, 53, 164, 178, 185, 208, 213, 266, 310, 483, 528, 551, 567, 573, 594, 614, 619, 646, 653
발라드(Ballard) 109
발렌슈타인(Wallenstein) 15
발명하다 308, 325, 327
발언 26, 528, 530, 553
발음 446
방 203
방법 104, 555, 698, 708
방해하다 50
방향이 있는 488~489
배열 707
배우다 105, 114, 117, 170, 295, 310, 339, 426, 545
배중률 677, 682
백일몽 397
번역하다 74~75, 147, 191, 227, 231, 336~337, 242, 698
범례 183, 294, 331, 420
범주적 86
법칙(성) 120, 300, 610, 705
베끼다 316
벽 441

보고 21, 91, 136~137, 160, 329~330, 472, 491, 528, 642, 649
보다/봄 206, 208, 211~212, 214, 223, 343, 436, 461, 470~472, 474~475, 495, 510, 625~626, 628~629, 634, 637, 639, 645~646
"나는 본다" 470
달리 ─ 214
─과 상상함의 관계 625~626, 628~629, 634, 637, 639, 645~646
─에 관한 이론 223
속을 들여다 ─ 316
심리학은 ─의 현상들을 관찰한다 471
보유자 61, 714~715
보이다 418, 420~422, 424
보조 수단 107, 545
보조 활동 106~107
본능 121, 391, 545
본보기 94, 295, 342
본질, ─적 206, 388, 439, 444, 458
부끄러워하다 656
부정(적) 140, 317, 683~684
부정확한 438
분류 462, 488
분리하다 101, 198, 466
분석 445
분위기 27, 128
분절된 53, 236, 266
불가능성 356, 707
불꽃 125~126
불수의적 51, 92, 577~578, 583, 587, 593, 596, 599

불안 489, 499, 561
불완전한 310~311
불일치 351
불확실성 562
불확실함 555~556, 561~563, 660
불확정성 326, 381
붉은/빨강/붉게/붉다 316, 333~338, 418, 420, 422, 429~430, 432, 716
　— 견본 316
　"—" 대 "—'라고 불리다" 716
　"— 보인다"는 나중에 온다 418, 420, 422
　"— 어떤 것을 가져오라" 432
　— 원 334~337
　"—은 합성적이다" 338
　"—은 뭔가 특유한 것이다" 333
　"—"을 설명함 430
　'—'이란 개념 333
　"이것은 —"를 검증함 429
붉은빛을 띤 초록 346, 362
브레이크 48
비물질적 127
비유 261, 356
비자의적 358, 410
뿌리 656

ㅅ

사건 59, 70, 393
사고/생각 1, 9, 13, 35, 55, 63, 89, 143, 153, 228, 239, 273, 493~494
　감정들이 —에서 표현된다 494

"그때 나는 —했다" 137
그림이 아닌 — 239
"기대는 하나의 —이다" 63
두려운 —, 희망찬 — 등 493
"—는 날 수 있다" 273
—는 문장에서 살아 있다 143
—는 상황과 말을 결합한다 9
"—만이 그것을 말할 수 있다" 228
—, 말하자면 단지 암시들 89
—로 그를 겨누어 찌르다 13
—를 추측하기 35
—에서 경험이 확장될 수 있다 256
—와 현실 사이의 조화 55
—의 결과가 아닌 언어놀이 541
어떤 순간에도 완전히 현전하지 않는 — 153
처음부터 완성된 사고 1
사랑 491, 504
사려분별 454
사실적 62, 70, 350, 352, 355, 364, 374, 447, 458, 570
사실주의적 241~242
사용/쓰임 39, 111, 113~115, 138, 320, 440, 463, 525
사유/생각 94, 96, 98~99, 101, 104, 106~107, 109~110, 122~123, 125, 255~256, 470~471, 541, 606~608
　머릿속 과정으로서의 — 606~608
　—는 경험이 아니다 96
　—는 다양하다 63, 110~111, 113
　—는 동반물이 아니다 101
　—를 통해 진리를 배우다 255

―와 보조 활동들 106
　　―의 기준들 102, 104~105
　　―의 수수께끼 125
　　―하지 않고 말함 98
　　―할 적에 그 과정들 88
　　―함과 ―하지 않음의 차이 93~94
　　심리학은 ―의 현상들을 관찰한다 471
　　언어 없는― 109
　　원초적 ― 99
사유의 병 382
사이 60
사적인 498, 536, 552
사진 242, 483, 650
4차원의 249, 269
사회 371~372
살아 있는 것 143
삶/생명 128, 143, 173, 233, 236, 238, 532~534, 568, 629
3인칭 472
상상 불가능성 263
상상, ―하다 32, 69, 251~253, 264, 266~269, 271~272, 275, 278, 498, 535, 544, 620~629, 632, 634~635, 637, 639, 641~643, 645~646, 649
　　고통을 ― 535, 544
　　내가 보는 대상을 ―할 수 없다 621
　　당신이 아는 한 사람을 ―하라 32
　　반점을 하나 ―하라는 요청 635
　　―하는 데 필요한 체험 264, 266~269, 271
　　―할 수 있음 대 뜻있음 250~253
　　존재하지 않는 수사슴을 ― 69

상상될 수 있는 369
상이점 6, 83, 510, 621
상이한 11, 381, 645
상태 208, 671, 675
　　경향은 하나의 ― 671
　　나의 신체의 ― 675
　　봄은 하나의 ― 208
　　심리 ― 26, 78, 408
　　심성 ― 669
　　의식 ― 72, 84
상황 9, 17, 26~27, 48, 65, 67, 93, 95, 114~116, 118, 130, 138, 143, 154, 165, 207~208, 251, 350, 396, 446, 523, 526~527, 559, 596, 614, 650
색/색깔/색채 185, 257, 269, 331~332, 342, 345~347, 351, 353, 357~359, 421
　　모음의 ― 185
　　빨강과 초록의 중간― 359
　　4차원 ― 269
　　새로운 ― 257
　　―어들의 문법 331
　　―을 가지고 하는 언어놀이 345
　　―의 개념 332, 351, 353
　　― 이름들을 배움 421
　　― 체계 357~8
　　수학적 문장들과 비슷한 ― 문장들 346~347
　　어떤 사람에게 ―을 주다 342
색맹 341
생각될 수 없는 442
생각, ―하다 13, 16, 31, 35, 93, 95, 99, 102, 104~106, 108, 111, 113~114,

118, 129~130, 246, 259, 309, 324,
　　426, 605
　검증할 수 없는 것조차 — 259
　머릿속에서 — 605
　문장을 — 246
　"—"란 낱말의 사용을 배우다 114
　"—"란 낱말이 사용될 수 있는 조건들
　　324, 426
　—하는 법을 배우다 324
　—하는 피조물들 108
　우리는 이런 방식으로 — 309
　책상과 의자는 —하지 않는다 129~130
　카드들 중의 하나를 — 35
　피아노 연주를 — 16
　한 인물을 — 13, 31
생리학(적) 223, 528, 609~611, 614
생물 236, 326, 614
서랍 8, 47, 207
서양 바둑 134
선 279, 281, 583
선입견 223, 323, 611
선천적 442
선행 사건 7~8
설명하다 156, 158, 164, 210, 220, 227~
　228, 301~302, 314, 343~344, 419,
　614, 655
설탕 657~660
성향 33, 72, 491
세계 331
세다 310, 700
소망하다 57, 238, 471, 586
소박한 223

소유하다 670
소절 165, 173, 208
소크라테스(Sokrates) 69
속성 551, 704
속셈 206, 529
손 29, 136, 238, 405, 506, 583~584, 586
수 706~707
수(手) 133, 211, 293~294, 353
수미일관한 300
수사슴 69
수수께끼 125~126
수열 300, 304, 309
수의적 51, 92, 577, 579, 586~587, 593~
　595, 597, 599~600
수학 257, 346, 393, 463, 701, 706
수학자 382, 461
수학적 273, 278, 347, 356, 678, 695~698,
　711
수행 70, 285
숙고 104, 391
숙달하다 43, 119, 308
쉼 597
슬픈 503, 508~509, 526
슬픔 225, 488, 492, 494~495, 503, 509~
　510, 512, 526, 534
시 160, 170~171
시각(視覺) 423, 435
시각 상 25, 204, 650
시각 인상 205, 614, 630~631, 633, 638,
　640, 642
시각적 243, 640
시각표상 621, 624, 630~631, 642

시간 254, 256
시계 254
시달리다 589
시도하다 100, 596, 598
시선 26, 223~224, 258
시야 616
시인 155
시험 549
식물 129, 242, 521, 608
신 560, 717
신경 자극들 33, 597
신경계 557, 610, 612
신뢰 566, 573
신뢰성 35, 440
신앙고백 441~442
신음 526, 537~538
신체 감각 168
신체 느낌 480~481, 494~495
신체/몸체/물체 197, 201, 400, 482, 523, 596, 611, 641, 675
신학 144
신호 53, 601, 620
신화 211
실 26
실재 60
실재주의자 413
실재주의적 414
실제로 408, 411
실질적 함축 677
실체 353
심급 279
심령술적 13

심리 상태 9, 26, 42, 48, 78, 408, 523
심리 생활 465
심리적 211, 446, 565
심리학 412, 468, 471, 590
심리학자 462
심리학적 66, 113, 128, 231, 277, 464, 471~472, 488, 528, 609~611, 700
심물 병행론 611
심상 621, 636, 643, 655
심성 상태 669
심정 383, 491
쓰기 7, 586
쓸모 있는 111
씨앗 608

ㅇ

아우구스티누스(Augustinus) 457
악구(樂句) 172
악어 522
알고 있다 197, 262
알다 22, 71, 405~406, 408, 483, 553, 600, 603, 669
　97×78이 432임을 — 406
　내가 누구를 뜻했는지 — 22
　내가 두 손이 있다는 것을 — 405
　내가 안다는 것을 — 408
　다른 사람 속에서 무엇이 일어나는지를 — 603
　동작이 수의적이었음을 — 600
　어제부터 — 71
　ABC를 — 669

팔다리의 위치와 운동들을 — 483
알아맞히기 그림 195~197, 277
알아차리다 85~86, 145
앎 75, 77, 82~83, 85, 191, 323, 408, 454, 498
암시(적) 17, 89, 228
암시하다 26, 277, 279~280, 282, 338, 691
암호 74, 292
앵무새 396
양도 434
어둠 250
어떻게 35, 118, 127, 273, 316
어린아이 34, 42, 324, 370, 409, 411~413, 422, 424, 469, 545, 587, 593~594, 646, 703
어조 97, 513
언어 6, 10, 28, 58, 99, 109, 122, 145, 147~149, 151, 154, 161, 170, 172, 175, 194, 243, 320, 322~323, 325~327, 329, 335, 337, 389, 444, 448, 473, 482, 520, 528, 530, 545, 551, 617, 656, 698
    상상적 — 148~149, 154
    —는 단지 전달을 위한 수단이 아니다 329
    —는 원초적 행동의 확장이다 545
    —는 자율적 320, 322
    —와 사유 99~100
    —와 음악 172
    —의 개념 325~326
언어놀이 22, 24, 43, 82, 98~99, 175, 241, 247, 267, 339, 345, 355, 360, 367, 371,

391, 397, 415~417, 421~422, 424~425, 430, 432, 434, 489, 541, 545, 549, 552, 621, 625, 636, 644, 646, 648, 676, 685~686, 713, 715
언어적 53, 168, 275, 447
언제나 133
얼굴 197~198, 200, 218, 220~221, 224~225, 255, 376, 490, 503, 514
    다른 사람의 —에 있는 의식 220~221
    —은 그림으로 불릴 수 있을 것이다 490
    —을 가리다 224
    —을 그리다 255, 514
    —을 기술하다 225
    위협적인 — 218
    친숙한 — 198, 200
얼굴 표정 26, 97, 218, 486, 488, 508, 513, 527, 576, 591, 594
얼룩 204, 233, 253, 316
엄밀한 464, 467, 572
에테르적인 276, 287
F 208
역설적인 133
역을 행하다 233
연결하다 168, 380
연관, —되다 170, 175, 472, 474~475, 528, 533, 591, 625, 638, 646
연소 125
연주하다 37, 161~164
열(列) 272, 275~276
열쇠 240
영향 602, 712
영혼 127, 147, 239, 394, 511, 528~529,

607, 611
영화 100, 233, 242
예 103, 295, 300
예견 불가능한 603~604
예견하다 120, 258, 262, 293, 584
예견하지 못한 것 296
예보/예언 676, 681~682
예술 208
오다 594
오류 460
오류를 범하다 394, 408, 630
오성 259, 273
올바른 37, 89, 280, 297, 304, 314, 320, 356, 420~421, 465, 535, 595
옮기다 256
완전성 465
완전한 257, 311, 440, 465, 568
"왜?" 135
외면/외부 233, 235, 558, 648
외부 세계 477, 491, 621, 627
외적 측면 140
외적인 487, 492, 554, 557~558
요리 320
요점 66
운동/움직임 215, 479, 483
운명 680
웃음, 웃다 51, 514, 527
원 443
원인 437, 488, 492, 496~497, 507, 509, 526, 610
원인 없이 608
원초적 99, 540~541, 545, 657

원하다 8, 26
원형(原型) 541
원형(原形) 444
웰즈(H. G. Wells) 456
위장 383~385, 557, 568, 570~571
위치 480~481, 483
유기적 607
유도 장치 296
유령 같은 611
유리수 707
유사물 350, 511
유사성 32, 99, 127, 165, 331, 472, 474~475, 484, 552, 572, 621, 625, 630, 646
유사한 145, 152, 204, 230, 380, 618, 646~648, 655, 698, 711
유추 260, 313, 537, 542, 563
유쾌함 512
유클리드적 572, 708
유한자 273
유형 이론 692
윤곽 111
융단 568~569
은행 183, 530
음감 266, 268, 368~369
음악 11, 30, 37, 157, 159~161, 164~165, 453
의거하다 41, 261, 541, 618, 679
의도, —하다 1~2, 23, 41, 44~51, 190, 575, 577, 582~583, 591
   간헐적 — 46~47
   사고를 언표하려는 — 1
   심리 상태가 아닌 — 48

—중일 때 방해받을 수 있는가? 50
　증거로부터 나의 —를 추론하다 41
　체험이 아닌 — 44
　특정한 —를 가지고 있지 않다 582
　휘파람을 불 — 2
의미 135, 140~143, 148, 151, 154, 156, 173, 176~178, 180, 306, 412, 438, 467, 629
　같거나 다른 — 141~142, 156, 629
　교체되는 — 148
　대화, 등에서만 있는 — 135, 173, 176
　엄밀한 — 467
　—로 가득한 기호 151
　—의 개념 412
　—의 체험 177~180
　체스 말들의 — 143
의미맹 183~184
의미하다 181~182
의식 84, 220~221, 394, 396, 401~402
의식 내용 655
의식 상태 45, 72, 84
의식을 잃은 395~396
의식적/의식하는 87, 190, 236, 389, 395, 503
의심, —하다 7, 51, 170, 401, 403~405, 408~411, 545~548, 551, 557, 559, 564, 566, 573, 631
　내가 누구에게 편지 쓰고 있는지 — 7
　다른 사람의 고통을 — 545, 547~548, 557
　보편적 — 없음 403
　불확정적인 — 404

　—하라는 명령 51
　—할 수 있음 401, 408~411, 566
의자 129, 214, 264, 338, 411, 414, 417, 427, 547
의족 607
의지 579~580, 590, 621, 627, 640~644
의향 → 지향
이것 433
"이다" 142
이렇게 301
이론 223, 444, 449
이름 7, 32, 61, 658, 714~715
이상 440~441, 708
이야기하다 24, 93, 95~97, 259, 311, 469, 528, 717
이정표 277
2차 방정식 293
이해, —하다 26, 52, 70, 73~74, 82, 84, 136, 144~145, 150, 159, 162~163, 165, 171~172, 174, 186~187, 193~194, 227, 245, 283~287, 298, 445~446, 695, 703
　고양이는 —하는가? 187
　그림, 기술을 — 245
　"나는 —를 느끼지 못하니까" 84
　낱말이 어떻게 —되느냐를 말하다 144
　내가 —할 때 내 속에서 일어난 것들 193~194
　명령을 — 283~287
　손을 드는 것을 — 136
　수학적 물음의 — 695
　외침을 —하고, 그 낱말들을 이해하지 못

하는가? 150
　　음악을 —, 음악의 — 159, 162, 171~172
　　"이제 나는 — " 174
　　—가 일어나는 시간 73~74, 82, 159
　　—는 그림자처럼 보인다 70
　　—는 설명, 훈육을 통해 얻어진다 186
　　—는 심리 상태가 아니다 26
　　—의 표시들 162
　　—하라는 명령 52
　　인상이란 뜻에서의 —는 존재하지 않는 언어 145
　　초등학교의 계산을 — 703
익숙한 373
인간적 390, 439, 531
인과 작용 613
인과성/인과 관계 610~611
인과적(으로) 155, 210, 613
인과적으로 야기함 580
인도의 461
인력(引力) 602
인상 82, 145, 147, 170, 175, 177, 197~198, 200, 203, 205, 210, 423, 552, 630~631, 633~634, 638, 640, 642
　　그 얼굴을 처음 보았을 때 받았던 — 200
　　기호들에서 얻는 — 145, 147, 177
　　방의 — 203
　　시각 — 423, 630~631, 633, 638, 640
　　친숙함의 — 198
인식론적 590
인식하다 31, 86, 157, 202, 212, 220, 365, 454, 657, 660
일람표 552

일목요연한 273, 464
일반성 133, 258, 692
일상 언어 113
일상적 448
일어나다 165, 310, 312, 632
일으킴 580
일인칭 524
일치 54, 348, 351, 428~431
읽다 73, 90~92, 166, 170~171, 188
읽어 내다 34
입방체 249
입장 204~205, 299, 330

ㅈ

자동기계 528~529
자동적 8, 304, 586, 594
자연 발생적인 266, 418
자연법칙 613, 679~680
자의적(恣意的) 320, 331, 358, 409
작곡가 37
작심 192
잘못 58
잠자다 396, 400
장면 176
장미 250
장벽 687
장소 472, 483, 497~498, 511, 713
장소성 498
장식 709~711
재생, —하다 137, 453, 612
재채기 579

적용하다 24, 33, 51, 71, 102, 135, 215, 247, 272~275, 297, 305~308, 350, 380, 520, 524
전-언어적 541
전달, ―하다 26, 41, 87, 145, 193, 239, 248, 329, 406, 536, 664
전체 203
전형, ―적 26, 376, 492
전화 256
절대적 713
점검, ―하다 426, 436
접속법 679
정당성 444
정당화하다 264~265, 295, 331, 474, 521, 537, 549, 659
정도 352, 438, 472, 536
정부 48, 528
정신 33, 91, 127, 295
정신박약자 43, 371~372
정신병 714
정신적 12, 20~21, 26, 53, 123, 236, 445
정통함 516
정확성 441
정확한 438, 535~537
제시해 보이다 665, 667
제임스(W. James) 1, 33, 109, 482
조건, ―적 124, 678, 681
조짐 523, 526
조화 55
존재하다 61, 69
종점 231, 315
종족 380, 383, 528, 530

주의 81, 90~91, 426, 583, 673~674
주장 549
주장 기호 684
죽은 236
죽이다 69
줄무늬 447
중간색 359, 368
중국어 219
중요한 338, 352, 355, 365, 371, 378, 380, 382, 554, 560, 641, 684
중의적, 중의성 27, 231, 292
즐거움 168, 438, 484, 507~508
즐기다 169~171
증거 439, 554~555, 650
증명 461, 694, 702
증후군 502
지각 270, 474
지도 121
지성 262
지속 45, 76, 78, 81~83, 472, 478, 488
지폐 143
지향/의향 39, 45, 231, 233, 236
   그림 그리는 과정으로서의 ― 236
   ―은 궁극적 해석을 주는 것 231
   ―의 고백 39
직관 방식 372, 461
직관적 303~304, 306, 444, 699
직무 275
직선(의)/곧은 278, 281, 708
진리/참 131, 255, 396~398, 460
징후 57, 438, 466
쪽지 36, 143

찌르다 546

ㅊ

차원 167, 180, 249, 269, 710
차이 51, 72, 83~86, 93, 156, 195, 277, 330, 352, 414, 422, 427, 446, 458, 488, 491, 581, 583~584, 626, 638, 701, 707
착각 7, 174, 444
책상 129
척하다 395
철자법 184
철학 211, 261, 323, 328, 382, 447, 452
철학을 하다 450, 452
철학자 256, 382, 405, 443, 453, 455~456, 462, 605, 703
철학적 314, 453, 458, 460
청록색 316
체계 141, 146, 228, 243, 257, 301, 310, 322, 357~358, 608, 613, 698
체스 143, 211, 320, 348, 353, 440, 645, 672
체험 6, 33, 44, 159, 165, 170~171, 177~179, 189, 214, 267, 433, 516, 581, 601~602, 654~655
　거짓말은 —이 아니다 189
　뜻함의 — 6, 176~178
　의도는 —이 아니다 44
　음악을 이해함의 — 159, 165
　정통함에 특징적인 — 516
　—의 전이 433
　최선을 다함의 — 581

체험 내용 639~640
초보적 99
초상 23, 317
추론하다 21, 41, 175, 225, 309, 537, 539, 574~576, 608
추측하다 32, 35, 51, 53, 150, 152, 304, 306~308, 383
추함 226
축음기 396
충족 57~58, 68
취합하다 206~207
측정 141, 438
치통 7
친밀한 170, 175
친숙한 6, 198, 200, 209, 338

ㅋ

카드 35
칸토르(G. Cantor) 694
크레타 섬의 거짓말쟁이 691

ㅌ

탐구 183, 273, 314, 444, 457~458, 467, 553
태도 566
태양 215
테니스 649
테마 158, 175
테아이테토스(Theaitetos) 69
텍스트 612

투사하다 56, 273, 290~291, 381, 648
특유한 124, 236, 333, 551, 601, 607
특징적 483, 488, 513, 516
특징짓다 599

ㅍ

판단 375, 393, 429, 554, 567
팔 480~481, 595
편지 7
폭발 53, 67
표명/표출, ―하다 53, 191, 203, 469, 472, 486, 489, 524, 528, 534, 536, 549, 566, 574, 581, 589, 594, 600, 649
    감각의 ― 549
    기대의 ― 53
    두려움의 ― 524
    보고 대 ― 472
    슬픔, 애정의 ― 534
표범 618
표상, ―하다 10, 32~34, 41, 45, 81, 94, 194, 247, 336, 463, 506, 620~621, 634, 638, 640~641
    낱말들과 결합된 ― 194
    낱말들의 지위를 유지하는 것은 ―인가? 10
    의도는 ―이 아니다 45
    자신의 ―들을 추적할 수 없다 81
    ― 대 감각 621~646
    ―에 대한 신호들 620
    ―으로부터 사용에 이르는 길 247
    ―을 통한 경향의 설명 33
    ―의 놀이로 생각된 사유 94

표정 171, 218, 224, 526
표정이 풍부한 163~164
표현 형식 323, 441~442
표현, ―하다 29, 34, 53, 56, 276, 334~336, 450, 483, 485, 488, 506, 513, 576
    고통의 특징적 ― 483, 485, 534
    그림으로 ― 334
    기대의 ― 56
    느낌의 ― 513
    대수적 ― 276
    ―으로써 뜻하다 29
프레게(G. Frege) 684, 704, 712
플라톤(Platon) 454

ㅎ

하디(G. H. Hardy) 273
하려고 했다 36, 38, 41, 43
학교 136
한계 601
한계 지어진 256, 374
'한다' 598
한정된 392, 439
할 수 있다 134, 342, 406, 672, 675
할 수 있음 70, 348, 672, 675
함축하다 677, 681
합성적 338
합치하다 309
해결 195~197, 314
해석하다 8, 27, 135, 208, 212~213, 216~218, 229, 231, 234~236, 287, 313, 571
해야 한다 286, 299, 570, 610

행동, ―하다 53, 67, 99, 221, 251, 342, 369, 374, 393, 486~488, 492, 505, 523, 526, 528~529, 539~541, 542, 545, 548, 552, 557, 562, 566, 570~571, 573~574, 576, 591, 596, 603~604, 614, 619, 629
  고통의 ― 492, 540, 545
  그의 ―에서 뚜렷한 의식 221
  나 자신의 ― 591
  상상 가능한 ― 369
  슬픔의 ― 492, 526
  외적 ― 557
  원초적 ― 99, 545
  인간의 ― 603~604
  ―에 대한 낱말 523
  ―의 그림 552
행동 방식 541, 545
행성 570
행위 방식 53, 316, 567
행위하다 8, 13, 24, 27, 49~51, 65, 70, 102, 107, 145, 208, 252, 284, 286, 290, 292, 309, 342, 350, 375, 440, 503, 505, 567, 570, 575~577, 591~593, 614, 627, 637, 641, 646, 649, 655, 685
허공 354
허풍 378
헤벨(J. P. Hebel) 582
현상 110, 438, 464~465, 471, 506, 609, 611, 629
현실 55, 59, 111, 233, 261
현재 형식 399
형식 87, 183, 323, 441, 444

형식주의 709
형이상학적 55, 458
형태 201, 209, 265~266, 277, 331, 336, 462, 514, 531
호소 383, 385
혼란 366~367, 439, 649
확고한 374~375, 657
확신/자신 41, 51, 121~122, 416, 513, 573~574
확신하다 161, 374, 469, 545~546, 657
확실성 402
확증 549
환경 99, 155, 170, 393, 400, 571, 577, 587
환멸 415
환희 168, 484, 515
활동 19~20, 61, 101, 106~107, 119, 123, 194, 203, 246, 298, 426, 446, 645, 671, 696
  뜻함은 ―이 아니다 19~20
  사유는 ―이 아니다 123, 246
  사유와 보조 ― 106~107
  사유를 ―으로부터 분리할 수 없다 101
  상이한 ― 645
  이해는 ―이 아니다 298
  ―의 이름을 부르는 놀이 194
후회 511, 518~519
훈육 186, 419, 646
휘갈겨 쓰다 34
휘파람불다 2, 64, 401, 453
흔적 610
희극적 328
희망하다 51, 64, 78~79, 469

비트겐슈타인 선집 5

쪽지

초판 1쇄 펴낸날 | 2006년 8월 30일
개정 1판 1쇄 펴낸날 | 2022년 1월 7일
개정 1판 4쇄 펴낸날 | 2025년 9월 30일

지은이 루트비히 비트겐슈타인
옮긴이 이영철

펴낸이 김준성
펴낸곳 책세상
등록 1975년 5월 21일 제2017-000226호
주소 서울시 마포구 월드컵로23길 38, 2층(04011)
전화 02-704-1251
팩스 02-719-1258
이메일 editor@chaeksesang.com
광고·제휴 문의 creator@chaeksesang.com
홈페이지 chaeksesang.com
페이스북 /chaeksesang **트위터** @chaeksesang
인스타그램 @chaeksesang **네이버포스트** bkworldpub

ISBN 979-11-5931-814-6 04100
     979-11-5931-476-6 (세트)

* 잘못되거나 파손된 책은 구입하신 서점에서 교환해드립니다.
* 책값은 뒤표지에 있습니다.

Masonic Ritual Book of Instructions